비로소
나를
사랑하는 방법

REBT 이용한 자존감 향상법

# 비로소 나를 사랑하는 방법

앨버트 엘리스 지음

정태연 이민희 옮김

솔과학

# 자기존중은 병인가?

자기존중self-esteem은 병인가? 그 대답은 자기존중을 어떻게 정의하느냐에 따라 다르다. 일반인들과 심리학자들이 내리는 통상적인 정의에 따르면, 아마도 자기존중은 사람들이 아는 한 정서적으로 가장 큰 혼란 상태이다. 그것은 다른 사람을 미워하는 것보다도 더 혼란스러운 상태일 수 있다. 다른 사람을 미워하는 것은 외적으로는 좀 나쁘게 보이지만 실제는 자기존중보다는 좀 더 좋을 수 있다.

다른 사람을 미워하고 저주하는 것이 십중팔구 자기혐오로 이어지는 자기존중보다 왜 더 나쁜 것처럼 보일까? 타인에 대한 증오와 저주는 분명히 싸움, 대립, 전쟁 및 대량학살을 야기한다. 이 얼마나 극적인가! 반면에, 자기혐오는 자기경멸과 같은 좀 더 미묘한 결과를 초래한다. 그렇다고 해서 자기를 경멸하는 사람들이 반드시 자살하는 것은 아니고  그들은 자기를 비난하면서 **살아간다.**

자기존중과 자기경시self-disesteem를 좀 더 분명하게 정의해 보겠다. 이 일이 쉽지 않을 것 같은데, 왜냐하면 지난 한 세기 동안 자기존중에 대한 여러 정의들이 모호하면서도 부분적으로 서로 다르기 때문이다. 그렇지만 이 책의 목적을 위해서 자기존중을 정의해 보겠다.

자기존중: 다음의 두 주요 목표에서 여러분 자신의 자기self, 존재

being, 성격, 본질, 전체totality를 평가해 보라. (1) 학교, 직장, 프로젝트에서 성공하거나 과업을 효율적으로 달성하는 것. 자신이 원하는 것을 성공적으로 달성하면 그리고 자신이 원하지 않는 것을 피할 수 있다면, 여러분은 그것 참 잘됐군, 훌륭해! 라고 말하고 "나는 훌륭한 사람이야"라고 자신을 평가할 것이다. 반면에, 여러분이 성취해야 할 목표를 달성하지 못하면, "그것 참 안 됐군, 나는 못난 사람이야"라고 자신을 평가할 것이다.

(2) 여러분의 목표가 다른 사람들과 좋은 관계를 맺는 것이고 실제로 그들과 관계를 잘 맺으면서 그들로부터 인정을 받을 때, 자기존중과 – 한 사람으로서 자신의 가치 – 관련해서 여러분은 자신에게 "그것 참 잘됐군!", "나는 훌륭하고 가치 있는 사람이야!"라고 말할 것이다. 여러분은 중요한 타인으로부터 인정받지 못하면, 자신의 **노력**과 **자기**를 무가치한 것으로 평가할 것이다.

분명히 그럴 것 같고 그렇기 때문에 여러분은 곤란한 상황에 처하게 된다. 허점이 있는 한 인간으로서 여러분은 일이나 사랑에서 어쩔 수 없이 실패할 수도 있기 때문에, 여러분의 자기존중은 기껏해야 일시적일 뿐이다. 자기존중이 높을 때조차도, 그 다음에 실패함으로써 여러분의 그 높던 자기존중이 곤두박질칠 수 있는 위험이 있다. 설상가상으로 여러분은 얼마 후 이러한 사실 즉, 한 사람으로서 자신의 **가치가 성공에 달려 있다**는 것을 깨닫게 됨으로써 중요한 업적을 달성해야 한다는 불안에 빠지게 되고, 이러한 불안은 여러분의 수행을 방해함으로써 실패할 가능성을 더 높이는 결과를 초래한다.

고루한 생각은 버려라! 여러분이 자기존중을 갈망할 수록 그것을 성취할 가능성은 더욱 낮아지고, 자기존중을 성취했을 때 여러분은 더욱 불안해진다. 물론 그렇지 않다면 여러분은 완벽한 사람이지만 그럴 가능성은 거의 없다.

이런 사실을 몇 세기 전에 깨달은 아시아, 그리스, 로마 등의 철학 자들은 자기수용self-acceptance을 창안했다. 그들은 말하길, 자기를 무조건적으로 수용하겠다고 단지 굳게 결심하고 그것을 계속 유지함으로써 여러분은 무조건적 자기수용USA: Unconditional Self-Acceptance을 늘 건설적으로 선택할 수 있다. 간단하다!

무조건적 자기수용을 달성하기 위한 경우에도, 여러분은 여전히 일이든 사랑이든 중요한 목표를 설정하고 그 목표의 달성을 '좋은-나쁜', '성공-실패' 차원에서 평가한다. 그러나 조심해야 할 점은 자신의 자기, 자신의 존재를 좋거나 나쁜 것으로 평가하지 않는다는 것이다. 근대 철학자 알프레드 코르지프스키Alfred Korzybski는 여러분들로 하여금 자신의 수행이 자신의 전부가 아니라 일부에 불과함을 깨닫게 해준다. 여러분이 그것을 수행했기 때문에 그 일에 많은 책임을 져야 한다. 그러나 그것은 단지 하나의 수행일 뿐이며, 내일 더 좋아지든 더 나빠지든 쉽게 변할 수 있는, 끊임없이 항상 변화하는 여러분의 한 측면이다. 코르치프스키가 말했듯이, 여러분의 행동이 곧 여러분 자신은 아니다. 여러분은 그 행동과 더불어 좋고, 나쁘고, 무관심한 등 수천 가지의 또 다른 행동으로 이루어져 있다.

그러니까 여러분은 자신에게 정확히 이렇게 말해야 할 것이다. "나는 바람직한 혹은 바람직하지 못한 행동을 했다. 분명히 그 행동이 저절로 나온 것은 아니다! 나는 의지적으로 그 행동을 했다. 그리고 나는 재능과 허점을 가지고 있기 때문에 앞으로도 바람직한 행동과 바람직하지 않은 행동을 더 많이 할 것이다. 그러나 나의 행동이 곧 나는 아니다. 나는 좋은 행동도 하고 몹쓸 행동도 하는 **한 사람일 뿐이다.**"

이상이다. 여러분은 자신의 생각, 느낌 및 행동의 효율성을 평가할 수는 있다. 그러나 자신의 자기 **전체**나 효율성 **전체**를 평가하거나 측정하지는 못한다. 사실, 그렇게 할 수 없다. 왜냐하면 여러분은 **변화무쌍한** 개인이기 때문이다. 여러분은 **정적인** 존재가 아니다. 여러분은 성장하고, 발달하고, 전진하기도 하고 후퇴하기도 한다. 왜 그럴까? 여러분은 변화하기 때문이다.

이것이 무조건적 자기수용에 이르는 유일한 길인가? 아니다. 신, 요정, 어머니, 심리치료사 등과 같은 누군가가 고맙게도 여러분을 무조건적으로 수용해준다고 스스로 믿음으로써, 여러분은 무조건적 자기수용에 간접적으로 도달할 수 있다. 그러나 무엇보다도 여러분은 그러한 영적 존재나 사람들이 여러분을 무조건적으로 수용한다는 것을 증명해야 한다. 다른 방법은 여러분이 자신을 정말로 무조건적으로 수용하는 것인데, 다행히 여러분은 그렇게 할 수 있다. 신이 아니라 여러분 자신이 자기를 무조건적으로 수용한다고 말하지 못할 이유가 무엇인가? 그렇게 말하는 것이 더 정직한 것 아니겠는가! 여러분은 조건적 자기수용CSA: Conditional Self-Acceptance이 효과가 없다는 것을 목격하였다. 그래서 여러분은 자신을 **무조건적으로** 수용하기로 **결심했다.** 그렇게 하지 못할 이유가 무엇인가?

요점은 다음과 같다. 여러분은 **선택만 하면** 무조건적 자기수용을 할 수 있고, 얻을 수 있고, 보유할 수 있다. 똑바로 나아가라, 그리고 내가 하라는 대로 해라. 그러면 **여러분 이외의** 어느 누구도 여러분에게서 무조건적 자기수용을 빼앗아 갈 수 없다. 훌륭하지 않은가! 여러분은 (1) "무조건적 자기수용을 획득할 수 있고", (2) "무조건적 자기수용을 유지하며", (3) "나는 내 운명의 주인이며 내 영혼의 선장이다"라고 결심할 수 있다.

　다시 말해서, "나는 허점을 **가진** 나 자신, 나의 실존과 존재를 수용한다. 그렇게 하기에 내가 너무 나쁜 사람일 수도 있다. 그렇지만 나는 여전히 괜찮은 사람이다. 나 자신을 괜찮지 않은 사람 즉 쓸모없는 사람으로 규정하는 것은 어리석은 일이며, 그렇게 함으로써 나는 더 문제가 많은 사람이 된다. 내가 자신을 괜찮다고 생각하기 때문에 나는 괜찮은 것이다. 좀 더 정확하게 말하면, 나는 많은 장점과 단점을 지닌 한 사람이다. 나는 내 **장단점을** 있는 그대로 평가하지, 나를 평가하지는 않을 것이다."

　그러면 분명히 여러분은 선택하거나 요청만 하면 자기존중이나 자기수용을 가질 수 있다. 어느 쪽이든 가능하다. 선택하라! 그러나 더 좋은 것은 한 사람의 **전체를** 평가하지 않는 것이다. 여러분 자신의 목표와 가치를 선택하고 그것에 관한 경험을 좋은지 혹은 나쁜지 평가하라! 여러분 자신, 자기의 존재, 실체, 성격을 절대로 평가하지 말라. 여러분의 전체는 측정하기에 너무 복잡하고 변화무쌍하다. 반복적으로 **이것을** 인정하라.

　이제 여러분은 어리석은 짓을 그만두고 여러분의 **삶을** 영위하라!

# 제 1~4 장

# Albert Ellis

## 1장

# 너새니얼 브랜든과
# 자기존중

너새니얼 브랜든Nathaniel Branden이 1969년에 『자기존중의 심리학: 인간의 심리적 본성에 대한 새로운 개념The Psychology of Self-Esteem: A New Concept of Man's Psychological Nature』이라는 책을 출판했을 때, 그는 이미 자기존중의 대가가 되어 있었다. 그러나 브랜든은 앤 랜드Ayn Rand의 철학을 충실히 답습했기 때문에 그의 심리학이 전적으로 새로운 것은 아니었다. 브랜든은 랜드의 철학으로부터 새로운 영역을 개척해 나가기 시작했다. 『머쓱해진 아틀라스Atlas Shrugged 1957』 및 다른 몇몇 저서에서 랜드는 이성reason과 유능성competence을 신봉하였고, 그녀의 추종자 브랜든이 그랬듯이 이에 대해 광적으로 일방적이었다.

'자기존중의 기본 조건'이라는 제목 하에 브랜든은 자기존중의 첫 번째 필수요건으로 **"이해하려는 불굴의 의지"**를 꼽았다. 자기를 존중하는 사람들은 명쾌하고 총명해야 하며, 인식의 범위 안에 들어오는 것을 이해하고, 정신건강과 지적 성장의 길잡이가 되는 것을 포착할 수 있어야 한다. 자기존중의 두 가지 전제조건은 자신감self-confidence − 나중에 앨버트 반듀라Albert Bandura가 자기효능감이라고 부른 것 − 과 자기존경self-respect이다.

실제로 자신감과 자기존경이 반드시 서로 관련될 필요는 없다. 여러분은 아주 많은 이유 때문에 자기 자신을 존경할 수 있으며, 그 이유 중의 하나가 성취, 효능감과 유능성이다. 그리고 랜드와 브랜든이 **진정한** 자기존경의 필수 조건이라고 떠받들고 추앙하는 이유가 바로 이것이다.

기특하게도, 브랜든은 랜드만큼 완고하지는 않았다. 시간이 지나면서 브랜든은 자기존경과 자기수용이 인간의 또 다른 특성과 연결될 수 있음을 깨닫기 시작했다. 『자기존중의 6가지 축The Six Pillars of Self-Esteem』이라는 책에서 브랜든1994은 좀 더 개방적으로 되었으며 자기존중의 6가지 본질을 제시하였다.

의식적 삶의 실천
자기수용의 실천
자기 책임의 실천
자기주장의 실천
목표 지향적 삶의 실천
개인적 진실성의 실천

자기존중의 조건으로 브랜든이 앞서 제시한 것보다 이것이 자기존중에 좀 더 가까운 것으로, 유능하고 성취적이며 생산적이고 이성적인 삶 이상을 포함한다. 이러한 자기존중에는 랜드와 브랜든이 처음에 소홀히 한 정직, **사회적 책임감**과 같은 성격 특성이 포함된다. 여러분은 **타인**과 함께 살면서 그들에게 경의를 표하면서도 자기 자신을 존경하는 것이 좋다. 이 점은 마틴 부버Martin Buber, 장-폴 싸르트르Jean-Paul Sartre, 마틴 하이데거Martin Heidegger, 알프레드 아들러의 실존주의적 관점 및 합리적-정서적-행동 치료REBT와 공통적이다.

그러나 특이하게도 브랜든은 자기수용을 자기존중의 하위에 둔다. 브랜든은 때로 무조건적 수용을 제대로 잘 보지만 부분적인 모습만 볼 때도 있다. 그래서 그는 『자기존중의 6가지 축』에서 여러분이 자신의 몸, 감정, 갈등, 생각, 행위, 자산, 결함, 공포, 고통, 분노, 성, 기쁨, 지각, 지식, 흥분을 전적으로 그리고 추측건대 무조건적으로 수용함으로써 자기수용 훈련을 아침, 점심, 저녁에 할 수 있다고 말한다.

나도 전적으로 동감하는 바이다! 특이하게도 브랜든은 조건적 자기수용Conditional Self-Acceptance을 고수하지만, 그것을 **무조건적** 자기존중의 일부로 간주한다. 여기에서 무조건적 자기존중이 무조건적 자기수용이다. 여러분이 성취와 사회적 품격을 달성할 수 있는 상황을 우선적으로 구축함으로써 자신을 무조건적으로 기꺼이 수용할 수 있다고 그는 말한다. 이것은 브랜든이 여러분의 완전한 자기수용을 보지 못하거나 **무시**한 것이다.

그래서 브랜든은 대체로 무조건적 자기수용 진영보다는 조건적 자기수용 진영에 속한다. 랜드와 더불어 그는 능력과 사회적 품격이 얼마나 유용하고 합리적인지를 바로 보여주고 있다. 그런 다음, 랜드 진영의 전형적인 방식으로 브랜든이 말하길, 여러분이 자신의 **자기**와 **전체**를 수용하고 존경하기 위해서는 능력과 사회적 품격을 절대적으로 획득해야만 한다.

왜 **반드시 그래야만 하는가?** 여러분은 중요한 **조건**들을 어떻게 무조건적으로 수용할 수 있을까? 브랜든은 성취와 사회적 진실성이 특히 중요하기 때문에, 이 두 요인을 **필수적이고 신성한 것**으로 본다. 바로 이런 이유 때문에 나는『앤 랜드: 그녀의 열광적, 독선적, 종교적 철학Ayn Land: Her Fanatical, Fascistic, Devoutly Religious Philosophy』이라는 책에서 이러한 철학이 무용지물인 이유를 설명하고 있다.

브랜든에 대해서 말하자면, 그가 자신의 용어를 다음과 같이 좀 더 명료하면서도 일관성 있게 정의할 수도 있었다고 생각한다.

**조건적 자기존중**Conditional self-esteem : 여러분의 생각, 느낌, 행위가 자신 및 타인의 건강, 장수, 행복과 같은 목표 달성에 도움이 될 때, 그러한 것들을 "좋고" "추천할 만한" 것으로 규정하는 것이다. 여러분은 이러한 목표를 달성할 때, 자신의 자기와 자신의 전체를 좋게 평가한다. 그러므로 여러분의 자기평가는 자신의 "큰" 성취에 종속되어 있다.

**무조건적 자기수용**Unconditional self-acceptance : 수행수준이나 타인의 인정에 상관없이 여러분이 자신의 자기와 자신의 전체를 단호하게 수용하거나 존경하는데 도움을 주는 목표와 가치관을 선택하는 것이다. 자신의 행동이 바람직하지 않거나 자신이 선택한 목표에 반할 때에도, 여러분은 자신을 존경하거나 인정한다.

**여러분의 자기나 전체가 아니라 생각, 느낌 및 행동을 평가하기:** "내 목표를 달성하는 것은 좋은 일인데, 왜냐하면 내가 그러길 원하기 때문이다. 그러나 내가 무엇을 하든 간에 나는 좋은 사람이거나 나쁜 사람이 절대 아니다. 나는 단지 나의 생각과 느낌, 행동을 평가할 뿐이지 나의 자기를 평가할 필요는 없다"라고 자신에게 말하는 것이다.

실제로 내가 이 책에서 계속해서 보여주겠지만, 세 번째 형태의 평가 즉, 자기를 평가하지 않는 것이 가장 어렵다. 왜냐하면 여러분은 자신을 부정확하게 **전체적으로** 평가하는 경향성을 가지고 태어났고 또한 그렇게 하도록 길러짐으로써 그러한 경향성을 쉽게 버릴 수 없기 때문이다. 그래서 우리는 자연스럽게 일반화할 뿐 아니라 과잉 일반화한다는 크로치프스키의 생각이 맞다. 그러나 열심히 노력한다면 과잉 일반화하는 것을 상당부분 중단할 수 있다.

대부분의 심리학자나 일반인들과 마찬가지로, 브랜든 역시 우리가 자신의 비효율적인 행동은 비난하면서도 자기self를 비난하지는 않을 수 있음을 생각하지 못한 것 같다. 그래서 실제로 그는 "모든 수단을 동원해서 자신의 좋은 성격특성과 나쁜 성격특성을 비난하라, 그러면서도 아무튼 자기 자신을 수용하라."고 말하는 것 같다. 여러분이 그렇게 할 수만 있다면 멋진 아이디어이다! 반면에, 나와 크로치프스키는 "여러분 자신의 어떤 성격특성에 대해서는 평가하라. 그러나 전체는 부분과 같지 않음을 지속적으로 인식하면서 무조건적 자기수용을 해라"고 말한다.

여러분이 한두 가지 잘못을 했다고 해서 여러분 **전체**가 잘못된 것은 아니기 때문에, 분명히 여러분의 부분과 전체는 같은 것이 아니다. 그러나 순진한 아이의 살해나 대량학살과 같은 흉악한 행위가 그 살인자를 전적으로 비난받아야 하는 심지어 악의 인간으로 만들고 있음을 일부 합리적-정서적-행동 치료기법을 사용하는 사람들조차도 깨닫지 못하고 있다. 그래서는 안 된다. 여러분이 아무리 나쁜 행동을 했더라도 그 행동이 여러분 전체와 같을 수는 없다. 그럴 수 없다. 심지어 여러분이 살인을 범하더라도, 한 인간으로서 여러분은 변할 수 있고 더 이상 살인을 하지 않을 수 있다. 이런 말이 피해자에게는 도움이 되지 않겠지만 가해자의 인간성은 보호해준다. 여러분이 예수라면 히틀러와 스탈린을 용서할까? 여러분이 바르게 생각한다면 용서할 것이다. 그리고 여러분은 여생을 대량학살의 희생자와 그 가족들을 도우며 보낼 것이다.

어느 진영이 무조건적 타인수용UOA: Unconditional Other-Acceptance의 개념을 내놓았는가? 브랜든 특히 랜드는 무조건적 타인수용이라는 개념을 갖고 있지 않았다. 브랜든과 랜드는 서로의 배신행위에 대해서 상대방을 결코 용서하지 않았다. 무조건적 타인수용은 여러분이 타인의 사악한 생각, 감정, 행동을 비난하더라도 그 사람의 죄가 아닌 그 사람을 - 좋아하는 것이 아니라 - 수용하는 기독교 철학을 받아들여야 한다는 입장을 견지하고 있다.

죄가 아닌 죄지은 사람을 받아들이는 것은 매우 어려운 일이다. 우리는 히틀러, 스탈린 및 랜드가 나쁜 짓을 한 것을 알고 있다. 그들이 나쁜 짓을 할 수 있는 강력한 경향성을 가지고 태어났고 그렇게 길러졌다 할지라도, 그들은 자신의 나쁜 행위에 대해 부분적으로는 책임을 져야 한다. 실제로 모든 사람들처럼 그들 역시 **어느 정도** 자유의지를 갖고 있다. 그리고 그들은 좀 덜 사악하게 행동할 수도 **있었다.** 그러나 그들은 자신들이 행동한 방식을 선택함으로써 그렇게 행동했다. 더 이상 변명은 필요 없다! 그렇지만 우리 자신을 분노로부터 벗어나게 하고, 미래의 범죄를 피하고, 세상을 좀 덜 사악하게 만들기 위해서, 우리는 죄를 기억하되 용서하는 게 더 낫다.

이러한 폭력으로부터 배운 교훈이 어떻게 우리를 평화로운 상태로 인도할 수 있을까? 쉽게 그렇게 할 수는 없겠지만, 궁극적으로는 그렇게 할 것이다. 사실상, 우리에게 선택의 여지는 거의 없다. 1985년 미국상담학회 초청 연설에서 지적했듯이, 그리고 그 이후로 나의 저서 특히 『관용에 이르는 길The Roood to Tolerance』에서 강조했듯이, 핵무기, 생화학무기와 같은 대량살상무기의 발명은 실제로 최후의 복수를 할 수 없게 만든다. 우리가 그 많은 핵무기를 가령 히틀러 같은 사람에게 사용한다면, 그는 동일한 무기로 보복할 것이다. 그러면 수백 만 명의 사람들이 죽을 것이고 사람이 살 수 없는 세상이 될 것이다. 우리가 그 보복이 아무리 정당하다고 확신하더라도, 누가 남아서 이 '정당한' 목적을 착수하여 마무리할 것인가? 아마도 곤충들이겠지!

현재와 미래의 무기를 가지고 할 수 있는 온갖 '정당한 복수'는 도움이 되지 않을 것이다. 오늘날 폭력은 이중으로 대량살상을 일으킨다. 여전히 존재한다면 전 세계 호민관들은 히틀러, 스탈린 등이 잘못을 저질렀고 불공정했으며 잔인했음을 입증한다. 그런데 이러한 입증은 너무 늦은 감이 있다!

많은 철학자와 합리적-정서적-행동 치료에 따르면, 완전히 절대적인 것-이것은 **항상** 모든 조건에서 옳거나 틀려야 한다-는 실제로 존재하지 않지만, 우리는 몇몇 조건 하에서 절대적인 것을 가정할 수 있다. 즉, 사람들이 타인의 생각, 감정, 행위를 절대적으로 비난한다면 그리고 타인을 "정의롭지 못한 사람"이라고 비난한다면, 한 집단이 자신들과 의견이 다른 집단을 파괴하기 위해 치명적인 무기를 사용하고 피해를 당한 집단도 그와 똑같이 함으로써, 순식간에 세계적인 대량학살이 계속해서 발생할 가능성이 매우 높다. 따라서 모든 강자 집단들은 다른 강자 집단과 평화롭게 대립하는 것이 더 낫다.

결론: 의견의 불일치와 차이점이 있더라도 **싸우지** 마라. 열심히 조정해라!

지금까지의 내 말이 옳다면, 무조건적 자기수용을 달성한 사람들은 자기보호를 위해 무조건적 타인수용을 추구할 것이다. 그들은 실패하고 죄를 지은 자기를 완전히 수용하려고 노력할 뿐만 아니라, 죄를 짓고 실패한 **타인**도 수용할 것이다. 때로 그들의 의견이 서로 다를 수 있지만, 그런 불일치 때문에 싸우는 일은 거의 없을 것이다. 그리고 때로는 토론 후 그들은 허심탄회하게 서로의 의견이 일치할 것이다. 그러나 그들 대부분은 **싸우지 않으면서도** 불일치 상태를 유지할 수 있다.

이런 상태에 있는 동안, 우리는 무조건적 자기수용과 무조건적 타인수용을 확장해서 무조건적 인생수용ULA: Unconditional Life-Acceptance으로 손쉽게 나아갈 수 있다. 1950년대에 레이놀드 니버Reinhold Niebuhr가 말했듯이, 이 말의 의미는 우리 삶에서 - 사랑하는 사람의 죽음, 신체적 장애, 태풍, 홍수와 같은 - 나쁜 일이 일어났을 때 자신의 잘못이 거의 혹은 전혀 없다면, 우리는 그러한 역경들을 정직하게 싫어하고, 극복하려고 최선을 다할 수 있다. 또한 역경들을 극복하지 못할 때 그것을 **수용**할 수 있고, 이 둘 간의 차이를 알 수 있는 지혜를 가지고 있다. 우리는 역경을 **좋아**하는 것 어려운 일 과 역경을 수용하는 것 어렵지만 할 수 있는 일 의 차이를 분명히 알 수 있다.

나중에 설명하겠지만, 우리는 합리적-정서적-행동 치료의 철학, 정서, 행동의 ABC를 제안한다. A Adversity: 역경의 상황에서 우리는 불행한 조건을 변화시키고자 최선을 다한다. C Consequences: 결과에서 우리는 슬픔, 후회, 좌절과 같은 건강한 정서나 공포, 우울, 분노와 같은 건강하지 못한 정서를 경험한다. 우리는 종종 **"여러분**이 나를 불공정하게 대했다", **"여러분**이 나를 화나게 만들었다!"라며 C 결과에 대해 A역경를 질책한다.

아니다. 여러분이 나를 A의 단계에서 불공정하게 대했을 수도 있지만, A에 **관한** B my Belief System: 나의 신념체계의 단계에서 내가 내 자신을 기분 상하게 만들었다 "A가 일어나지 않았으면 좋았을 텐데, 내가 A를 싫어하지만 견딜 수는 있어". 즉, 내가 내 자신을 분노하고 우울하게 만들고 "여러분은 나를 **절대로** 부당하게 대하지 말아야 하는데, 그렇게 했기 때문에 여러분은 **썩어빠진 인간**이다!", 공정하게 행동할 것을 여러분에게 그리고 타인들에게 요구함으로써, 나는 내 자신을 화나고 우울하게 만들었다. 그래서 내가 여러분에게 내는 화의 대부분은 나의 신념체계인 B의 단계에서 내 **스스로** 만든 것이다. 나는 이제 여러분의 부당한 대우를 **수용**할 수 있고, 여러분의 행동에 대해 건전하게 유감과 실망을 느끼지만 **여러분에게** 건전하지 못하게 화를 내지는 않는다.

뒤에서 좀 더 자세히 다룰 것이다. 잠깐 간략하게 검토해보자. 여러분은 자신이나 타인에게 그리고 살아가면서 일어난 사건A들을 전적으로 **싫어할 수 있고**, 그러면서도 현재 바꿀 수 없는 그러한 역경을 **수용할 수 있다**. 그렇게 함으로써 여러분은 자신, 타인, 인생을 무시하거나 비난하지 않고 무조건적 자기수용, 무조건적 타인수용 및 무조건적 인생수용의 결과c를 **만들어낼** 수 있다.

여러분들이 알고 있듯이, 브랜든 그리고 랜드 은 자신의 성취가 불충분하다고 스스로를 비난하면서 이러한 불충분한 성취를 책임감이 강한 **품성**responsible character이라는 개념으로 보충해야만 했다. 여전히 조건적이다. 브랜든은 **무조건적인** 수용에 대해 언급했지만 결코 가까이 접근하지 못했다. 철학적으로 무조건적 수용은 그에게 여전히 낯선 영역이다.

## 2장

# 칼 로저스와 무조건적 긍정적 존중

칼 로저스Carl Rogers는 무조건적 자기수용을 강력하게 옹호한 최초의 심리학자이자 심리치료자 중 한 사람이다. 처음에 그는 주로 정신분석적 기법을 사용하였다. 그러나 1950년대 들어 그는 내담자 중심 혹은 인간 중심 기법으로 돌아섰다. 치료자는 **내담자**의 말을 경청해야 하고, 내담자의 사고를 통해 사물을 바라보고 느껴야 하며, 내담자의 생각, 감정, 행동을 완전히 이해해야 하고, 내담자를 무조건 긍정적으로 존중해야 하며, 내담자와의 관계에서 정직하고 조화롭고 원만해야 한다고 로저스는 거의 강박적으로 강조했다Rogers, 1957.

로저스가 성격변화를 위해 자신이 제시한 6가지 "필요충분"조건을 필수 조건이 아니라 **바람직하거나 유용한** 조건으로 명명했다면, 나는 로저스가 옳다는 것을 즉시 알 수 있었을 것이다. 나는 1955년에 합리적-정서적-행동 치료를 창안했고Ellis, 1957, 1958 로저스가 사용한 "필수"라는 개념에 이의를 제기하는 논문을 『상담심리학 저널』에 발표했다. 이 논문에서 나의 반대 주장이 로저스를 설득하지는 못했지만 많은 다른 심리학자들은 설득시켰다. 간단하게 기술하면 나의 반대 주장은 다음과 같다.

1. 두 사람 간에는 직접적인 심리적 접촉이 있어야만 한다. 그렇지 않다. 사람들은 각자 혹은 강연, 서적, 설교, 소설, 연극 등을 통하여 사리에 맞는 철학을 발견할 수 있다.

2. 내담자들은 다른 사람과 조화롭지 못한 상태에 있거나 불안하고 취약하다. 대체로 그렇다. 그러나 어떤 사람들은 조화롭고, 불안감도 적고, 강건한 상태에서 치료나 충고를 받음으로써 상당한 이득을 얻는다. 그들은 계속 배우고 성장할 수 있다.

3. 치료자는 조화롭고, 솔직하고, 원만한 사람이어야 하고, 내담자와도 그러한 관계 속에 있어야 한다. 정말 맞는 말이다. 그러나 많은 심리치료자들은 그렇지 못하지만 - 실제 그러한 치료자는 거의 없다 - 때로는 그들이 사람들에게 큰 도움을 준다.

4. 치료자는 내담자를 - 내담자를 돌보기는 하지만 소유하거나 치료자의 필요를 충족시키기 위한 것이 아닌 - 무조건 긍정적으로 존중해야 한다. 맞는 말이다. 정말 좋은 말이다. 그러나 분명히 **무조건적 긍정적 존중**이 반드시 필요한 것은 아니다. 간혹 내담자를 돌보지 않는 치료자나 내담자와 관계할 때 책을 읽어주거나 녹음된 내용을 들려주는 **시체** 같은 치료자에게서도 내담자는 도움을 얻을 수 있다.

5. 성격 변화를 위한 필요충분조건은 내담자가 인식하는 자신의 경험을 치료자가 정확하고 공감적으로 이해하는 것이다. 가장 큰 도움이 될 것이다! 그러나 이것이 반드시 필요한 것은 아니

다. 아직도 정확하게 공감하지 못하는 치료자들이 가끔씩 내담자를 돕고 있다. 정확하고 공감적인 치료자가 반드시 필수적인 것은 분명히 아니다.

6. 내담자에 대한 치료자의 수용과 공감을 내담자 자신이 최소한이나마 알아차린다. 그렇다. 그러나 내담자는 그러한 것이 없을 때조차도 있는 것처럼 지각할 수 있다! 심지어 치료가 잘되고 있을 때조차도 그렇다 – 이런 일은 흔하다. 공감과 수용은 반드시 **주어질 필요가 있는 것은 아니고** 내담자가 **지각하는 것**이다. 내가 아는 몇몇 내담자들은 – 그들의 치료를 여러 번 슈퍼비전 해준 이래로 알게 된 – 공감과 수용력이 **부족**한 치료자를 싫어했지만, 그럼에도 불구하고 변화하고자 하는 그들 자신의 욕구 때문에 필요한 과업을 열심히 수행해서 상당히 호전되었다.

위의 요약에서 알 수 있듯이, 나는 효과적인 치료를 위한 로저스의 6가지 필요충분조건이 갖는 **가치**가 아니라 그러한 조건들의 독단성에 대해 논쟁한 것이다. 대체로 치료자들은 이 조건들이 훌륭하기는 하지만 반드시 필수적인 것은 아니라고 생각한다. 로저스의 핵심주장은 상당한 지지를 받은 네 번째 주장으로, 치료자에 대한 내담자의 저항을 포함해서 무수히 많은 결점과 실수를 지닌 내담자를 무조건적으로 수용해야 한다는 주장이다. 분명히 브랜든과는 달리 로저스는 내담자들에게 유능하고 생산적이며 총명할 것을 요구하지 않았으며, 책임감 있고 정직하며 좋은 성품을 가질 것도 요구하지 않았다. 로저스는 이러한 특성들을 **좋아했고** 실제로 내담자들이 이런 특성을 가질 수 있도록 도와주었다. 그러나 요구하지는 않았다. 내담자들에게 이런 특성이 없으면 어쩔 수 없는 일이다. 로저스는 여전히 내담자를 완전히 수용한다. 『사람이 되어 가는 과정에 대하여On Becoming a Person, 1961』에서 로저스는 말하길, "내가 말하려는 수용의 의미는 내담자를 무조건적 자기 가치를 – 그의 조건, 행동, 감정과 상관없는 가치 – 지닌 사람으로 따뜻하게 존경하는 것이다." 이것은 매우 훌륭한 생각으로, 합리적-정서적-행동 치료의 가정과 동일하다.

무조건적 자기수용에 대한 로저스의 이러한 관점이 정확히 누구의 영향을 받았는지는 분명치 않다. 그는 2년 동안 유니언 신학 대학Union Theological Seminary에 다녔으며 거의 목사가 될 뻔했다. 일종의 실존주의자가 되기 전에, 거기에서 그는 『존재의 용기The Courage to Be, 1953년』라는 책을 쓴 유명한 신학 교수 폴 틸리히를 만났음에 틀림없다. 그러나 그는 하이데거, 샤르트르, 틸리히로부터 영향을 받았다고 언급한 적이 결코 없다. 이상한 일이다! 다행스럽게도 나는 1953년에 틸리히의 책을 읽고 곧바로 무조건적 자기수용에 빠져들었다. 로저스가 우회적으로 암시한 것처럼, 그는 자기와 타인에 대한 **경험**을 통해 무조건적 자기수용이라는 특이한 개념을 만들어냈을 수도 있다. 그러나 나는 믿기지 않으며 아직도 틸리히의 영향이라고 생각한다. 아마도 로저스는 누군가로부터 가르침을 받아 이 개념을 알게 되었다고 **인정**하고 싶지 않았던 것 같다. 무조건적 자기수용이 단순히 가르쳐질 수 있는 것이 아니라 공감적으로 **경험**해야 배울 수 있다고 그는 분명히 말했다. 물론 나는 이 말에 동의하지 않는다. 왜냐하면 나는 무조건적 자기수용을 틸리히를 비롯한 다른 실존주의자들로부터 배웠고 **그런 다음에** 그것을 경험하기 위해 나 자신과 타인에게 적용해 보았기 때문이다.

어쨌든, **가르치는 것과 가르침을 받는 것**도 경험하는 것이고 여기에는 공감과 이해도 포함된다는 입장을 견지한다는 점에서 나는 로저스를 비롯한 다른 많은 실존주의자와 다르다. 실제로 로저스는 "수용이 이해를 수반하기 전에는 큰 의미가 없다"라고 말했다(p. 34). 공감도 그렇고 교육도 그렇다.

자기수용에 대한 나와 로저스의 견해가 크게 다른 부분은 『사람이 되어가는 과정에 대하여』 35쪽에서 그가 한 말이다. 즉, "상대방이 – 내가 그를 전적으로 수용하고 있다는 – 이와 같은 태도를 어느 정도 경험할 수 있을 때, 나는 그에게 변화와 건설적인 발달이 **변함없이** 일어날 것이라고 믿는다. 그리고 나는 오랜 기간 조심스럽게 숙고한 후에만 '변함없이' 라는 단어를 사용한다."

오! 이것이 바로 무조건적 자기수용에 대한 나와 로저스의 의견이 일치하는 정확한 이유이면서 동시에 적극적–지시적 교육을 많이 포함하는 나의 합리적–정서적–행동 치료가 로저스의 치료와 전혀 다른 이유이기도 하다. 나는 내담자의 실패와 장점을 전적으로 수용했음에도 즉 그들을 무조건적으로 수용했음에도 불구하고, 내담자들은 무조건적 자기수용에 도달하지 못했다. 나는 또한 로저스와 그의 추종자들로부터 무조건적 긍정적 존중을 받은 적이 있는 많은 내담자들을 보았는데, – 당신은 알고 있는가! – 그들은 결코 무조건적 자기수용에 도달하지 못했다. 실제 그들은 무조건적 타인수용을 거의 성취하지 못했다. 치료의 결과로 그들이 타인을 무조건적으로 수용하는 것은 아니었다. 그들은 자신의 실수에 대해 여전히 가슴을 치며 통탄했고 다른 사람을 탓하며 비난하기도 했다.

예를 들면, 1960년대에 10개월 동안 내가 치료한 33세의 우울한 도로시Dorothy는 마침내 부모 그리고 많은 다른 사람들 에 대한 그녀의 적대감을 내가 비난하지 않는다는 사실을 수용했다. 그러나 거의 1년 동안 그녀가 무조건적 자기수용에 도달하도록 도와주었지만 - 그녀로 하여금 자기를 학대한 부모를 수용하도록 했을 때조차도 - 별 진전이 없었다. 나와 도로시의 무조건적 타인수용이 그녀의 무조건적 자기수용으로 이어지지는 않았다. 사실, 내가 일반론을 이용해서 부모가 종종 **나쁜 행위**를 했더라도 그 부모가 **나쁜 사람**은 아니라고 그녀를 설득하기 전까지, 그녀는 부모를 증오하는 자신을 계속해서 심하게 질책했다.

내가 치료 경험을 - 그리고 로저스의 방법을 사용한 다른 치료자의 경험을 - 통해서 배운 것은 내담자들이 무조건적 타인수용과 자기수용을 개별적으로 혹은 한꺼번에 성취할 수도 있고 혹은 아무것도 성취하지 못할 수도 있다는 것이다. 전반적으로 내담자들에게 무조건적 타인수용을 제공하는 것이 무조건적 자기수용에 도달하는 가장 효과적 방법이었다 - 그러나 항상 그런 것은 아니다! 그래서 나는 내담자에게 무조건적 타인수용을 제공하여 그것을 철학적으로 가르쳤으며, 무조건적 자기수용의 장점과 그것에 도달하는 방법을 가르쳤다. 보통 합리적-정서적-행동 치료에서처럼, 나는 내담자들에게 숙제로 뿐만 아니라 상담 동안에 많은 정서적 경험과 몇몇 행동 과제를 제시하였다. 모두 세 가지이다. 여러분이 상상할 수 있듯이, 이 방법 중 어느 하나가 무조건적 자기수용, 타인수용 및 인생수용에 도달하는데 도움이 되지 않을 때 간혹 다른 방법이 효과적일 수 있다.

기법 상 칼 로저스와 나의 주요 차이점은 나는 가르치고 관계를 맺는다는 것이다. 나는 적극적이고 지시적이며 **그리고** 때로는 비지시적이기도 하다. 나는 치료회기동안 많이 개입하기도 하고 조용히 숙제만 내주기도 한다. 나의 치료 목적은 때로 로저스의 목적과 같다. 그러나 나의 기법이 훨씬 더 다양하다. 로저스의 기법과 일반적인 합리적-정서적-행동 치료 기법이 어느 정도 무조건적 자기수용, 타인수용 및 인생수용을 획득하는데 도움이 되는지 알아보기 위해 몇 가지 실험이 이루어지면 좋겠다.

이런 실험이 이루어진다면, 나는 합리적-정서적-행동 치료와 로저스의 인간 중심 치료PCT: person-centered therapy 모두 내담자에게 큰 도움을 줄 것으로 예상한다. 그리고 처음에는 인간 중심 치료가 합리적-정서적-행동 치료보다 내담자의 우울증, 자기 비하, 분노를 완화시키는데 더 유용할 것이다. 내 가정이지만, 일반적으로 내담자는 치료자로부터 배운 타인수용을 개인적인 수용과 사랑으로 전환하기 때문이다. 치료자가 내담자를 진심으로 인정할 때, 내담자는 치료자가 자기를 개인적으로 좋아한다고 생각한다. 그리고 내담자는 "나는 사랑받을 수 없는 사람이라고 생각했지만, 치료자가 수용해주고 인정해주는 지금 나는 사랑받을 만하고 그래서 좋은 사람이다"라고 스스로에게 조건적으로 말한다. 여전히 조건적인 자기존중이다! 따라서 인간 중심 치료를 받은 내담자들은 종종 더 좋아진 것처럼 느끼지만 실제 더 나아진 것은 아니다. 반면에 합리적-정서적-행동 치료를 받은 내담자들은 무조건적으로 자기 자신을 더 자주 수용하고 더 좋아진다. 이것은 검증해볼 만한 흥미로운 가설이다!

또 다른 실험에서, 심한 우울증을 겪고 있는 50명의 내담자에게 로저스식의 인간 중심 치료를 실시하고, 또 다른 50명의 우울한 내담자에게는 인간 중심 치료에 덧붙여 무조건적 자기수용과 타인수용을 성취하는 방법 - 내담자가 치료자의 도움 없이 엘리스, 코르지프스키, 틸리히 및 다른 실존주의자들의 책을 읽고 도움을 받을 수 있듯이 - 을 치료자가 철학적으로 가르친다.

결론적으로, 칼 로저스는 수용 치료에 어느 정도 훌륭한 공헌을 했다. 로저스의 도움으로 내담자들은 이 치료의 중요한 부분을 경험했다. 인간 중심 치료를 받은 내담자들은 수용 철학philosophy of acceptance을 스스로 익히고 생각함으로써 자기와 타인을 무조건적으로 수용하는 방법을 추가로 배워야 한다고 나는 제안하는 바이다.

## 3장

# 앨버트 엘리스와 무조건적 자기수용

나의 여러 책 - 특히 『합리적-정서적-행동 치료: 나에게 효과적인 이 기법이 여러분에게도 효과적일 수 있다Rational Emotional Behavior Therapy: It Works for Me, It Can Work for You』 - 에서 기술했듯이, 나는 24세까지 조건적 자기존중을 지니고 있었으며 한동안 수행 불안과 불규칙적 우울증을 겪었다. 평상시 나는 지나치게 불안하거나 우울하지는 않았지만, 첫 번째 아내 카일Karyl과 함께 있을 때 그녀가 **진정으로, 충분히 그리고 미래에도** 나를 사랑할지 항상 걱정했다. 그리고 나는 마음이 너무 여려서 극도로 불안정한 그녀의 감정을 견딜 수가 없었다.

그녀를 만난 후 나는 꼬박 밤을 지새우며 끊임없이 걱정했다. 그리고 "그녀가 나를 사랑할지 안 할지" 그 생각 때문에 아무데도 갈 수가 없었다. 그러면서 나는 브롱스 식물원에서 한 시간 동안 산책을 했고, 거기에서 "카일이 나를 정말로 사랑하건 말건 상관없이, 나는 그녀의 사랑이 **필요한 것**이 아니라 **원하는 것**이다"라는 훌륭한 항불안제를 발견하게 되었다.

바람wanting과 불필요not needing가 나를 영원히 바꾸어 놓았다. 카일과 관계가 좋은지 그리고 그녀의 사랑을 받고 있는지에 대해 여전히 나는 걱정이 되었다. 그러나 지나치게 걱정하지는 즉 불안해 하지는 않았다. 또한, 나의 자기수용이 그녀 혹은 어느 누구의 사랑에 달려있지 않기 때문에, 나는 그녀의 사랑을 필요로 하지 않는다는 사실을 가슴 저 밑바닥에서부터 깨닫게 되었다. 내가 즐거움을 느끼는 것은 좋지만 의존하는 것은 싫었다. 나는 이러한 사실을 후에 좀 더 철저하게 깨달았다. 그러나 나는 24세 때 자기수용의 본질을 알았다. 생존을 위한 몇 가지 – 식량, 물, 안식처 – 를 제외하면 나에게 반드시 필요한 것은 아무 것도 없었다. 사랑, 성공, 섹스 이 모든 것은 내 인생에서 **부가적인 것이지** 내 인생을 **만들어**주는 것은 아니었다.

이 새로운 아이디어는 혁신적이었다. 이것이 바로 합리적-정서적-행동 치료가 감정 및 행동과 더불어 – 심지어 합리적-정서적-행동 치료를 모방한 또 다른 인지행동치료보다 더 많이 – 아이디어, 사고, 인지, 철학을 강조하는 이유이다. 단 하나의 새로운 아이디어가 여러분을 많은 측면에서 전혀 다르게 바꾸어 놓을 수 있다. 예를 들면, "당신이 **원하는** 사회적 승인이 당신에게 **필요한** 것은 아니다. 즉, 당신의 가치가 그러한 승인에 달려있는 것이 아니다!"

아마도 이런 아이디어가 나를 치료자로 만든 것 같다. 그래서 나는 다른 사람들도 이 아이디어를 깨달을 수 있도록 도와줄 수 있었다. 나는 즉시 – 카일을 포함하여! – 친구들과 친척들을 대상으로 봉사 차원의 치료를 시작하였다. 그리고 3년 후 임상심리학 대학원에 등록했다.

1943년에 29세의 나이로 공인 심리학자가 되면서부터, 나는 내담자들에게 그들이 원하는 것은 **필요**need가 아니라 **소망**desire임을 열정적으로 가르치기 시작했으며 그 일을 하면서 매우 행복했다. 그 때 나는 틸리히의 『존재의 용기』라는 책을 읽었다. 나는 샤르트르와 하이데거의 책보다는 이 책을 통해 실존주의 관점을 더 명료하게 알게 되었으며, 실존주의적 관점이 몇 가지 측면에서는 코르지프스키의 입장보다 더 낫다는 것을 알게 되었다. 틸리히1953는 그 자신 쾌락주의자로서 섹스를 몹시 **원하기는 했지만 필요로 하지는 않았다.** 그는 특히 자신이 갖는 한 인간으로서의 가치가 목표 달성에 **달려있다** 고 생각하지 않았다. 오!! 그가 옳았다. 나는 결코 '바람' – 갈망, 욕망 – 을 단념하지 않겠지만, 나의 자기와 나의 전체를 평가하는데 그러한 것들을 관여시키지는 않겠다. 바로 지금!

내게 성공과 사랑이 필요한 것은 아니며, 내가 – 혹은 어느 누구라도 – 그러한 것들을 성취하지 못할지라도 무가치한 사람이 되는 것이 아님을 나는 명백하게 깨닫기 시작했다. 그것으로 인해 나는 단지 원하는 모든 것을 당분간 다 얻지는 못한 그런 한 사람이 될 뿐이다. 나는 하이데거, 샤르트르 및 또 다른 실존주의자들을 다시 읽었으며, 그들을 그 누구보다도 가장 잘 해석하는 사람이 되었고, 카일의 사랑을 완전히 필요치 않게 되었다. 역설적이게도, 그 후 카일은 몇 년 동안 심지어 이혼한 후에도 나를 열렬히 사랑하고 존경했다.

내가 전적으로 수용하는 치료자 및 교사가 된 지 머지않아, 사람들을 무조건적으로 수용하는 또 다른 사상가들을 발견했다. 나는 특히 1969년에 『가치의 철학The Philosophy of Value』이라는 책을 쓴 철학자 로버트 하트만Robert S. Hartman과 몇 번 이야기도 나누고 서신왕래도 했다. 하트만은 사람의 가치를 타인이 원하는 대로 행동하는 타인을 위한 외재적 가치와 그 사람이 살아 움직이기 때문에 가지고 있는 자신을 위한 내재적 가치로 구분하였다. 여러분은 선택권을 가지고 있다! 그리고 코르지프스키가 말했듯이, 여러분이 **행한** 것이 여러분은 **아니다.** 다양한 사람들이 다양한 시기에 여러분의 외재적 가치를 측정하고 평가할 수 있지만, 여러분의 내재적 가치를 정확하게 측정할 수는 없다. 내재적 가치는 너무나 복잡하고 변화무쌍하다! 물론 그렇다!

틸리히Tillich, 실존주의자 하트만Hartman과 마틴 부버Martin Buber, 그리고 알프레드 아들러Alfred Adler, 프리스턴 랙키Preston Lecky, 롤로 메이Rollo May와 같은 몇몇 심리치료자에 뒤이어, 나는 『심리치료에서의 이성과 정서Reason and Emotion in Psychotherapy, 1962』 및 후속 저서에서 여러분이 자기수용을 선택할 수도 있고 선택하지 않을 수도 있다고 기술했다. 자기수용은 여러분에게 많은 도움을 주지만, 그것의 선택은 여전히 여러분에게 달려 있다. 선택하든가 선택하지 않든가!

더군다나, 여러분이 무조건적 자기수용을 선택해서 그것을 생각하고 느끼며 그것에 따라 행동함으로써, 무조건적 자기수용은 다양한 방식으로 여러분에게 건전한 영향을 주고, 여러분 삶을 개선하며, 자기 가치를 떨어뜨리는 우울한 느낌으로부터 여러분을 해방시킬 수 있다. 자기수용은 거의 기적처럼 효과적이다.

아론 백Aaron Beck, 도널드 미첸바움Donald Meichenbaum, 데이비드 발로David Barlow와 같은 인지행동치료자들이 때때로 나의 정서적이고 반복적인 철학을 비판했지만, 나는 무조건적 자기수용을 합리적-정서적–행동 치료라는 일관적이고 강력하며 지속적인 기법으로 만들었다. 그러한 비판이 나를 중단시키지는 못했다!

1972년에 나는 로버트 하트만의 업적을 기리는 책의 한 장을 써달라는 요청을 받았다. 그래서 나는 "심리치료와 인간의 가치 Psychotherapy and the Value of a Human"라는 긴 글을 썼다. 그 글에서 나는 무조건적 자기수용에 대한 나의 관점을 포괄적으로 정확하게 제시했다. 하트만 교수는 내 글을 보고 매우 기뻐했으며, 내가 무조건적 자기수용을 주제로 철학박사 학위논문을 쓴다면 그 글만으로도 박사 학위를 줄 수 있다고 말했다. 그 글은 "훌륭하고 독창적"이었다.

물론 나는 그 말을 듣고 기뻤다. 우리의 앨버트 엘리스 연구소 Albert Ellis Institute는 1973년에 『심리치료와 인간의 가치』에 관한 인쇄물을 독자적으로 발간했다. 나의 많은 내담자와 그 연구소의 내담자들이 그 글을 읽고 큰 도움을 받았다고 말했다. 약간의 개정과 함께 새롭게 고쳐진 무조건적 자기수용에 대한 바로 그 글을 다음 장에 소개할 것이다. 나는 지금도 이 글을 강력하게 추천한다. 이 글은 무조건적 자기수용이 효과적인 이유와 자기존중과 조건적 자기수용이 해로운 이유를 상세하게 기술한 기념비적인 글이다. 일부 나의 내담자들이 그랬듯이, 여러분이 이 글을 읽으면서 장황하다는 느낌을 받는다면, 가볍게 읽어 넘기고 "합리적–정서적–행동 치료는 인간의 에고ego를 상당부분 축소시킨다"라는 제목의 그 다음 장으로 넘어가라.

# 심리치료와 인간의 가치

　현대 심리치료의 거의 모든 권위자들은 자기가치에 대한 평가가 사람들에게 특히 중요하다고 믿고 있으며, 자기를 심하게 비하하거나 부정적인 자기상을 갖고 있으면 정상적 기능에 손상이 오고 다방면에서 자신이 보잘 것 없는 사람이 된다고 주장한다. 결과적으로, 자기평가의 문제를 해결하기 위해 심리치료가 하는 주된 기능 중 하나가 개개인의 자기존경 혹은 "자아 강도", "자신감", "자기존중", "인간적 가치감" 혹은 "자기 정체성" 을 고양시키는 것이라고들 생각한다Adler, 1926; Ellis, 1962; Ellis & Harper, 1961; Kelly, 1955; Lecky, 1943; Rogers, 1961.

　사람들이 자기 가치를 높게 평가하지 않을 때 많은 문제가 발생한다. 그런 사람들은 자주 자신의 못난 점에 초점을 맞춘 채 문제해결에는 거의 신경을 쓰지 않아 점점 더 비효율적으로 된다. 그들은 자기처럼 썩어빠진 인간들은 어떠한 옳은 일도 할 수 없다고 잘못 결론 내려, 자신이 성취하고 싶은 일을 달성하려는 노력을 그만 둘 수도 있다. 그들은 증거가 분명한 자신의 장점도 삐딱한 눈으로 보고, 자신은 얼간이며 아직 사람들이 자기의 그런 진면목을 보지 못했다고 결론을 내리는 경향이 있다. 그렇지 않으면, 그들은 자신의 가치를 입증하는데 너무 열중한 나머지 타인의 호의와 인정을 받기 위해 비굴하게 행동하고, 옳든 그르든 타인들이 원한다고 생각해서는 자신의 욕망을 기꺼이 포기하는 경향이 있다Ellis, 1962; Hoffer, 1955; Lecky, 1943. 성공이나 남을 즐겁게 하기 위해 필사적으로 노력할 때, 그들은 실제로 혹은 상징적으로 자신을 죽이는 경향이 있다Watzlawick, 1978. 그들은 몰입하지 않거나 회피하는 것을 선호할 수도 있고 본질적으로 "생명력을 잃게" 된다May, 1969. 그들은 창조적 삶을 살 수 있는 자신의 많은 잠재력을 고의로 파괴하기도 한다. 그들은 강박적으로 자신을 타인이나 타인의 성취와 비교하고, 즐거움을 추구하기보다는 지위를 쫓는 경향을 가진다. 그들은 자주 불안해하고 공황상태에 빠지며 두려움에 사로잡힌다Ellis, 1962. 그들은 근시안적 쾌락주의자이며 자기 절제가 부족한 경향을 가지고 있다Hoffer, 1955. 그들은 종종 방어적이고 그래서 자신이 "우월한" 위치에 있는 것처럼 과장해서 행동한다Low, 1967. 그들은 낮은 자존감을 보상하기 위해서 매우 거칠거나 남성다운 척한다Adler, 1926. 그들은 타인에게 매우 적대적이다. 그들은 심하게 우울해한다. 그들은 현실로부터 도피하여 환상 속에 은둔한다. 그들은 심한 죄책감을 느낀다. 그들은 만천하에 드러나는 큰 과오를 저지르기도 한다. 그들은 자신의 많은 특별한 재능을 고의로 파괴한다. 그들은 스스로가 자신을 인정하지 않는다는 사실을 쉽게 자각하고, 자신감이 전혀 혹은 거의 없다고 스스로를 평가하며, 그럼으로써 자기 이미지를 전보다 더 나쁘게 훼손한다Ellis & Harper, 1961a, 1961b. 그들은 다양한 신체적 증상을 겪게 되고, 이것이 자기 자신을 더욱 폄하하게 만든다.

이것이 전부는 아니다. 왜냐하면 심리치료에 관한 지난 50년 동안의 거의 모든 문헌들은 사람들이 자신을 비난할 때 스스로에게 어떤 해를 가하는지, 타인과의 관계를 얼마나 심각하게 훼손하거나 파괴하는지, 행동한 것 혹은 행동하지 않은 것에 대해 얼마나 심각한 죄책감이나 수치심을 느끼는지 아니면 자기 이미지를 얼마나 많이 실추시키는지에 관한 것이기 때문이다. 이러한 문헌들은 수많은 가정들을 입증해주었다. 말하자면, 사람들은 어느 정도 자신을 수용하고 존경하고 인정할 때, 대부분의 경우 그들의 행동은 긍정적인 방향으로 현저히 좋아진다. 그들의 효율성은 상당히 향상된다. 그들의 불안, 죄책감, 우울, 분노는 줄어든다. 그리고 그들의 정서적 혼란이 감소한다.

따라서 하나의 분명한 질문이 생긴다. 즉, 자기의 가치에 대한 한 개인의 지각이 그 개인의 사고, 정서, 행동에 그렇게 중요한 영향을 준다면, 그가 성취한 것이 무엇이든, 그가 타인과의 관계 속에서 인기가 있든 없든 상관없이, 변함없이 자기를 수용하고 존중하도록 하기 위해 그 개인이 자신을 지속적으로 높게 평가하도록 어떻게 도울 수 있을까? 매우 이상하게도, 현대의 심리치료에서는 그동안 – 적어도 위에서 기술한 방식으로는 – 이 문제를 자주 제기하지 않았다. 대신에, 이와는 거의 정반대 질문을 꽤 일관되게 제기하였다. 즉, 한 개인의 자기수용이 (1) 사회에서 이룬 성취나 성공 및 (2) 타인과의 좋은 관계에 달려 있기 때문에, 그 개인이 이 두 목표를 달성해서 자기존중감을 높일 수 있도록 어떻게 도와줄 수 있을까?

자기수용과 자기존중은 얼핏 유사한 것처럼 보인다. 그러나 좀 더 명확하게 정의하면, 실제로 이 둘은 확연히 다르다. 자기존중 - 브랜든1969, 랜드1956, 그리고 앤 랜드의 객관주의 철학을 이어받은 사람들이 사용한 것과 같은 자기존중 - 은 한 개인이 똑똑하고 올바르게 혹은 유능하게 행동했기 때문에 자신을 높게 평가하는 것을 의미한다. 논리를 극단적으로 전개할 경우, 자기존중은 "이성에 **전적으로** 몰두한 마음의 결과이며 표현이고 보상이다"Branden, 1969. 그리고 **온전한 합리성**unbreached rationality - 즉 자신의 능력을 최대한 사용하기로 결심하고, 자신의 지식을 헛되게 하거나 그것과 상반된 행동을 거부하는 것 - 이 미덕을 판단하는데 합당한 유일한 기준이며, 진정한 자기존중의 **유일한** 토대이다Branden, 1969;

반면에, 자기수용은 자신이 총명하고 정확하고 유능하게 행동을 했든 안했든, 타인이 자기를 인정하고 존경하고 사랑하든 말든 상관없이 한 개인이 자기를 무조건적으로 완전히 받아들이는 것이다Bone, 1968; Ellis, 1962, 1966; Rogers, 1961. 그래서 자기존중은 완전하게 행동한 것은 말할 필요도 없고 좋은 행동을 한 사람만이 느낄 수 있는 반면에, 실제 자기수용은 모든 사람이 느낄 수 있다. 이 세상에서 일관되게 좋은 행동을 하는 사람은 극히 드물고 매우 어리석거나 종종 나쁜 행동을 하는 사람은 도처에 널려있기 때문에, 우리 대부분이 지속적으로 자기존중을 느끼는 것은 거의 불가능하지만 지속적으로 자기수용을 느끼는 것은 그 가능성이 매우 높다.

따라서 내담자가 높은 수준의 자기존중이나 매우 조건적인 긍정적 자기존중을 성취하도록 그를 생각하고 치료하는 심리치료자는 분명히 잘못 인식하고 있는 것이다. 심리치료자들이 추구해야 할 좀 더 현실적인 목표는 내담자가 자기수용 혹은 무조건적 긍정적 존중에 도달하도록 돕는 것이다. 그러나 우리 문화에서는 그 사람의 좋은 행동, 멋지거나 강한 인품, 어떤 재능, 특별한 업적 때문에 그를 긍정적으로 존경하기 때문에, 칼 로저스와 스탠리 스탕달Stanley Stendhal이 창안한 **무조건적 긍정적 존중**이라는 용어Rogers, 1951도 다른 의미로 변질될 가능성이 있다. 그러나 로저스가 실제 의미하는 바는 어떤 조건이나 성취 없이 타인이 그 사람을 수용하고 그 사람도 자신을 수용할 수 있다는 것 혹은 내가 다른 곳에서 언급했듯이, 그 사람은 바로 그 사람이기 때문에 그리고 그 자신이 살아있고 존재하기 때문에 본인을 수용할 수 있다는 것이다Ellis, 1962; Ellis & Gullo, 1971.

인간의 가치문제를 진솔하고 단호하게 다뤄온 사람은 바로 철학자 특히 실존주의 철학자들이었으며, 특별한 능력도 없고 성공도 못하고 대우받을 만한 행동을 하지 못할 때조차 자신을 가치 있는 존재로 보기 위해서 개인들이 할 수 있는 것이 무엇인지를 밝히고자 노력해 온 사람도 그들이었다. 이러한 철학자들 중에서 로버트 하트만이 선도적인 역할을 해왔다. 인간의 일반적인 가치문제에 대해 하트만 만큼 많이 생각한 사람도 없을 것이다. 내가 알기로는 어느 누구도 하트만보다 더 명료하게 인간의 내재적 가치 혹은 본질적 가치를 설명한 사람도 없다.

하트만의 이론에 따르면, 가치는 특정 사물이 그 자체의 개념을 충족시키는 정도이다. 세 종류의 개념 — 추상적 개념, 구성적 개념, 고유 개념 — 이 있고, 이에 대응하는 세 종류의 가치가 있다. (1) **체**

**계적**systemic 가치는 구성적 개념을 충족시키는 것이다. (2) **외재적** extrinsic 가치는 추상적 개념을 충족시키는 것이다. (3) **내재적**intrinsic 가치는 고유 개념을 충족시키는 것이다. 이 세 가지 개념의 차이를 살펴보면, 구성개념은 **유한**하고, 추상적 개념은 **헤아릴 수 없을 정도로 무한**하고, 고유 개념은 헤아릴 수 있는 범위 내에서 **무한**한 것이다Hartman, 1959, p.18.

이처럼 매우 독창적이고 잘 다듬어진 가치 개념들을 고수함으로써, 하트만은 내재적 가치라는 특별히 중요한 아이디어에 집중할 수 있었다. 다른 사람도 입증했지만, 내재적 가치를 이용해서 하트만이 입증한 것은 인간 개개인은 독특하고 고유한 사람으로서 무조건적으로 완전히 그 자체로 수용될 수 있고, 살아있는 한 항상 자신에 대한 가치를 지니며, 각 개인의 내재적 가치 혹은 자기 이미지는 외재적 가치나 타인에 대한 가치에 어떤 식으로든 종속될 필요가 없다는 것이었다. 하트만은 각 개인이 자신의 재능과 성취에 상관없이 스스로를 변함없이 수용하고 훌륭하고 가치 있는 존재로 지각해야 하는 이유를 다음과 같이 열거하였다.

1. 한 사람이 자신의 개념에 대한 정의를 충족시키면 선한 것이다. 그러므로 어떤 사람이 사람 – 즉, 살아 있고, 팔, 다리, 눈, 코, 입, 목소리 등을 갖고 있는 – 에 대한 정의를 충족시키면, 그 사람은 선한 사람이다. 이런 의미에서 화성인은 선한 사람은 아니겠지만, 살아있는 모든 지구인은 실질적으로 선한 사람으로 보아야 한다Hartman, 1967, p.103.

2. 무한이라는 의미를 엄격하게 정의해서 볼 때, "훌륭한 지휘자, 훌륭한 제빵사, 훌륭한 교수와 같은 훌륭한 사회구성원이 되는 것보다 도덕적으로 훌륭한 사람이 되는 것이 무한히 더 많은 가치를 지닌다. 무엇을 하던 간에 매사에 성실하고 정직하며 진실한 것이 무엇을 하는가보다 무한히 더 중요하다." Hartman, 1967, p.115. 따라서 한 여인이 성실하고 정직하며 진실하다면 – 그녀가 진정으로 자기 자신이라면 – 다른 사람들이 그녀를 어떻게 생각하던지 간에 그녀는 커다란 내재적 가치를 지니고 있다.

3. 인간은 우주 안에 있는 무한히 많은 것들을 생각할 수 있고, 그 각각에 대하여 자신이 생각하고 있음을 생각할 수도 있다. 인간은 또한 자신의 생각에 대해 생각하고 있음을 생각할 수도 있다. 이처럼 무한히 계속할 수 있다. 따라서 인간은 근본적으로 무한하다 – 인간은 하나의 정신적 **통합체**로 그것의 기본은 연속성이다. **그러나 이러한 기본은 시공간적 우주 전체 그 자체의 기본이다.** 인간의 가치를 공리적으로 증명한 결과, 모든 개인은 시공간적 우주 전체만큼 무한하다 Hartman, 1967, p.117–118. 그래서 어떠한 공리 체계에서도 인간의 본실적 가치는 다른 모든 가치 위에 있다. 따라서 인간을 가치 있는 존재 혹은 선한 존재로 보아야 한다.

4. "존재는 외연적으로 모든 존재의 전체이다. 내부적으로, 존재는 일관적으로 생각할 수 있는 모든 속성들의 전체이다. 존재는 더 추가해야 할 속성이 없다는 것 이상의 전체이다. 그러나 존재

가 전체일 때, 공리에 따른 선의 정의에 의하면 존재는 선한 것이다. 왜냐하면 존재가 일관적으로 생각할 수 있는 모든 속성을 지닌 전체라면 그 존재의 선 – 선은 그 존재를 정의하는 속성들 중 하나이다 – 은 전체에 의해 정의되는 이차적 속성이기 때문이다.”Hartman, 1967

5. 누군가 한 개인의 내재적 가치를 타인에 대한 그의 외재적 가치보다 더 중시하지 않는다면 그리고 “그의 내재적 가치가 직업과는 무관하고 오직 본질과 관련되어 있음”을 모른다면, 그 사람은 자신이나 타인에게 행하는 자기의 부당한 행동을 보지 못할 것이고, 삶과 사랑을 상실할 것이요 죽음과 파멸의 세계를 만들 것이다. 따라서 실용적 차원에서 자기보존과 행복을 위해서 그 사람은 존재하는 것만으로도 선하다는 전제를 완전히 받아들여야 한다Hartman, 1960, p.22.

6. "내 자신에 대한 나의 정의, 즉 ‘나는 나다’라는 정의를 내가 충족시키는 만큼 나는 도덕적으로 가치가 있다. 따라서 내가 나인만큼 나는 도덕적으로 선한 사람이다. 도덕적 선은 사람이 자기 자신으로 존재하는 그 깊이와 동일하다. 이것이야말로 세상에서 가장 위대한 선이다Hartman, 1962, p.20.

7. “내 자신에 대한 나의 정의를 누가 내려줄 수 있을까? 물론 나 이외의 어느 누구도 그런 정의를 내릴 수 없다. 따라서 나는 인간을 **자신에 대한 자기의 정의를 내부에 가지고 있는 존재**로 정의하였다. … 나에 대한 스스로의 정의를 내가 가지고 있다면, 내 자신이 인간이라는 사실을 이제 나는 알고 있다. 그렇다면

내가 선한 내 자신이 되기 위해서 어떤 속성을 가지고 있어야 하는가? 정확히 말하면, 나를 정의하기 위해서는 나 자신을 의식하는 속성을 가지고 있어야 – 왜냐하면 나를 정의하기 위해서는 나 자신을 의식해야 하기 때문이다 – 한다. 그것이 나 자신에 대한 정의이다. 따라서 내가 나 자신을 더 많이 의식하면 할 수록, 나는 점점 더 분명하게 나 자신을 정의 – 나는 점점 더 선한 사람이 된다 – 하게 된다." "그렇다면 선하게 되기 위해 사람이 해야 할 모든 것은 자신을 의식하는 것이다."Hartman, 1967, p. 11.

8. "중요한 점은 여러분이 완전히 내재적이지 않으면 즉 완전히 자기 자신이 되지 않으면, 완전히 체계적이거나 완전히 외재적일 수도 없다는 점이다. 다시 말해서, 도덕적인 사람은 더 훌륭한 회계사, 조종사 혹은 외과의사도 될 수 있다. 가치차원들은 서로를 포함하고 있다. 체계적 가치, 사회적 가치, 인간적 가치는 서로를 담아내고 있다. 인간적 가치는 사회적 가치를 담고, 사회적 가치는 체계적 가치를 담고 있다. 더 낮은 가치는 더 높은 가치 안에 포함되어 있다. 체제적 가치는 외재적 가치에 포함되어 있고 외재적 가치는 내재적 가치에 포함되어 있다. 여러분이 더욱 더 완전하게 자기 자신이 될수록, 여러분은 직업, 사회적 역할 혹은 사고의 측면에서 더 잘 할 수 있…다. 자신이 되고 싶은 존재가 어떤 것이든 여러분은 그런 존재가 되기 위한 자원을 자신의 내재적 존재로부터 이끌어낼 것이다. 따라서 여러분의 내면에 있는 내재적 자기를 개발하는 것은 사치가 아니다.

내재적 자기를 개발하는 것은 모든 삼차원 속에서 여러분이 여러분 자신으로 존재하기 위한 필수품이다."Hartman, 1967

9. 인격과 내재적 가치를 지닌 존재로서의 인간은 외재적 세계 전체, 즉 물리적 우주와 비교해서 좀 더 가치 있는 차원이 아니라 비교할 수 없을 만큼 가치 있는 차원 – 왜냐하면 내재적 가치는 비교 가능한 것이 아니기 때문이다 – 에 존재한다. 이 세계는 한 사람의 내재적 가치에 비하면 **아무것도 아니다**Hartman, 1967.

10. 한 개인의 외재적 가치는 인간에 대한 추상적 개념을 충족시키는 정도에 달려 있는 반면, 내재적 가치는 그 개인의 고유 개념을 충족시키는 정도에 달려 있다. 따라서 각 개인의 내재적 혹은 인격적 가치는 외재적 용어로 측정할 수 없다. 그래서 고유한 사람으로서 각 개인은 결과적으로 그 자체로 선하다 Hartman, 1967.

11. "이 세상에 한 사람이 태어나는 것은 우주적 사건인데, 왜냐하면 그 사람의 무한한 가능성 때문이다."Hartman, 1967, p.2 결과적으로, 세상이 어떤 가치를 지니고 있다면, 그 사람 및 그 사람의 존재가 그 만한 혹은 그 이상의 가치를 지녀야 한다.

12. "가치에 대한 공리axiom 즉, 가치는 풍부한 속성들이라는 공리로부터 시작해보자. 사람은 무한히 많은 속성으로 구성되어 있으므로 사람이 악하다bad라고 말할 수 없다. 따라서 모든 것은 선에 대한 정의에 달려 있다. 이것은 가치 이론을 토대로 한 정의인데, 우리는 이 이론을 받아들여야만 한다. 이것을 수용

하지 않으면 새로운 가치 이론을 고안해야 할 것이다"<sub>Hartman,</sub>
1967.

위에 열거한 하트만의 주장은 명쾌하지 않을 수 있고 문제가 있을 수도 있다. 그러나 자기의 특성과 능력이 전혀 이상적이지 않다고 생각하는 내담자나 만나는 많은 사람들로부터 인정받지 못하기 때문에 자신의 내재적 가치 혹은 자기가치가 바닥이라고 생각하는 내담자 이들은 자기가치를 외재적 가치나 다른 사람을 위한 가치와 잘못 연관 짓는다 를 치료하기 위해서 철학적인 심리학자들은 이러한 주장을 유용한 소재로 사용할 수 있다. 나는 하트만의 실존적 주장을 자기비하적인 내담자에게 지금까지 꽤 오래 동안 사용해왔다. 나는 그의 주장이 꽤 효과적임을 알게 되었다. 왜냐하면 문제를 안고 있는 사람들이 자신이 무가치하고 희망이 없다고 주장하면, 나는 그들에게 그 "사실"이 하나의 가설에 불과할 뿐만 아니라 그들이 증거를 가지고 그 사실을 증명할 수 있다고 생각할 수도 있지만 실제로는 증명할 수 없다는 것을 그들에게 보여주는데 오래 걸리지 않기 때문이다. 더욱이, 이 가설에 고집스럽게 집착하는 것은 불가피하게 비참한 결과를 가져오므로, 그들은 이 가설을 포기하는 것이 - 그리고 그들은 대체로 적어도 어느 정도까지는 포기한다 - 낫다.

그러나 하트만 자신이 지적했듯이, 한 사람이 자신을 선한 사람으로 수용하는 것은 "모든 것이 선에 대한 정의에 달려 있기 때문"임을 하트만이 인정할 때, 인간은 내재적 가치를 지니며 무가치해질 수 없다는 이론을 옹호하는 그의 기본적 주장은 본질적으로 동어반복이고 규정적이다. 실제로 그런 주장을 지지하거나 반박할 만한 경험적 증거가 없고 앞으로도 없을 것 같다. 사실, 그런 주장은 실용적인 차원에서 강한 설득력을 지닌다. 왜냐하면 정 반대의 입장에서 일반 사람이나 특정 개인이 자기 혹은 타인에게 무가치하거나 악하다고 주장한다면, 끔찍한 결과가 발생하기 때문이다. 따라서 인간이 오래 행복하게 생존하기 위해서는 인간의 "악함"보다는 "선함"을 받아들여야 한다.

유능한 심리치료자라면 어느 누구도 이 실용적 주장에 반대할 것으로 생각하지 않는다. 마찬가지로 나도 이 주장에 거의 반대하지 않는다. 그러나 문제는 이 주장의 철학적 전제가 우아하지 못하다는 것이다. 인간을 무가치하고 악하다고 생각하는 것은 대체적으로 해롭고 인간을 가치 있고 선하다고 생각하는 것이 더 유익하다는 것을 인정하더라도, 이 두 가설이 우리가 선택할 수 있는 유용한 대안의 전부이어야 하는지 나는 그 이유를 모르겠다. 대신에, 철학적으로 더 우아하고 덜 규정적이며 좀 더 경험적 현실에 가까운 제 3의 선택이 있을 수 있다. 가치라는 용어를 인간에게 적용하는 것은 무의미하며, 인간을 선하다 혹은 악하다고 말하는 것은 적절치 못하고, 교육자와 심리치료자가 사람들에게 모든 "에고ego"개념을 포기하고 그것이 무엇이든 간에 "자기 이미지"를 갖지 말라고 가르친다면, 인간의 딜레마와 정서적 혼란을 줄이는데 도움이 된다는 매우 드문 이러한 가정이 앞에서 말한 제 3의 선택이다.

사람은 실제로 자기를 평가하는 사람이 되어야 하는가? 그렇기도 하고 그렇지 않기도 하다. 그래야 한다는 측면에서, 사람은 단순히 길러지는 동물이 아니라 자기평가 경향성을 강하게 가지고 태어난 동물이다. 자신이 살아있음을 단순히 받아들이고, 단지 더 많은 즐거움을 누리고 더 적은 고통을 겪을 수 있는 방법을 찾고자 노력하고, 자의식이나 비난 및 신격화 없이 한 세기 정도의 삶을 사는 사람은 내가 아는 한 문명화된 사람 중에서 이 세상 어디에도 없다. 그 대신, 인간은 변함없이 자기의 **수행**performances뿐만 아니라 **자기**self도 확인하고 평가하는 것 같고, 이런 행동은 하고 저런 행동은 피하는 데 매우 관여하는 것처럼 보이며, "옳은 것"을 행하고 "그릇된 것"을 피하면 일종의 천당이나 지옥에 떨어질 수 있다고 강하게 믿고 느끼는 것 같다.

매우 너그럽고 낙천적인 폴리네시아 사람들, 특히 타히티 사람들을 예로 들어 보자. 데니얼슨Danielsson, 1959의 보고처럼, 폴리네시아 사람들은 지금도 쾌락을 추구하며, 남의 이목에 신경 쓰지 않고, 성과 관련해서 솔직하며, 결혼 전에도 자유롭고, 성을 자극하는 춤을 추며, 성적 게임을 즐거워하고, 법적 혼인 없이도 자유롭게 사랑하며, 자유롭게 혼외정사를 즐긴다. 또한 그들은 꽤 최근까지도 다부다처제였으며, 부인을 빌려주고, 나체로 춤을 추며, 대중 앞에서 성교를 하고, 미성년자가 즐길 수 있는 거처를 마련해주며, 주기적으로 성적 자유를 허락하고, 처녀를 범할 때 수행하는 의식을 장려했다.

그러나 다른 한편으로 폴리네시아 사람들은 많은 금기를 가지고 있으며, 그것을 위반하면 몹시 수치스러워하고 자기를 증오한다. 예를 들면, 그들은 남자들이 사춘기에 이르렀을 때 하는 할례 의식을 오늘날까지 엄격하게 고수하고 있으며, 먹고 자는 집도 서로 분리해서 가지고 있고, 남자와 여자가 하는 일을 엄격하게 구분하고 있다. 더욱이 과거에는 출생과 서열에 따라 성적 특권이 다르고, 과부는 의무적으로 결혼해야 하며, 제사 기간에 금욕해야 하고, 여자들이 종교 의식에 관심을 갖는 것을 금하며, 월경기간 중에 여자들은 혼자 떨어져 있어야 했다. 그들은 종교적으로나 정치적으로 매우 엄격하다. "폴리네시아 추장과 귀족들이 종교적 지지를 얻는데 실패했다면, 결국은 자신들의 선정적인 특권을 유지하지 못했을 것이다. 폴리네시아 종교법에 따르면, 추장과 귀족은 신의 후손이므로 성스럽고 공격의 대상이 되지 않았다. … 폴리네시아 신은 제물을 요구했고, 폴리네시아 여러 섬에서는 사람을 제물로 바치기도 했다. 따라서 독실한 추장이 되기 위해 골치 아픈 사람들을 제물로 바쳐 제거하는 것보다 더 쉽고 좋은 방법은 없었다. … 타히티에서 가장 강력한 통치자가 어디든 가고 싶은 곳이 있을 때는 항상 시종이 그를 운반했다. 왜냐하면 그 통치자가 땅과 접촉하면, 땅 주인은 앞으로 그 땅을 밟을 수 없기 때문이다. … 하와이의 권력자들은 너무 성스럽기 때문에, 백성들은 그들이 나타나면 사라질 때까지 즉시 하던 일을 멈추고 땅에 납작 엎드려 있어야 한다. 그 이유는 통치자들이 밤마다 들판에서 시찰하는 식량공급이 마비되지 않도록 하기 위해서다. 대부분의 폴리네시아 추장들은 가족들과 함께 식사할 수 없었고, 어떤 섬에서는 추장들이 신비한 힘으로 가득 차 전혀 먹을 수 없기 때문에 누군가가 먹여주어야만 했다Danielsson, 1956, pp. 52-53.

게다가, 폴리네시아의 일반적인 규범은 과거에도 그랬고 지금도 그런데 특이하게도 자아고양과 자아비하의 법칙을 토대로 하고 있다.

즉, "폴리네시아 윤리는 확실히 기독교의 자비와 거리가 멀었다. 추장에게 허용된 것이 종종 백성들에게는 금지되었다. 그러나 다른 한편으로 폴리네시아 규범들은 오늘날 우리들의 경우보다 훨씬 더 잘지켜졌다. 물론 이런 엄격한 규범이 생긴 원인은 소규모의 폴리네시아 공동체나 종족 내에서 여론의 힘과 중요성이 컸기 때문인데, 갓부임한 학교 교장이나 멀리 떨어져 있는 다른 나라의 목사들은 거의 상상할 수 없을 정도였다. 폴리네시아 사람들은 대중적 거부를 견디지 못했으며, 다른 종족과의 적대감 때문에 다른 구역이나 섬으로이주하는 것도 대체로 불가능했다. 따라서 선한 행동은 이들 사회에서 일차적 필수품이었다. … 간혹 상반된 의견이 표출되긴 했어도,폴리네시아인들은 도덕적 무정부주의자가 아니라 관습의 노예였다Danielsson, 1956, p. 55.

위에서 길게 인용한 이유는 "우리가 알고 있는 집단 중에서 성적으로 매우 허용적이고 관대한 집단에서조차도 "적절한" 행동에 대한 규범과 의식이 예외가 아닌 전형적인 행동기준이 된다는 것 그리고 사람들은 그러한 규칙을 준수하고자 노력하고 규칙에 대한 위반을 매우 수치스럽게 생각하기 때문에, 자신이 공식적으로 승인된 규범을 지키지 않았을 때 말 그대로 자해하거나 자살하고 심한 처벌이나 희생을 쉽게 수용한다"는 사실을 보여주기 위해서였다. 잘못되거나 나쁜 행동을 했음에도 불구하고 특히 모든 구성원들이 그 사람을 비난하지 않고 본인도 자신에게 정서적, 신체적 처벌을 가하지 않는 문화가 있다 할지라도, 나는 그런 문화에 대해 들어본 적도 없고알고 싶지도 않다.

내 생각에, 사람들이 자신을 낮추고 자신의 비효율적 수행을 부정적으로 평가하는 이 보편적인 경향성은 소위 자의식self-conscious이라는 생물학적 성질 때문이다. 많은 하등동물 특히 포유류와 영장류 들은 어떤 행동 먹이가 있을 것 같은 곳으로 가는 것 이 다른 행동 자신의 환경을 닥치는 대로 탐색하는 것 보다 더 많은 보상을 가져온다는 사실을 알고 있다는 점에서 어느 정도 "스스로를" 인식하는 것처럼 보인다. 그러나 이런 동물들은 인간보다 훨씬 더 본능적으로 행동하는데, 그 의미는 그 동물들이 인간보다 자신의 행위를 덜 "생각"한다는 것이다. 동물들은 자신의 생각을 생각한다 하더라도 거의 생각하지 않는다. 따라서 동물들에게는 일반적 의미의 "자기"가 없고, 특히 그들은 자신의 "선한" 행동과 "악한" 행동에 대한 책임이 "자신"에게 있다는 것을 인식하지 못해, 결과적으로 자신이 "선한" 동물이거나 "악한" 동물이라는 인식을 하지 못한다. 다시 말해, 동물들은 기껏해야 제한된 범위 내에서만 자신의 수행에 에고가 관여한다.

　　반대로, 사람들은 강한 "자기인식self-awareness" 혹은 "에고"를 갖고 있을 뿐만 아니라, 내 생각에 그것을 자신의 행동과 연결시키는 강력한 생득적 경향성을 갖고 있다. 인간은 자기 행동에 전혀 개의치 않고 행동의 나쁜 결과 때문에 고통스러워하지도 않는 코뿔소에 비하면 가죽이 얇고 매우 취약한 동물로서 생존을 위해 본능보다는 인지에 더 많이 의존하기 때문에, 자신의 행동이 만족을 가져오는지 아니면 고통을 가져오는지 관찰하고 평가해서 이런 저런 방향으로 자신의 행동을 계속 수정하는 것이 그들에게는 매우 유익하다. 그러나 애석하게도 사람들이 자신의 생존이나 행복과 관련된 본인의 수행을 방어적으로 평가하는 것처럼, 자기를 역기능적으로 평가하는 경향이 있고 그럼으로써 거의 불가피하게 자신을 해친다.

**합리적-정서적-행동 치료**Rational Emotive Behavior Therapy는 자신의 행동뿐만 아니라 자기를 하찮게 평가함으로써 정서적 혼란이 생긴다는 가설에 기초한 하나의 치료법이다. 이 치료법의 전형적인 사례를 가지고 인간의 이러한 경향성을 자세히 예증해 보겠다. 자기의 일에 대해 몹시 우울해 하고, 부인의 작은 실수에도 크게 화를 내고 그녀를 잔인하게 대한다는 이유로 리차드 로Richard Roe는 나에게 상담을 받으러 온다. 나는 처음 2~3회 치료를 통해 리차드에게 자신이 어떻게 그리고 왜 우울한지를 보여준다. A지점에서 하나의 **역경**이 − 그는 직장에서 일을 잘하지 못하고, 그의 상사는 계속해서 그의 잘못만 지적한다 − 존재한다. C지점 − 정서적 **결과** − 에서 그는 우울해진다. 그는 A지점의 역경이 자신의 불안정한 정서적 반응 즉, C지점의 결과를 초래한 원인이라는 매우 잘못된 결론을 내린다. 즉, "나는 비효율적으로 일을 하기 때문에 그리고 상사가 나를 못마땅하게 생각해서 해고할지도 모르기 때문에 나는 우울하다." 그러나 정말로 A가 C의 원인이라면, 마법 혹은 부두교Voodoo가 존재해야 한다고 나는 그에게 말한다. 왜냐하면 외적 사건 그의 비효율성이나 그의 상사의 비난 이 그로 하여금 무엇을 생각하거나 느끼도록 만들 수는 없기 때문이다.

분명히 로는 외적 사건인 역경에 대해 뭔가를 함으로써 결과적으로 스스로 우울을 겪게 만들고 있다. 아마도 처음에는 그는 그러한 사건을 관찰 자신의 수행이 비효율적이고 그의 상사가 못마땅하게 생각한다는 것에 주목 한 다음, 그러한 사건들을 곰곰이 생각 그러한 사건이 가져올 가능한 결과에 대해 생각해보고, 자기 자신이 이런 결과를 얼마나 싫어하는지 평가해 봄 할 것이다. 더욱이 그는 가능한 결과를 몹시 부정적인 방식으로 평가하고 있다. 그가 자신의 낮은 수행에 주목하지 않았다면 혹은 그것을 좋은 일 그것 때문에 그는 자신이 정말로 원하지 않는 직업으로부터 해고를 당할 수도 있다 로 평가했다면, 그는 거의 우울해하지 않았을 것이다. 사실 그는 기분이 들떠 있을 것이다!

따라서 로는 C지점에서 우울 반응을 보이기 위해 B지점그의 **신념 체계**에서 자신에게 무언가 신호를 보내고 상상하고 말을 했을 가능성이 매우 높다. 처음에는 그는 자신에게 합리적인 신념Rational Belief: RB을 얘기할 가능성이 매우 높다. 즉, "내가 비효율적으로 일을 하고 있으며 내 상사가 나를 해고시킬 수도 있다. 그리고 그가 그렇게 한다면 유감이다. 확실히 나는 해고되지 않기를 바란다." 이러한 합리적 신념은 이성적인데, 왜냐하면 로의 해고는 불행한 결과를 가져올 가능성이 높기 때문이다. 로는 (1) 수입이 없어질 것이고, (2) 다른 일자리를 찾아보아야 하고, (3) 기분이 상한 부인과 함께 살아야 할 수도 있고, (4) 월급이 더 적거나 지위가 더 낮은 자리에 들어가야 할지도 모른다. 그가 해고된다면 불쾌해질 만한 몇몇 그럴듯하고 경험적으로 검증 가능한 이유가 있다. 따라서 그가 일을 계속 비효율적으로 하는 것은 불행한 일이라는 그의 합리적 신념 가설은 경험적으로 검증가능한 명제이다.

더욱이, 로가 자신의 합리적 신념RB에 따른 결론을 강력하게 고수했다면, 그는 거의 우울해지지 않았을 것이다. 대신에 그는 불쾌, 실망, 비탄, 후회, 짜증, 좌절감과 같은 **합리적 결과**rational consequences: RC를 체험했을 것이다. 이것들 역시 모두 부정적인 정서지만 우울과는 거리가 멀다. 자신으로 하여금 우울이라는 **불합리한 결과**irrational consequences: IC를 느끼도록 하기 위해 그는 합리적인 신념에다가 병적이고 자멸적이며 자기비하적인 **불합리한 신념**irrational belief: IB을 첨가할 것이다. 즉, "내가 계속 일을 잘 못해서 해고된다면, 그것은 끔찍한 일이다. 상사가 나를 인정하지 않고 해고시키는 것을 참을 수 없다. 이것은 내가 일을 잘못한다는 것을 보여 줄 뿐만 아니라, 결과적으로 내가 쓸모없고 무가치하다는 것을 입증하는 것이다. 즉, 나는 이와 같은 일에서 절대 잘하지 못할 것이고, 가난하게 되고 사랑받지 못하게 되는 것이 당연하며, 그렇지 않다면 쓰레기 같은 존재이기 때문에 남은 인생동안 벌을 받을 것이다!"

　로의 불합리한 신념은 다음과 같은 몇 가지 원인 때문에 건강치 못하다. (1)로의 신념은 단언적이며 검증이 불가능하다. 그가 일을 잘못해서 해고당하는 것이 아무리 불행하다하더라도, 그것이 오직 "경악스럽고", "끔찍하며", "재앙"인 이유는 그 자신이 그렇게 생각하기 때문이다. 실제로 그의 해고는 불행하고 불편한 일일 뿐이다. (2)그의 신념은 하나의 과잉일반화이다. 왜냐하면 로가 해고를 싫어하는 것이 그가 그것을 견딜 수 없다는 것을 의미하는 것은 아니기 때문이다. 그가 일을 잘못하는 것이 인간으로서 그가 나쁘다는 것을 입증하는 것도 아니기 때문이다. 그가 지금 일을 잘 못하는 것이 그가 항상 일을 잘못할 것이라는 증거도 아니기 때문이다. (3)으로의 신념은 불합리한 추론이다. 그가 정말로 어떠한 직업에서도 성공할 수 없는 무가치한 사람일지라도, 왜 그가 사랑받지 못하고 처벌받아야 하는가? 자신이 결함을 안고 있기 때문에 결함이 적은 우리들로부터 특별한 사랑과 도움을 받아야 한다고 그는 정당하게 말할 수 있다. 그가 결함을 지니고 태어나 그렇게 길러졌다는 이유로 어느 누가 혹은 신이라도 그를 비난할 수 있을까? (4)로의 신념은 그가 일을 잘못해서 발생하는 당연한 결과보다 더 끔찍하고 더 불행한 결과를 거의 필연적으로 가져온다. 인정받지 못하는 것을 끔찍한 것으로, 해고당하는 것을 참을 수 없는 것으로 생각한다면, 그는 스스로를 불안하게 만들어 직무 효율성이 개선되기보다는 악화될 것이고, 그가 자리를 지킬 수 있는 기회는 훨씬 더 줄어들 것이다. 더욱이, 상사가 로를 내쫓는다면 그래서 로가 자신을 쓸모없는 사람이라고 결론 내린다면, 그는 앞으로 다른 일도 못할 것이고, 마치 자신이 무능력한 사람인 것처럼 행동할 것이며, 자기충족적 예언을 – 자신은 일을 앞으로도 잘하지 못할 것이며 또 다시 해고 될 것이다 그렇게 함으로써 그는 자신이 갖고 있던 원래의 가설을 그릇된 방식으로 증명할 것이다 – 하게 될 것이다.

따라서 합리적-정서적-행동 치료자인 나는 로에게 합리적인 신념과 불합리한 신념을 명확하게 보여줄 것이다. 즉, 나는 로가 타당한 합리적 신념과 어리석은 불합리한 신념 가설을 구분할 수 있도록 도와줄 것이다. 나는 로에게 자신의 수행을 어떻게 지속적으로 합리적 신념에 근거해서 평가하고 건강한 결과 슬픔, 후회, 불쾌, 더 효율적으로 일을 하고자 하는 노력 를 느낄 수 있을지, 그리고 어떻게 불합리한 신념에 근거한 평가와 병적인 결과 공황상태, 우울증, 증가하는 비효율성

<sup>등등</sup>를 제거하거나 줄일 수 있을지 알려줄 것이다.

마찬가지로, 나는 자기 부인에게 느끼는 로의 분노를 그에게 설명하고 변화할 수 있도록 도울 것이다. A지점에서 부인의 행동이 경솔하고 불손하며 부적절할 때, 아마도 처음에는 로가 "나는 그녀의 행동을 좋아하지 않아. 그녀가 그런 행동을 바꾸면 얼마나 좋을까. 정말 짜증나는 군!"과 같은 합리적 신념을 가지고 있었음을 나는 그에게 보여줄 것이다. RC<sub>합리적 결과</sub> 지점에서 그는 결과적으로 건전한 결과 ― 즉, 불만족, 실망, 좌절 및 당혹 ― 를 경험할 것이다. IB<sub>불합리한 신념</sub> 지점에서 그는 "그녀가 나쁘게 행동하기 때문에 나는 그것을 참을 수 없다. 그녀는 끔찍한 사람이다. 나는 그녀의 이런 행동을 결코 용서할 수 없다. 그녀가 나를 괴롭혔듯이 똑같은 방식으로 그녀도 고통을 받아야 한다"와 같은 불합리한 신념을 갖고 있다. 결과적으로, 그는 IC<sub>불합리한 결과</sub> 지점에서 격노, 자기연민과 같은 불건전한 결과를 경험하게 된다. 내가 로를 설득해서 합리적인 RB<sub>합리적 신념</sub> 가설을 보유하고 결함이 있는 IB<sub>불합리한 신념</sub> 가설을 버리도록 한다면, 그는 불쾌하지만 분노하지는 않을 것이고, 부인이 본인의 불쾌한 행동을 바꾸는데 도움을 줄 수 있는 더 좋은 기회를 가질 것이다.

여기에서 요점은 A지점에서 로에게 혹은 <sub>모든 사람에게</sub> 발생한 역경이 C지점에서의 우울과 분노를 만들어낸 원인이 아니라는 점이다. 오히려 B지점에서의 그의 신념 즉 그의 생각과 평가가 이런 감정을 야기할 수 있다. 로는 살아가면서 자신이 겪을 여러 행위와 행위자에 대해 C지점에서 어떻게 느낄지를 ― 자신의 사고에 대해서 생각해 보고, 자신의 IB<sub>불합리한 신념</sub> 개념과 결론에 대해 문제를 제기하고, 경험적으로 입증된 RB합리적 신념 가설로 복귀하는 한 − A지점에서 상당 부분 선택할 수 있다. 그러나 한 인간으로 태어나 양육된 그는 손쉽고 자연적으로 RB합리적 신념에서 IB불합리한 신념의 결론으로 점프하는 경향이 있다. 그리고 아주 종종 그는 자신의 수행을 자기 및 자신의 총체적 성격과 혼동하고 기계적으로 전자를 가지고 후자를 평가한다. 결과적으로, 매우 빈번히 그는 자신이나 타인이 달성한 수행외재적 가치의 효율성이나 바람직성을 단지 평가하는 것이 아니라, 그것을 통해 자기와 타인을 비난하는 것 즉, 자신과 타인의 내적 가치를 훼손하는 것 으로 끝을 맺게 된다. 그럼으로써, 그는 자기와 타인에 대한 온갖 종류의 불필요한 어려움이나 정서적 문제에 직면하게 된다.

"사람들은 자기평가를 해야 하는가?"라는 질문을 다시 해보자. 나는 이 질문에 "예"라고 답하겠다. 인간은 생물학적으로 그리고 사회학적으로 자기평가를 거의 하지 않을 수 없기 때문에 어느 정도까지는 그렇게 해야 한다. 자기보존의 차원에서 볼 때, 사람이 자기 수행을 끊임없이 평가하지 않는다면 곧 사망할 것이다. 왜냐하면 안전하게 운전하고 등산하고 일종의 식량을 재배하기 전에 자신이 그러한 분야에서 어느 정도 유능한지 아는 것이 좋기 때문이다. 그렇지 않으면 사람은 불구가 되거나 사망할 것이다. 따라서 생존하기 위해서 사람들은 실제로 자신의 행동과 잠재력을 평가해야 한다.

더욱이 자기 평가에는 분명히 단점뿐만 아니라 장점도 있다. 여러분이 사랑을 획득하고 일을 잘하고 훌륭한 그림을 그렸을 때, 자신의 자기와 존재를 "좋다", "훌륭하다", "고귀하다"라고 비경험적이고 비과학적으로 평가한다면, 단지 여러분의 수행을 그렇게 평가할 때보다 적어도 잠시 동안은 더 행복할 것이다. 여러분이 실제로는 좀 더 정확하게는 자신의 여자 친구나 부인이 꽤 바람직하고 유쾌한 몇몇 특성을 가지고 있다는 의미로 그들을 "찬란한" 사람, "놀라운" 사람, 혹은 "신과 같은" 사람으로 비현실적으로 평가한다면, 여러분이 그들과의 관계에 대해 황홀한 감정을 경험할 것이다. 메이May, 1969가 강력하게 주장했듯이, 사람들은 대체로 신격화된 사람과 살고 있으며 그렇게 함으로써 많은 이득을 얻고 있다.

그러나 정말로 그렇게 할 가치가 있는가? 자기와 타인을 사람이라는 존재로 평가하는 것이 절대적으로 필요한가? 60년 간 심리치료자, 작가, 교사, 강사로 바쁘게 살아온 후, 이 두 질문에 대한 나의 잠정적인 대답은 "아니오"이다. 사람들은 자기와 타인을 평가하려는 생득적이면서도 사회적으로 습득한 강력한 경향성을 가지고 있다. 그러나 적극적인 노력 및 훈련과 함께 매우 진지하게 생각해 봄으로써, 사람들은 이러한 경향성을 억제하거나 줄일 수 있다. 그렇게 하면 사람들은 보통 때보다 훨씬 더 건강하고 행복할 것이다. 자신과 타인의 자기를 열심히 평가하는 대신, 자신의 수행만을 평가하는 것으로 엄격히 제한할 수 있다. 어떤 사람이나 사물을 비난하거나 신격화하는 대신, 사람들은 현실에 충실할 수 있고 진정으로 귀신이나 신과 무관할 수 있다. 그리고 사람들은 요구와 필요 없이 욕망과 선호만을 가지고 있을 수 있다. 그렇게 된다면, 사람들은 그 자체가 변하지 않고 절대적이며 비현실적인 유토피아에 도달하지는 못하겠지만, 이전이나 현재보다 더 자발적이고 더 창조적이며 더 만족할 것이다. 나와 뜻을 같이 하는 사람들이 자신의 수많은 특성과 수행에 대해서는 여전히 평가하면서도 자기 자신에 대해서는 비평가적인 태도를 취하는 주된 이유가 다음과 같다.

1. 긍정적이든 부정적이든 자기평가는 비효율적이며 종종 문제해결에 큰 걸림돌이 된다. 수행 성적 때문에 자신을 격상하거나 폄하한다면, 여러분은 문제 중심이 아니라 자기중심적으로 될 것이다. 그리고 이러한 수행은 결과적으로 나빠지는 경향이 있다. 더욱이, 자기평가는 대개 반추적이며 막대한 시간과 노력을 소모해야 한다. 자기평가 때문에 여러분은 자신의 정원이 아니라 "영혼"을 파 해칠 가능성이 있다!

2. 재능은 많고 결점은 거의 없을 때 자기평가는 효과적이다. 그러나 통계적으로 그런 사람은 거의 없다. 또한 자기평가는 보편적 능력을 요구하는 경향이 있다. 그러나 거의 모든 사람들은 이런 요구에 부응하지 못한다.

3. 불가피하게도 자기평가는 앞선 사람과 뒤처진 사람을 만들어 낸다. 여러분이 자신을 "좋게" 평가하면, 다른 사람을 "나쁘거나" "덜 좋게" 평가하게 된다. 여러분이 자신을 "나쁘게" 평가하면, 타인을 "덜 나쁘거나" "좋게" 평가하게 된다. 이렇게 함으로써 여러분은 "좋음" 혹은 "나쁨"의 차원에서 타인과 경쟁하도록 자신에게 압력을 가하고, 지속적으로 시기심, 질투심 혹은 우월감을 느낀다. 이러한 사고와 느낌으로부터 개인적, 집단적, 국제적 갈등이 지속적으로 싹트고, 사랑, 협동, 동료애는 최소화된다. 자신이 타인보다 더 좋거나 더 나쁜 특성을 더 많이 가

지고 있다고 생각하는 것은 중요하지 않을 수도 있고 유익 타인
이 갖고 있는 더 좋은 특성을 여러분 자신이 획득하고자 할 때, 그런 특성에 대한
여러분 자신의 지식을 이용할 수 있기 때문에 할 수도 있다. 그러나 자신
을 타인보다 더 좋은 사람으로 보거나 더 나쁜 사람으로 보는
것은 모두 자신이나 타인에게 다 문제를 야기한다.

4. 자기평가는 자의식을 높이기 때문에 여러분을 자신 안에 가두
어 두는 경향이 있고, 관심과 즐거움의 영역을 제한하는 경향
이 있다. 버틀란드 러셀Bertrand Russell이 말하기를,Russell, 1965 "자
기중심적 감정을 피하기 위해 노력해야 하고, 우리 자신에 대한
지속적인 생각으로부터 벗어날 수 있도록 해주는 감정과 흥미
를 습득하기 위해 노력해야 한다. 사람의 본성상 대부분은 감
옥 안에서 행복할 수 없으며, 자신을 자기 안에 가두어두려는
열망은 최악의 감옥 중 하나이다. 이러한 열망 중 가장 흔한 것
이 공포, 시기, 죄책감, 자기연민, 자기숭배이다."

5. 몇몇의 행동 때문에 전체로서의 여러분 자신을 질책하거나 칭
찬하는 것은 비과학적인 과잉일반화이다. 쥘 헨리Jules Henry는
말하길, "한 아이를 정신적으로 다른 무엇으로 개조하는 과정
이 괴물이든 허구적인 것이든 간에 나는 그것을 **병원성 변태**
pathogenic metamorphosis라고 불렀다. 포트만 여사는 – 자기 아
들 – 피트를 인간쓰레기라고 불러왔다. 그녀는 아들에게 '너에
게 고약한 냄새가 난다'고 말했다. 그녀는 쓰레기 봉지를 비치
해 놓았으며, 아들이 없을 때에도 그의 의자 위에 놓인 신문을
꺼려하였다. 그녀는 아들을 '미스터 마고'라고 불렀으며, 그의

진짜 이름을 부른 적이 없다. 그래서 그 아들은 고약한 괴물이 거나 정체를 알 수 없는 놈이거나 어릿광대에 불과했다"Henry, 1963. 그러나 포트만 여사가 자기 아들 피트를 "천사"라고 부르 거나 그에게 "좋은 냄새가 난다"라고 말했다 해도, 그녀는 여전 히 자기 아들을 그 자신이 아닌 즉 신과 같은 다른 무엇으로 만드는 병원성 변태의 과정을 통해 지각하고 있음을 헨리는 간 과하고 있었다. 피터는 **나쁜 혹은 좋은 냄새가 나는 사람**이 아니 라, 간혹 나쁜 혹은 좋은 냄새가 나기도 하는 인간다운 한 사람 이다.

6. 사람들의 자기를 찬양하거나 저주할 때, 거기에는 "좋거나" "나 쁘기" 때문에 보상이나 처벌을 받아야 한다는 강한 암시가 깔 려 있다. 그러나 앞에서 언급했듯이, "나쁜" 사람이 있다면, 그 들은 "악함" 때문에 이미 매우 많은 손해를 봐왔을 것이고, 따 라서 "악하다"는 이유로 그들을 또 처벌하는 것은 매우 불공정 하다. 그리고 "좋은" 사람이 있다면, 그들은 이미 "선함" 때문에 좋은 대우를 받았을 것이고, 따라서 그것 때문에 그들을 보상 하는 것은 과도하거나 불공정하다. 따라서 인간에 대한 공정성 은 자기평가에 의해 매우 나쁜 영향을 받는다.

7. 좋은 특성 때문에 한 사람을 높이 평가하면 종종 그를 신격화 하게 되고, 반대로 나쁜 특성 때문에 그를 낮게 평가하면 그를 악마로 만들어버린다. 그러나 신과 악마의 존재를 입증할 방법 이 없고, 인간은 불필요한 이런 가설 없이도 살아갈 수 있기 때 문에, 사람을 신이나 악마로 만드는 평가는 인간의 행위와 사

고를 방해하고 그 이점보다는 그 해악이 훨씬 더 많다. 더욱이 선과 악의 개념은 분명히 사람과 집단에 따라 전혀 다르기 때문에, 인간의 지식에 아무것도 보탬이 되질 않는다. 대체로 선과 악의 개념은 개인 내적으로나 사람들 간의 정확한 의사소통을 방해한다. 초자연적 존재를 만들어 놓는 것이 어리석고 나약한 사람에게 이득을 줄 수도 있지만, 총명하고 강한 사람들조차 그러한 존재를 필요로 한다는 증거는 없다.

8. 사람들 자체를 편협하게 대하고 존중하지 않는 것은 자기평가와 타인평가의 결과이다. 여러분이 A가 백인이고 성공회교인이며 고등교육을 받은 사람이기 때문에 그를 수용하고 B는 흑인이고 침례교인이며 고교중퇴자라서 그를 거부한다면, 여러분은 분명히 인간으로서의 B를 존중하지 않을 것이고, 물론 B와 같은 수백만의 사람들을 편협하게 무시할 것이다. 편협한 행위는 임의적이고 불공정하며 갈등을 유발하고 사회적 삶에 비효율적이다. 조지 엑스텔George Axtelle이 지적한 것처럼, "인간은 지극히 사회적인 존재이다. 인간은 그 자체로 서로를 목적으로 존중할 때에만 자신의 목적을 더 완벽하게 실현할 수 있다. 상호존중은 개인적 및 사회적 효율성의 핵심 조건이다. 대립, 증오, 경멸, 격리, 착취는 모든 사람의 중요한 가치 실현을 방해하고 그럼으로써 모든 효율성을 심각하게 파괴한다Axtelle, 1956. 그것이 무엇이든지 어떤 특성을 갖고 있거나 갖고 있지 않다는 이유 때문에 자신을 포함하여 누군가를 비난한다면, 여러분은 권위주의자이거나 파시스트이다. 왜냐하면 사람을 평가하는 것

이 바로 파시즘의 핵심이기 때문이다Ellis, 1965a, 1965b.

9. 심지어 칭찬만 할 경우에도, 한 사람을 평가함으로써 여러분은 종종 그 사람을 바꾸고 조종하고 통제하고자 한다. 그리고 생각해 볼 수 있는 이런 식의 변화는 그 사람에게 좋을 수도 있고 나쁠 수도 있다. 리처드 파슨Richard Parson은 "종종 칭찬을 통한 변화는 칭찬받는 사람에게 꼭 유익한 것은 아니지만, 칭찬하는 사람에게 즐거움이나 이득 혹은 편의를 가져다준다"라고 말한 바 있다Farson, 1966. 평가는 그 대상자들로 하여금 평가자에게 빚을 진 것 같은 느낌을 갖도록 할 수 있다. 스스로를 변화시켜야 한다는 압박감이나 의무감을 느끼는 그 만큼, 사람들은 본인이 진정으로 되고 싶은 자기의 상당 부분을 상실하게 될 것이다. 그래서 한 사람에 대한 긍정적이거나 부정적 평가는 원하는 만큼의 자기 혹은 자기 지시적인 사람이 되지 못하게 한다.

10. 개인에 대한 평가는 기존의 체계을 강화하고 사회적 변화를 차단하는 경향이 있다. 왜냐하면 자기평가를 할 때, 그 사람은 "나의 이런 행동은 잘못된 것이기 때문에 앞으로 이 점을 개선하는 게 좋겠어"라던가 "이런 못난 짓을 했기 때문에 나는 좋은 사람이 아니야"라고 스스로에게 말하는 것에 익숙해지기 때문이다. "그릇된" 행위란 대체로 사회적 기준에 따른 평가이기 때문에, 그리고 기존의 방식을 고수하려는 소수의 상류층이 대부분의 사회단체를 운영하기 때문에, 규칙이 얼마나 임의적이고 어리석은지에 상관없이 자기평가는 규칙을 지키

도록, 특히 권력층의 인정을 받기 위해 규칙을 지키도록 독려한다. 자기평가의 가장 나쁜 부산물 중 하나인 동조는 정의와 배치되는 오래된 기존 권력체제의 규칙에 동조하는 것을 의미한다.

11. 자기나 타인에 대한 평가는 공감적 경청을 방해하는 경향이 있다. 리처드 파슨이 지적하듯이, 두 사람 사이의 가깝고도 진솔한 관계는 종종 공감적 경청을 통해 형성된다. 공감적 경청은 상대편의 말이 끝나기를 기다리는 것뿐만 아니라, 그 사람이 세상을 어떻게 보고 있는지를 이해하고자 하고, 내가 이해한 것을 그 사람에게 전달하려고 노력하는 것을 의미한다. 이처럼 공감적이고 비평가적인 경청은 상대방의 말뿐만 아니라 느낌에도 반응한다. 즉, 그가 말하고자 하는 것의 전체적인 의미에 반응한다. 경청은 평가하지 않고 판단하지 않으며 일치혹은 불일치와는 무관함을 의미한다. 경청은 상대편이 느끼고 소통하고자 하는 것을 듣는 사람 쪽에서 잘 이해하고 있음을 상대방에게 알리는 것일 뿐이다. 이때 듣는 사람은 그렇지 않을지라도 말하는 사람은 자신의 느낌과 생각을 타당한 것으로 수용한다Farson, 1966. 그러나 상대방의 말을 들으면서 그 사람혹은 자기 자신을 평가할 때는, 대체로 편견 때문에 그 사람을 완전히 이해하거나 그 사람에게 가까이 다가가지 못한다.

12. 사람에 대한 평가는 인간의 바람, 욕망, 기호를 폄하하고, 그러한 것들을 요구, 강요, 혹은 필요로 대치시킨다. 여러분이 자신을 평가하지 않는다면, "비교적 짧은 일생동안 만족감을

최대화하고 고통을 최소화하기 위해서 내가 정말 하고 싶은 것은 무엇일까?"라고 자문하며 시간을 보내는 경향이 있다. 자기를 평가하면, "내가 가치 있는 사람임을 입증하기 위해 나는 무엇을 **해야** 할까?"라고 계속해서 자문하는 경향이 있다. 리처드 로버틸로Richard Robertiello가 말했듯이, "사람들은 단지 자신이 원하기 때문에 선택할 수 있고, 자신이 즐기고 싶기 때문에 즐길 수 있는 자신의 권리를 끊임없이 부정한다. 사람들은 즐기는 행위에 대한 정당성을 부여하지 않는 한, 순수한 즐거움을 위해서는 거의 아무것도 하지 못한다. 예컨대, 그들은 즐기기 위해 일을 했다거나, 이제는 즐겨야 할 만큼 충분히 고생했다거나, 혹은 비록 자신이 즐기기는 하지만 그 일은 다른 사람들을 위한 이타적인 행위라고 합리화한다. 누군가를 위해 좋은 일을 한다는 생각 없이 혹은 우리의 생존에 필수적인 절대적인 욕구를 충족시켜야 한다는 생각 없이, 우리가 단지 좋아하기 때문에 어떤 것을 하는 것은 마치 큰 범죄인 것처럼 보인다."

13. 인간에게 가치를 부여하는 것은 그들의 자유의지를 파괴하는 경향이 있다. 사람들은 정상적인 삶에서도 충분히 자기지시적이지 못하다. 그 이유는 인간의 "자발적인" 활동조차도 유전과 환경으로부터 중대한 영향을 받기 때문이다. 사람들이 자신의 생각, 느낌, 혹은 행위가 정말로 자신의 의지에 의한 것이라고 생각한다면, 그들은 매우 중요한 생리·사회적 원인을 간과하고 있는 것이다. "좋은 혹은 나쁜", "천재 혹은 바보"와

같은 명칭을 스스로에게 붙이는 순간, 사람들은 강력한 틀을 자신에게 부여하게 되고, 그 틀은 그들의 이후 많은 행동을 편향되게 만들고 영향을 미친다. 정도는 미미할 지라도 "나쁜 사람" 혹은 "바보"라는 명칭이 그 사람의 미래 행동이나 목표 달성을 위한 노력을 어떻게 결정할까? 더 나아가, "선한 사람"이 어떻게 악한 행동을 할 수 있고, 놀라운 성과를 올린 천재가 어떻게 진부한 일을 해낼 수 있을까? 사람들이 자기를 이와 같은 포괄적인 명칭으로 생각할 때, 창의력을 억압하는 제약을 자신에게 거의 기계적으로 부여한다.

14. 아마도 사람을 정확하게 포괄적으로 평가하는 것은 몇 가지 이유 때문에 불가능하다.

a. 평가받는 사람의 특성은 해마다 심지어는 매순간 변화하는 경향이 있다. 사람은 대상이나 사물이 아니라 과정이다. 끊임없이 변화하고 있는 과정을 어떻게 정확하게 측정하고 평가할 수 있을까?

b. 사람들이 지닌 특성을 평가할 때, 그것을 판단할 수 있는 절대적인 척도는 없다. 어떤 집단에게 바람직한 특성은 다른 집단에서는 매우 부정적인 특성이 되기도 한다. 재판관에게 살인자는 끔찍한 죄인으로 보이겠지만, 장군에게는 훌륭한 군인으로 보일 수도 있다. 음악을 작곡할 수 있는 능력과 같이 금세기에 좋게 평가되는 특성이 나중에는 아무것도 아닌 것이 될 수도 있다.

c. 한 사람을 전반적으로 평가하기 위해서는 그 사람이 행한 긍정적 및 부정적 행위 각각에 특정 가중치를 부여해야 한다. 따

라서 한 사람이 친구에게 작은 호의를 베풀었고 또한 물에 빠진 백 명의 사람을 구하려고 애썼다면, 전자의 행위보다는 후자의 행위에 더 큰 가중치를 부여해야 한다. 그리고 그 사람이 부인에게 거짓말을 하고 자기 아이를 때렸다면, 전자의 행위보다 후자의 행위를 더 나쁜 행위로 간주해야 한다. 그러나 그의 다양한 행동에 누가 정확한 가중치를 부여할 것이며, 그가 전반적으로 얼마나 "선"한지 혹은 "악"한지를 결정할 수 있을까? 그의 행위 그리고 그의 생각 를 일일이 기록하고 천당에 갈 사람인지 지옥에 갈 사람인지를 신속하게 가릴 수 있는 성 베드로와 같은 사람이 이 세상에 존재한다면 편리할 것이다. 그러나 절대로 실수하지 않는 컴퓨터의 형태일지라도 그러한 성 베드로가 존재할 가능성은 어느 정도인가?

d. 한 사람의 가치를 전반적으로 평가하는 단 하나의 점수를 구하기 위해 우리는 어떤 종류의 수학을 사용할 수 있는가? 어떤 사람이 무수히 많은 좋은 일을 한 후 누군가를 육체적으로 고문해서 죽게 했다고 가정해 보자. 이 사람에 대한 전반적인 평가를 구하기 위해 그가 한 모든 선한 행위를 산술적으로 합한 후, 그 합을 가중치를 부여한 나쁜 행위의 합과 비교해야 하는가? 그렇지 않으면 그 사람의 "선"과 "악"을 평가하기 위해 기하평균을 사용해야 하는가? 그 사람의 "가치"를 "정확하게" 평가하기 위해 우리는 어떤 체계를 사용해야 하는가? 실제로 그 사람을 평가할 수 있는 타당한 수학적 방법은 있는가?

e. 한 사람의 특성이 아무리 많이 밝혀지고 그 사람의 전반적 평가에 아무리 많은 특성을 사용하더라도, 그 사람의 모든 특성을 찾아내어 하나의 전반적 평가를 내리는 것이 불가능하기 때문에, 최종 분석에서 그의 전체에 대한 평가는 일부 특성에 기초한 것이다. 그러나 그의 몇몇 혹은 많은 일부 특성으로 그의 전체를 평가하는 것은 합당한가? 알려지지 않은 부분 그래서 평가되지 않은 부분조차도 최종 평가를 크게 변화시킴으로써 결국 그 평가를 무효화시킬 수 있다. 예를 들어, 그 개인에게 주어진 전반적인 평점 자기평가 혹은 타인에 의한 평가 이 91% 즉, 91% 의 선을 가지고 있음을 의미한다 라고 가정해 보자. 그녀가 일생동안 무의식적으로 오빠를 증오했고 실제로 그녀 때문에 일찍 오빠 가 죽었다면, 그러나 그녀는 오빠를 사랑하고 행복하게 사는 데 도움이 된 것만을 의식적으로 기억하고 있다면, 자신이 오빠를 증오했고 그것이 오빠에게 불필요한 해를 주었다고 의식적으로 인정했을 때보다 그녀는 자신을 그리고 그녀의 모든 것을 알고 평가하는 성 베드로 이외의 어느 누가 그녀를 평가하더라도 상당히 더 높게 평가할 것이다. 그래서 그녀의 진짜 점수는 91%보다 훨씬 낮을 것이다. 그러나 이 진짜 점수를 어떻게 알 수 있는가?

f. 한 사람이 자기평가나 타인평가에서 매우 낮은 평점을 받았다면 – 예를 들어, 그 사람이 자신에게 13%라는 전반적 점수를 주었다면 – 이 점수는 추측건대 다음과 같은 것을 의미한다. 즉, (1) 그녀는 무가치한 사람으로 태어났다. (2) 그녀는 결코 가치 있는 사람이 될 수 없을 것이다. (3) 그녀는 희망이 없는

무가치한 사람이기 때문에 마땅히 벌 <small>그녀는 마지막에 지옥의 불속</small>
<small>에 던져질 것이다</small> 을 받아야 한다. 이 세 가지 가설은 모두 입증하
거나 반증할 수도 없고 득보다는 해를 더 많이 가져오는 경험
적으로 검증 불가능한 가설들이다.

g. 한 인간에 대한 평가는 정말로 일종의 순환적 사고이다. 그
가 "선한" 특성을 가지고 있기 때문에 "선하다"면, 이 두 예에
서 그의 "선"은 정의적인 가치체계를 토대로 한다. 무엇이 진실
로 "선한" 특성인지를 신을 제외하고 누가 말할 수 있는가? 그
의 특성들을 선하다고 정의하고 그의 전반적 "선"을 구체적인
"선"에서 도출한다면, 불가피하게도 그가 전반적으로 "선하다"
는 생각은 그의 구체적인 특성들을 왜곡된 눈으로 바라보게
만든다 – 실제보다 "더 좋게" 볼 것이다. 그리고 그의 특성들
을 "악하다"고 정의하면, 불가피하게도 그가 전반적으로 "악하
다"는 생각은 그의 구체적인 특성들을 왜곡된 눈으로 바라보
게 만든다 – 실제보다 "더 나쁘게" 볼 것이다. 전반적으로 "좋
게" 평가받은 사람의 "좋은" 특성들이 실제보다 더 "좋게" 보인
다면, 사람들은 그가 실제로는 그렇지 않을 때조차도 편견에
의해 그를 계속 "좋게" 볼 것이다. 즉, 그 사람에 대한 전반적
평가는 그의 구체적인 특성들이 "선"하다는 예언을 포함하고
있고, 그의 구체적인 특성들이 "선"하다는 평가는 그가 전반적
으로 "선"하다는 예언을 포함하고 있다. 그의 구체적인 "선"과
전반적 "선"의 사실 여부와 상관없이 이 두 예언은 언제나 "참"
으로 판명날 것이다. 그 이유는 내가 앞서 말했듯이, "선"에 대

한 논의 전체가 정의적 개념을 토대로 하는 까닭에 "선" 그 자체를 결코 정확하게 정의할 수 없기 때문이다.

h. 한 사람을 전반적으로 평가하는 유일하게 타당한 방법은 생명에 기초하는 것이다. 즉, 단지 인간이고 살아있다는 이유만으로 그리고 그가 죽으면 선하지 않거나 존재하지 않을 것이다 그 사람이 본질적으로 선하다고 가정하는 것이다. 유사하게, 우리는 부수적인 종교적 가정 즉, 그는 인간이고 그가 믿는 여호와, 예수 혹은 어떤 다른 신이 모든 인간을 수용하고 사랑하며 경배하기 때문에 선하다는 가설을 세울 수 있다. 이것은 토대가 부실한 가정인데, 왜냐하면 가상적인 신을 믿는 사람은 존재하지만 그들이 믿는 신의 존재를 증명할 방법이 없기 때문이다. 그럼에도 불구하고, 이 가정은 그 사람이 인간이고 살아있기 때문에 전반적으로 선하다는 좀 더 기본적인 가정으로 다시 회귀한다는 점에서 유용할 수 있다. 이처럼 인간이 전반적으로 선하다는 개념의 문제점은 분명히 모든 인간을 같은 배에 태운다는 - 인간은 모두 똑같이 선하고 어느 누구도 악할 수 없다 - 것이다. 결과적으로 전반적인 평가는 진정한 평가가 아니라 순전히 정의적이며 좀 무의미한 평가다.

I. 모든 사람을 포괄적이거나 전반적으로 평가한다는 아이디어는 거의 모든 사람들이 잘못된 방식으로 사고할 뿐만 아니라, 자신 및 타인과 소통하기 때문에 생겨난 허구일 수 있다. 코르지프스키Korzybsky, 1933와 그의 추종자 하야까와Hayakawa, 1965, 보어랜드Bourland & Johnson, 1991 등은 연필1과 연필2가 동일하지 않

듯이 사람1과 사람2도 동일하지 않다고 오래전부터 주장해 왔다. 결과적으로, 연필과 사람에 대한 일반화가 전적으로 부정확하다. 특히 보어랜드는 한 사람의 행동을 말하거나 범주화할 때 **to be~이다** 형태의 동사를 사용하는 것에 반대하는 운동을 벌였다. 우리가 "존스Jones는 탁월한 수학적 재능을 갖고 있다 혹은 소유하고 있다"고 말하는 것과 "존스는 뛰어난 수학자다"라고 말하는 것은 별개이다. 전자가 후자보다 훨씬 더 정확하고 아마도 더 사실적이다. 더욱이 후자의 문장은 거의 사실적 증거가 없는 전반적인 평가다. 코르지프스키와 그의 후학들이 거의 정확하다면 적어도 어느 정도까지는, 사람들을 전반적으로 평가하고 명칭을 붙이는 것은 쉽지만 사실, 우리가 그러한 평가를 하지 않기란 매우 어렵다, 전반적 평가를 거부하고 대신에 그들의 수행, 재능, 특성에 대한 구체적 평가로 전환하는 것이 더 좋을 것이다. 그러한 전반적 혹은 과잉일반화된 평가는 존재하지만, 그러한 평가를 최소화하거나 제거한다면 더 좋겠다.

j. 모든 사람들의 특성들은 - 사과와 배가 다르듯이 - 서로 다르다. 사과와 배를 나누고 더해서 모든 과일이 담긴 하나의 바구니에 대해 정확한 단 하나의 측정치를 내 놓을 수 없듯이, 인간의 특성들을 나누고 더해서 한 사람에 대한 단 하나의 유의미한 포괄적 측정치를 구할 수 없다.

심리치료와 인간의 가치에 대한 지금까지의 고찰과 추론을 토대로 우리는 어떤 결론을 내릴 수 있을까? 첫째, 자기준거self-reference와 자기평가는 인간의 정상적이고 자연스런 부분이다. 자신의 수행뿐만 아니라 자신의 자기와 존재를 모두 평가하는 것이 자기와 존재를 빼고 수행만 평가하는 것보다 더 용이해 보인다.

자기를 포괄적으로 평가할 때 사람들은 거의 언제나 문제에 봉착한다. 자기에게 "나쁜", "열등한", "부족한"과 같은 용어를 사용할 때, 사람들은 불안, 죄책감, 우울을 느끼고, 잠재력에 비해 비효율적으로 행동하며, 저평가된 자기가 사실임을 입증하려는 경향이 있다. 사람들이 자신을 "좋은", "우월한", "충분한"과 같은 용어로 명명할 때, 자기의 "좋은 점"이 지속될 수 있을지 항상 의심하며, 자기가치를 입증하기 위해 많은 시간과 에너지를 소비하지만, 여전히 자기 자신이나 타인과의 관계를 파괴하는 경향이 있다.

이상적으로, 생득적이며 환경에 의해 강화된 자기평가 경향성을 거부하도록 충분히 생각하고 노력함으로써 스스로를 훈련시키는 것이 현명하다. 사람들이 자신의 특성, 재능, 수행을 가능한 한 객관적으로 평가하는 것은 좋은데, 그러면 좀 더 강하고, 고통이 적고, 만족감이 가득 찬 삶을 살아갈 수 있다. 그러나 이 책에서 상세하게 다루고 있는 많은 이유 때문에, 소위 자기를 평가하기보다는 수용하고 자신의 존재를 정당화하기보다는 향유하기 위해 노력하는 것이 더 낫다. 프로이트1963에 따르면, 사람들이 "이드$_{id}$가 있던 곳에 에고$_{ego}$가 있을지어다"라는 규칙을 따를 때 정신적으로 더 건강해진다. 그러나 프로이트가 사용한 **에고**의 의미는 사람들의 자기평가가 아니라 자기지시적인 경향성이다Ellis, 1962, 2001a, 2001b, 2002, 2003. 나의 견해와 합리적–정서적–행동 치료 원리에 따르면, "에고가 있던 곳에 그 사람이 있을지어다"라는 규칙을 따를 때, 사람들은 자기와 타인을 가장 잘 이해하고 불안과 적대감을 최소화시킨다. 물론 내가 사용한 **에고**는 자기평가와 자기정당화 경향성을 의미한다.

이 세상에서 다른 사람들과 상호작용하면서 함께 살아가는 사람으로서, 인간은 너무 복잡하기 때문에 평가할 수도 없고 성적표를 작성하기도 어렵다. 인간은 (1) 존재하며, (2) 생존하는 동안 만족감과 고통을 경험하고, (3) 생존을 지속하고 고통보다는 만족감을 경험할 수 있는 힘을 대개는 가지고 있고, (4) 따라서 계속 생존하고 향유할 만한 가치를 지닌다 즉, 더 좋다라는 경험적으로 결정할 수 있는 사실을 수용하고 준수한다는 의미에서, 인간은 가치를 지니고 있다. 간단히 말해서, 사람들은 계속 생존하기로 결정하고 그러한 존재에 대해 가치를 부여하기로 마음먹었기 때문에 가치가 있는 것이다. 이런 간단한 가정에 근거하지 않은 관찰과 결론에 따르면, 인간은 어리석게도 자기중심적이며 허구적이고, 궁극적으로 인간은 모두 너무나도 인간적이지만 근본적으로는 여전히 비인간적인 존재이다.

제 5~10 장

# A l b e r t     E l l i s

## 5장

합리적-정서적-행동 치료는
인간의 에고ego를 크게 줄여준다

　　자기존중은 존재하는 에고ego를 - 여러분의 성격을 - 부정확하게 평가함으로써, 인간의 에고를 극도로 오만하게 만든다. 앞으로 언급하겠지만, 여러분은 에고 혹은 성격을 분명히 가지고 있으며 일상적으로 그것을 평가한다. 슬프도다!

　　모든 사람이 그런 것은 아니다. 자기평가 혹은 에고평가는 타당하지 못하기 때문에 평가하지 않는 것이 더 낫다는 나의 아이디어는 맨 처음 불교와 도교에서 가져온 것이다. 여러분은 존재하며 자의식을 갖고 있지만, 20세기에 코르지프스키가 지적했듯이, 여러분 즉 여러분의 전체totality는 너무 복잡해서 평가하기 어렵다. 고대 아시아인들은 이 문제에 대해 때로 극단적이었으며, 에고는 실제로 존재하지 않는다 - 혹은 에고가 존재한다면 버리는 것이 더 낫다 - 고 말했다. 에고를 버림으로써 여러분은 완전히 깨닫게 되고 자기중심적인 편견으로부터 자유로워지며, 개방적인 **삶**을 살아갈 수 있게 된다.

　　나는 그 만큼 확신하지는 않았다. 선불교의 어떤 교단 - 종파가 다양하다 - 은 욕망이 자기 혹은 에고의 중요한 **부분**이며 에고를 포기하기 위해서는 욕망을 버리고 **열반**nirvana 혹은 무욕에 도달해야 한다고 주장해 왔다. 내게는 그 말이 사실처럼 들리지 않았다. 나의 – 편견을 가지고 있는 – 에고는 나의 욕망을 길들이고 통제하기를 원했지 제거하기를 원하지는 않았다. 욕망 중 일부는 제거하기를 원했지만, 모든 욕망을 그렇게 하고 싶지는 않았다. 거기에는 먹고, 마시고, 사랑하고, 섹스하려는 욕망 – 실제로는 생존하고자 하는 욕망 – 이 들어 있다. 나와 나머지 인류 모두는 이런 욕망의 제거를 원하지 않는다.

여전히 나는 **통제할 수 없는** 욕망이 정말 에고의 핵심 —그리고 바꿀 수 없다 – 이라고 보았다. 그래서 폴 틸리히, 실존주의자 코르지프스키와 그 외의 사람들과 함께 나는 좀 더 이치에 닿는 덜 극단적인 해결책을 찾아보았다. 나는 마침내 평가가 문제임을 깨달았다. 우리가 자신의 중요한 부분들 – 사고, 감정, 행위 – 을 평가해서 그 부분들이 자신에게 얼마나 도움이 되는지 아니면 해가 되는지 알아보는 것은 좋다. 그러나 우리는 자신의 **자기**와 **존재**와 **본질**을 평가할 필요는 없다. 우리의 **자기**와 **인간성**personhood은 너무 복잡해서 전반적인 평가를 할 수가 없다. 실질적인 이유 때문에 우리의 자기는 – 생존하고 즐기는데 도움이 된다는 의미에서 – "신"하다고 밀할 수 있다. 혹은 자기를 전혀 평가할 필요가 없다고 말할 수 있다. 자기를 사용하라, 그러나 평가하지는 마라!

나는 내담자들에게 그리고 나 자신에게 에고를 평가하지 않고 무조건적으로 수용하는 방법을 – 그리고 살아가면서 지옥을 받아들이는 방법을 – 가르치기 시작했다. 나는 여러 사례를 통해 그렇게 하는 것이 **어렵다**는 것을 깨달았다. 그 이유는 사람들이 ─ 선불교 신자처럼 ─ 자신의 에고를 평가하는 경향이 있었고, 실제 오래 동안 평가해 왔으며, 종종 평가가 자신들에게 도움이 된다고 생각해 왔고, 내 생각에 평가의 명백한 해악을 잘 몰랐기 때문이다. 나는 우직하게 내담자들을 가르치며 함께 공감하고 경험하면서 좋아지기 시작했다. 내가 ─ 혹은 나의 관점이 ─ 승리했고 나의 내담자들도 승리했다.

40년 이상이 지난 후, 지금도 나는 그 방법을 계속 사용 ─ 여전히 나는 대체로 승리하고 있다 ─ 하고 있다. 그리고 그 방법은 도움이 되고 있다. 나는 강연을 하고, 글을 쓰고, 워크숍을 개최하고, 개인 상담을 해주고, 합리적─정서적─행동 치료집단 ─ 사람들이 좀 더 성공적으로 살기 위해 자신의 생각, 느낌, 행동은 평가하지만 자기 자신은 평가하지 않도록 돕는 집단 ─ 을 이끌고 있다. 그리고 내 자신의 문제를 완화시키고 즐거움을 증가시키기 위해 나도 합리적─정서적─행동 치료를 따른다.

나는 무조건적 자기수용에 관한 많은 논문과 글을 써 왔다. 앨버트 엘리스 연구소Albert Ellis Institute의 심리 클리닉에서 가장 추천하는 글은 이 책의 5장에 수록된 "REBT합리적─정서적─행동 치료는 인간의 에고를 크게 줄여준다"이다. 읽어보라!

소위 인간의 에고는 많은 부분 모호하고 미정이다. "에고"에 대한 전반적인 평가를 상정하거나 실제로 실시하면, 에고는 우리의 생존과 행복을 방해한다. "에고"의 어떤 측면은 생명에 필수적이고 유익한 결과를 가져오는 것 같다. 왜냐하면, 사람들은 오래 동안 존재해 왔고 생명을 가지고 있으며 자신의 존재에 대한 자각과 자의식을 갖고 있기 때문이다. 이런 의미에서 사람들은 독특성, 지속성, 그리고 "에고"를 갖고 있다. 소위 "자기", "전체" 혹은 "성격"은 모호할 뿐만 아니라 정의하기 어려운 속성을 갖고 있다. 사람들은 좋거나 나쁜 특성 traits - 생존 혹은 행복의 목표를 달성하는데 도움이 되기도 하고 방해가 되기도 하는 특성 - 을 갖고 있지만, 좋거나 나쁜 자기를 갖고 있지는 않다.

합리적-정서적-행동 치료는 건강과 행복을 증가시키기 위해 "자기" 혹은 "본질"을 평가하려는 경향성을 억누르고 행동, 특성, 행위, 수행만 평가할 것을 권장한다. 사람들은 몇 가지 방식으로 자신의 생각이나 느낌, 행동의 효율성을 평가할 수 있다. 일단 자신의 목표와 목적을 선택하고 나면, 그들은 그러한 목표 달성에서 자신의 효능성과 효율성을 평가할 수 있다. 앨버트 반두라Albert Bandura와 그의 학생들이 많은 실험을 통해 밝혔듯이, 자기효능감에 대한 믿음이 생산성과 성취를 촉진한다. 그러나, 자기 혹은 에고에 대한 포괄적 평가는 거의 대부분 자멸적이고 신경증적인 사고와 감정 및 행동을 유발한다.

대부분의 심리치료 기법들은 사람들의 자기존중을 - 실제로 거의 강박적으로 - 지지하고 확대하며 강화하려고 노력한다. 어기에는 정신분석학, 대상관계이론, 게슈탈트치료, 심지어 인지행동치료와 같은 광범위한 심리치료기법이 포함된다. 선불교가 그렇듯이, 성격 변화에 관한 몇몇 이론만이 이와 상반된 입장을 취하고 있으며 사람들이 에고의 몇몇 측면을 줄이거나 버리는데 도움을 주고자 한다. 그러나 이런 이론들은 대중적 호응을 얻지 못했으며 아직 논란의 여지가 많다.

칼 로저스는 사람들로 하여금 "무조건 긍정적으로 자기를 존중하
도록" 함으로써 성취한 것 없이도 자신을 "좋은 사람"으로 볼 수 있
도록 도와주었다. 그러나 실제로 로저스는 내담자가 심리치료자와의
좋은 관계를 통하여 자기를 긍정적으로 보도록 유도했다. 그렇기 때
문에 애석하게도 내담자의 **자기**수용은 **치료자**의 무비판적인 태도에
종속되어 있었다. 그렇다면 이것은 합리적-정서적-행동 치료에서 가
르치는 **무**조건적 수용이 아니라 상당히 **조건적인** 수용이다.

합리적-정서적-행동 치료는 에고평가를 반대하는 몇 안 되는 근
대 심리치료 학파 중의 하나다. 합리적-정서적-행동 치료는 그 이론
과 응용이 발달하면서 이러한 입장을 점점 더 강하게 취하고 있다.
이 장에서는 에고평가에 대한 합리적-정서적-행동 치료의 최근 입
장을 개괄하고, 이런 치료가 사람들의 에고평가를 줄이는데 도움을
주는 이유를 설명하고자 한다.

## 인간 에고의 합당한 측면들

우선, 합리적-정서적-행동 치료는 에고의 다양한 측면들을 정의
하고 그 중 합당한 측면들을 확인해 보고자 노력한다. 이를 위해 합
리적-정서적-행동 치료는 인간의 주된 목적 혹은 목표로 (1) 건강하
게 사는 것, (2) 자기 자신을 즐기는 것 - 행복은 많이 경험하고 고
통과 불만족은 상대적으로 적게 경험하는 것 - 으로 가정한다. 물
론 우리는 이러한 목표에 대해 반론을 제기할 수도 있고, 모든 사람
들이 이 목표를 "좋은" 것으로 받아들이지 않을 수도 있다. 그러나

우리가 타당한 "에고", "자기", "자의식" 혹은 "성격"을 가지고 있다고 가정하면, 우리는 다음과 같은 입장에서 이러한 목표를 중요한 것으로 생각할 수 있다.

1. 나는 존재한다 - 나는 80세 혹은 그 후 몇 년까지 계속 살아 있을 것이고, 그 다음 분명히 죽을 것이며 그래서 "나"는 더 이상 존재하지 않을 것이다.

2. 나는 적어도 부분적으로는 다른 사람과 분리되어 존재하고, 그래서 나 자신을 그 자체로서 한 개인으로 볼 수 있다.

3. 나는 적어도 세세한 측면에서 타인들과는 다른 특성들을 가지고 있고, 결과적으로 나의 "나다움" 혹은 나의 "삶"은 일종의 독특성을 가지고 있다. 전 세계에서 나와 정확하게 동일한 특성을 가지고 있는 사람은 아무도 없으며, 어느 누구도 "나$_{me}$"와 동일하지 않고 "나"와 동일한 실체를 갖고 있지도 않다.

4. 내가 수년 동안 존재하겠다고 선택하면 - 지속적으로 존재하겠다고 선택하면 - 나는 그렇게 할 수 있는 능력을 가지고 있다. 내가 계속 존재할 때, 나는 어느 정도 일관적인 특성을 가질 수 있는 능력을 가지고 있다. 이린 의미에서, 나의 특성이 중요한 측면에서 바뀌더라도 나는 오래 동안 "나"로 남아 있을 것이다.

5. 나는 내 자신의 지속성, 존재, 행동과 특성, 살아서 경험하는 다양한 측면들을 의식하고 자각한다. 따라서 "나는 자의식을 갖고 있다"고 말할 수 있다.

6. 나는 미래의 나의 존재나 지속성을 예측하고 계획할 수 있는 힘을 가지고 있으며, 나의 기본적인 가치관과 목표에 맞게 나의 특성과 행동을 수정할 수 있는 힘도 가지고 있다. 마일리스 프리드만Myles Friedman이 지적했듯이, 나의 "합리적 행동" 상당 부분은 미래를 예측하고 계획할 수 있는 능력으로 이루어져 있다.

7. 나는 "자의식"과 미래를 예측하고 계획할 수 있는 능력을 갖고 있기 때문에, 내 자신의 특성 상당 부분을 지금이나 앞으로 수정할 수 있다. 다시 말해, 나는 적어도 부분적으로 "나 자신"을 통제할 수 있다.

8. 또한 나는 과거와 현재의 경험을 기억하고 이해하며 그것으로부터 배울 수 있는 능력을 가지고 있고, 미래의 행동을 예측하고 수정하는데 이러한 기억과 이해 및 학습을 이용할 수 있는 능력도 가지고 있다.

9. 나는 내가 무엇을 좋아하고 즐기고 무엇을 싫어하는지 즐기지 않는지 알아볼 수 있으며, 좋아하는 것을 더 많이 경허하고 싫어하는 것을 더 적게 경험할 수 있도록 노력할 수 있다. 나는 또한 삶과 죽음도 선택할 수 있다.

10. 나는 내 자신의 생존에 도움이 되는 사고, 감정, 행위를 관찰하기로 마음먹을 수도 있고, 더 만족스럽고 즐거운 삶을 살겠다고 결정할 수도 있다.

11. 나는 여전히 살아있을 수 있다는 자신감, 나 자신을 비교적 행복하고 괴로움 없게 만들 수 있다는 자신감 가능성이 높다고 믿

는다 을 가지고 있다.

12. 나는 주로 순간적인 쾌락만을 쫓음으로써 미래의 쾌락에 거의 관심을 기울이지 않는 근시안적인 쾌락주의자가 되기로 마음 먹을 수도 있고, 순간적인 쾌락과 미래의 쾌락 모두에서 상당한 정도의 성취를 이루고자 하는 시야가 넓은 쾌락주의자가 되기로 마음먹을 수도 있다.

13. 나는 실용적인 이유 때문에 - 내 자신의 이득을 위해 행동하고, 고통보다는 즐거움을 추구하고, 더 잘 살고 좋은 감정을 느끼기 위해 행동하는 경향 때문에 - 내 자신을 가치 있는 존재로 보겠다고 결정할 수 있다.

14. 나는 내 자신을 무조건적으로 - 내가 잘하든 못하든 타인의 인정을 받든 못 받든 상관없이 - 수용하겠다고 결정할 수 있다. 그렇게 함으로써, 나는 "나 자신", "나의 전체", "나의 인간성"에 대한 평가를 거부할 수 있다. 대신에 나는 내 자신의 특성, 행동, 행위, 수행 - 나를 증명하기 위해서나 자기중심적인 존재가 되기 위해서나 다른 사람보다 더 가치 있음을 보여주기 위해서가 아니라, 나의 삶을 더 잘 살고 더 즐기기 위해서 - 을 평가할 수 있다.

15. 나의 "자기"와 "성격"은 내게 개인적이고 독특한 주요 특성이면서 또한 내 자신의 사회성과 교양의 상당 부분을 이루고 있다. 사회적 학습 및 다양한 집단의 시험을 거친 나의 존재는 나의 많은 부분에 그리고 내가 생각하고 느끼고 행동하는 방식에 중요한 영향을 준다 - 심지어 그러한 방식을 창조하기

도 한다. 나는 그 자체로 단순히 한 개인이 아니다. 나의 인간성은 사회성을 포함한다. 더욱이, 나는 거의 은둔자가 아니고, 가족, 학교, 직장, 이웃, 공동체, 및 여러 집단에서 내 인생의 많은 시간을 보내기로 결정한다. 다양한 방식으로 나는 "나"이기도 하고 "집단의 일원"이기도 하다. 따라서 내가 삶을 살아가는 개인적 방식들은 삶에 대한 사회적 규칙들과 서로 부합한다. 나의 "자기"는 개인적이면서도 사회적 산물 – 그리고 사회적 과정 – 이기도 하다. 나의 무조건적 자기수용이 본질적으로 무조건적 타인수용을 포괄하는 게 더 낫다. 우리들의 장점과 단점, 성취와 실패에도 불구하고, 나는 내 자신뿐만 아니라 다른 사람을 수용할 수 있고 그렇게 할 것이다. 왜냐하면 우리는 살아있고 행동하는 인간이기 때문이다. 나의 생존과 행복은 추구할 가치가 있으며 나머지 인류의 경우도 마찬가지다.

나는 이러한 점들이 에고의 "합당한" 측면이라고 생각한다. 왜 합당한가? 이러한 점들이 현실reality – 즉, 이면에 사실facts을 지닌 것 – 을 담고 있고, 사람들이 불행보다는 행복을 느끼도록 도와주고 생존의 기본적인 가치를 획득하도록 도와주기 때문이다.

### 인간 에고의 자멸적 측면들자기평가

동시에 사람들은 인간 에고 혹은 자기평가의 다음과 같은 부당한 측면들을 받아들인다.

1. 나는 유일할 뿐만 아니라 **특별한** 사람으로 존재한다. 나의 뛰어난 특성 때문에 나는 다른 사람들보다 **더 나은** 사람이다.

2. 나는 단지 인간적 특성이 아닌 초인간적 특성을 가지고 있다. 나는 다른 사람이 할 수 없는 일을 할 수 있고 그렇기 때문에 추앙받을 만하다.

3. 내가 뛰어나고 특별하며 초인간적인 면모를 갖추고 있지 않다면, 나는 열등한 인간이다. 나는 수행이 뛰어나지 않을 때는 언제나 모욕과 비난을 받아 마땅하다.

4. 우주는 특별히 눈에 띄게 나에게 관심을 보인다. 우주는 나에게 개인적인 관심을 보이며 탁월하게 잘하고 행복해 하는 나를 보고 싶어한다.

5. 나는 특별히 나에게 관심을 보이는 우주를 필요로 한다. 그렇지 않을 경우, 나는 비천한 사람이고 내 자신을 돌볼 수 없으며 틀림없이 매우 비참하게 느낄 것이다.

6. 나는 존재하고 그렇기 때문에 인생에서 **반드시** 성공해야 하고 내가 중요시하는 모든 사람들로부터 사랑과 인정을 **받아야** 한다.

7. 나는 존재하고 그렇기 때문에 **생존해야** 하고 앞으로도 계속 행복하게 살아야 한다.

8. 나는 존재하고 그렇기 때문에 영원히 **죽지** 않고 존재**해야만 한다.**

9. 나는 곧 나의 특성들이다. 내가 크게 나쁜 특성을 가지고 있다

면, **나는** 전적으로 나쁜 사람이다. 그리고 내가 크게 좋은 특성들을 가지고 있다면, **나는** 좋은 사람이다.

10. 나는 곧 특히 나의 성격적 특성과 등가물이다. 내가 다른 사람에게 잘하고 그래서 "좋은 성격"을 가지고 있다면, 나는 좋은 사람이다. 그리고 내가 다른 사람들에게 잘하지 못하고 그래서 "나쁜 성격"을 가지고 있다면, 나는 본질적으로 나쁜 사람이다.

11. 내자신을 수용하고 존경하려면 나의 진정한 가치 – 능력, 탁월, 타인들의 승인을 통해 – 를 입증해야만 한다.

12. 내가 행복하게 존재하려면 진실로 원하는 것을 소유해야만 한다 – **절대적으로** 그래야 할 필요가 있다.


다시 말해, 에고의 자기평가적 측면은 여러분을 간섭하고 방해하며 여러분의 만족감을 저해하는 경향이 있다. 에고의 이러한 측면은 에고의 자기개별화 측면과 전혀 다르다. 후자는 여러분이 **어떻게** 혹은 **얼마나 잘 할 것인지의 문제**와 관련이 있다. 여러분은 다양한 특성을 가지고 있고 여러 가지 일을 하기 때문에, 그리고 자신의 그러한 특성과 수행의 열매를 즐기기 때문에, 여러분 자신은 독특하고 색다르고 고유한 존재로 살아가는 것이다. 그러나 여러분은 자신이 어떻게 혹은 얼마나 잘 존재하는지를 판단하기 위해 자기를 깎아 내리기도 하고, 추켜세우기도 하고, 신격화하기도 하고, 저주하기도 하는 마술적 사고 때문에 자기평가적 "에고"를 갖게 된다. 역설적이게도 여러분은 자신이 고유한 사람으로 살아가면서 즐기는데 자기평가

나 자신의 "에고"가 도움이 된다고 생각할 것이다. 그렇지만 대개는 도움이 되질 않는다. 왜냐하면, 대부분의 경우 자기평가나 에고는 당신을 생존하게 - 그러나 매우 비참하게 - 만들기 때문이다.

## 에고이즘egoism과 자기평가의 이점

에고이즘혹은 자기평가, 혹은 자기존중은 어떤 이점을 가지고 있을까? 그 단점에도 불구하고 에고이즘이 여전히 지속되는 것을 보면 틀림없이 그 이점이 있다. 에고이즘은 어떤 이점을 가지고 있을까? 에고이즘은 여러분들이 성공과 타인의 인정을 추구하도록 동기화시키는 경향이 있다. 에고이즘은 여러분들로 하여금 자신의 행동과 자기self를 타인과 끊임없이 비교하는 흥미로운 게임에 몰두하게 만든다. 때로 에고이즘은 다른 사람들에게 좋은 인상을 주도록 여러분들에게 압력을 행사하는데, 이것은 여러 측면에서 실용적 가치가 있다. 여러분들이 이기적인 이유 때문에 돈을 벌고자 애쓰고 그래서 그 돈을 수단으로 자신의 생존을 돕는 것처럼, 에고이즘은 여러분들의 삶을 보전하는데 도움을 준다.

사람들은 매우 쉽고 편안하게 자기평가를 하는 경향 - 사람들은 자기평가를 하려는 생물학적 경향성을 갖고 있다 - 이 있다. 또한 여러분이 자신을 고귀하고 위대하며 뛰어나다고 평가할 때, 자기평가는 당신에게 엄청난 즐거움을 줄 수도 있다. 자기평가는 여러분이 예술, 과학, 발명에서 뛰어난 업적을 남기도록 동기를 부여할 수도 있다. 자기평가는 여러분이 타인보다 더 우월하다고 느끼게 - 때로는 신과 같은 기분이 들도록 – 만들 수 있다.

에고이즘은 분명히 진정한 이점을 가지고 있다. 자기평가를 완전히 포기한다면 상당한 희생을 치러야 할 것이다. 자기평가가 아무런 소득도 없고 사회적으로나 개인적으로 이득이 없다고 말할 수 없다.

## 에고이즘 혹은 자기평가의 문제점

여러분이 자신을 좋은 사람 혹은 나쁜 사람으로 평가하는 것이 왜 엄청난 위험성을 가지고 있는지 그리고 자기평가가 여러분을 왜 자주 곤경에 빠뜨리는지 그 중요한 몇몇 이유는 다음과 같다.

1.  잘하기 위해서 자기평가는 여러분에게 비상한 능력과 재능 혹은 실질적인 완벽성을 요구한다. 왜냐하면 여러분은 잘할 때 자신의 에고를 격상시키지만, 마찬가지로 잘하지 못할 때는 에고를 낮추기 때문이다. 여러분이 지속적으로 늘 잘 할 수 있는 가능성은 얼마나 되는가?

2.  상식적으로, 강한 에고 혹은 진정한 자기존중을 위해서 여러분은 평균적으로 혹은 그 이상으로 탁월해야 한다. 특별한 재능을 가지고 있을 때만 여러분은 자기를 수용하고 높이 평가할 것이다. 그러나 비범하고 천재적인 능력을 지닌 사람은 분명히 거의 없다. 그리고 여러분은 개인적으로 그런 비범한 수준에 도달할 수 있는가? 나에게는 이것이 의심스럽다!

3.  당신이 엄청난 능력과 재능을 가지고 있더라도, 자기평가를 통

해 지속적으로 자기를 수용하고 존중하기 위해서는 항상 비범한 능력과 재능을 보여야 한다. 어떤 중요한 실수에도 여러분은 즉각 자기를 비하할 것이다. 여러분이 자기를 비하한 다음에는 더 실수하는 경향 — 그야말로 악순환이다! — 이 있다.

4. 여러분이 "자기존중"을 고집하는 것은 자신이 한 인간으로서 "훌륭한" 가치가 있다는 인상을 다른 사람들에게 심어주기 위한 것이다. 그러나 타인에게 좋은 인상을 주고 승인을 받고 그럼으로써 자기를 좋은 사람으로 보려는 욕구는 강박증으로 이어지고, 강박증은 여러분 삶의 많은 부분을 빼앗아 간다. 여러분은 즐거움 대신에 지위를 그리고 우주 전체의 수용 — 이것은 분명히 당신이 실제로 도달할 가능성이 없다 — 을 쫓게 된다.

5. 여러분이 타인에게 좋은 인상을 주고 그럼으로써 자신의 가치를 획득하고자 할 때, 부분적으로는 자신의 재능을 위장함으로써 그렇게 하는 경향이 있다. 결과적으로 여러분은 자기를 가짜라고 생각하게 된다. 역설적이게도, 여러분은 처음에는 타인에게 좋은 인상을 주지 못해 자기를 비하하고, 그 다음에는 타인에게 거짓된 인상을 준 것 때문에 자기를 비하한다!

6. 여러분이 자신에게 우수한 점수를 주면, 스스로를 현혹해서 자신이 다른 사람보다 우월하다고 생각한다. 실제로 여러분이 우월한 특성을 가지고 있을 수 있다. 그러나 여러분은 자신이 정말로 우월한 사람 — 거의 신과 유사한 사람 — 이 된 것처럼 느낄 수도 있다. 이런 망상은 여러분에게 인위적이거나 거짓된 "자기존중"을 가져다 줄 것이다.

7. 여러분이 자기를 좋게 혹은 나쁘게 평가하는 일에 집착할 때, 자신의 결점, 취약점, 실수에 초점을 맞추는 경향이 있다. 그 이유는 이런 것들이 자신을 "썩어빠진 사람"으로 만든다고 생각하기 때문이다. 자기의 결점에 초점을 맞춤으로써, 여러분은 그러한 결점들을 더 강조하고, 더 악화시키고, 변화를 더 어렵게 만들고, 자기 전체에 대한 부정적 관점을 획득함으로써 종종 터무니없는 자기비하로 이어진다.

8. 자신의 사고, 감정, 행위의 효율성 대신 **자기**를 평가할 때, 여러분은 자신이 좋은 사람임을 **입증해야 한다**는 철학을 가지게 된다. 그리고 자신이 좋은 사람임을 입증하지 못할 가능성은 언제든 있기 마련이므로, 여러분은 보이게 혹은 보이지 않게 실질적으로 항상 불안해하는 경향이 있다. 이밖에도 당신은 지속적으로 우울, 절망, 강한 수치심, 죄책감, 무가치를 느낄 수도 있다.

9. 자기평가 점수가 높다하더라도, 여러분이 그것에 사로잡혀 있으면 성공, 성취, 명성, 탁월함에 집착하는 대가를 치러야 한다. 그러나 성공에 대해 이런 식으로 집착함으로써 여러분은 자신이 정말로 하고 싶어하는 것을 하지 못하고 행복이라는 목표로부터 점점 멀어지게 된다. 최고로 성공한 사람들 중에는 실제로 매우 비참한 상태에 있는 사람들도 있다.

10. 같은 방식으로 탁월함, 성공, 우월을 위해 열심히 노력한다면, 여러분은 멈춰서서 "내가 – 그리고 나 자신을 위해 – 진정으로 원하는 것은 무엇인가?"라고 자문하지는 않을 것이다. 그래

서 인생에서 자신을 진정으로 즐겁게 해주는 것을 찾지 못한다.

11. 표면적으로 타인보다 더 훌륭하고 우월해 지는 것에 집중함으로써 자기를 높이 평가하는 것이 더 나은 삶을 사는데 도움이 된다. 실제로 이것은 여러분으로 하여금 유능성competency과 행복보다는 소위 가치에 집중하게 만든다. 결과적으로, 여러분은 그렇게 하지 않았으면 얻었을 많은 것들을 잃고 만다. 여러분은 자신의 완전한 능력을 입증**해야 하기** 때문에, 스스로를 무능하게 만들거나 때로는 경쟁을 피하게 된다.

12. 자기평가가 때로는 창의적 활동에 도움이 되지만, 종종 정반대의 결과를 가져오기도 한다. 예를 들어, 여러분은 성공과 우월에 집착함으로써 그것을 비창의적이고 강박-충동적으로 추구해 가는 반면에, 예술, 음악, 과학, 발명, 등과 같은 창의적 활동은 하지 않는다.

13. 여러분은 자기평가를 문제중심보다는 자기중심적으로 하는 경향이 있다. 그래서 여러분은 인생에서 실질적이고 중차대한 많은 문제들을 해결하려고 노력하지 않고, 코앞의 문제에만 관심을 두면서 자기**발견**finding yourself 대신에 자기**입증**proving yourself이라는 가짜 문제에 초점을 맞춘다.

14. 일반적으로 자기평가는 여러분의 자의식을 비정상적으로 높이는데 기여한다. 자신의 지속적인 성질과 장단점에 대한 지식 즉 자의식은 많은 이점을 가지고 있다. 그러나 계속적으로 자기를 감시하고 얼마나 잘하는지 평가하는 것 즉 극단적 자의

식은 이러한 이점을 없애면서 지극히 위험한 것으로 되어 당신의 행복을 방해할 수도 있다.

15. 자기평가는 많은 편견을 조장한다. 이러한 편견은 과잉일반화로 이루어져 있다. 즉, "한두 가지 적합해 보이는 특성 때문에 자신을 완전히 적합한 사람으로 평가한다." 실제 이것은 여러분이 특정 **행동** 때문에 자신을 편향적으로 본다는 것을 의미한다. 그럼으로써 여러분은 타인의 미숙한 행동 – 혹은 여러분이 생각하는 열등한 특성 – 때문에 그 사람을 편견을 가지고 바라볼 수 있다. 따라서 여러분은 흑인, 유대인, 천주교도, 이태리인, 소수자 집단 등 다양한 집단을 편견을 가지고 바라볼 수 있다.

16. 자기평가는 여러분들이 무언가를 필요로 하게 만들고 여러분을 강박적으로 만든다. "보잘 것 없는 특성을 가지고 있거나 수행 성적이 형편없을 때 자신을 비하해야 한다"고 생각한다면, 여러분은 보통 "나는 반드시 좋은 특성을 소유하거나 좋은 수행 성적을 내야만 한다"고 생각할 것이며, 지속적으로 그럴 가능성이 희박할 때에도 잘해야 한다는 압박감을 느낄 것이다.

## 에고이즘과 자기평가의 비논리성

이런 저런 방식으로 "에고의 힘"이나 자기존중을 확보하려는 시도는 분명히 불행한 결과를 초래한다. 즉, 이것은 자기존중 혹은 강한 에고가 여러분의 인생과 행복을 방해한다는 것을 의미한다. 설상가상으로, "정확한" 자기평가 혹은 총체적 자기평가는 실제로 거의 불가능하다는 점에서 에고평가와 자기평가는 건전하지 못하다. 한 개인에 대한 포괄적 혹은 총체적 자기평가는 다음과 같은 모순과 마술적 사고를 포함하고 있다.

1. 한 인간으로서 여러분은 무수히 많은 특성들 – 실제로 이런 모든 특성들은 날마다 혹은 해마다 변화한다 – 을 가지고 있다. 따라서 여러분의 모든 특성 – 끊임없이 변화하는 당신의 특성을 포함하여 – 에 어떻게 단 하나의 포괄적 평가치를 의미 있게 적용할 수 있겠는가?

2. 여러분의 존재는 끝임 없는 **과정** – 과거, 현재, 미래를 지닌 한 개인 – 이다. 따라서 여러분의 본질에 대한 모든 평가치는 어떤 시점에서의 "여러분"을 반영하지만, 여러분의 지속성을 반영하지는 않는다.

3. 여러분 전체를 하나의 점수로 평가하기 위해서는 여러분의 특성, 행동, 행위, 수행 모두를 평가한 다음, 그것을 더하거나 곱해야 한다. 그러나 이들 각각의 가치는 시대와 문화에 따라 다르다. 따라서 **누가** 특정 시대와 문화의 영향을 받지 않고 여러분의 모든 면을 평가하여 단일한 측정치를 구할 수 있겠는가?

4. 과거, 현재, 미래에 걸쳐 여러분의 모든 특성을 제대로 측정했다면, 이들을 합산하기 위해 어떠한 수학적 기법을 도입해야 하는가? 특성의 개수로 나누면 "올바른" 포괄적 평가치를 구할

수 있는가? 간단한 산수를 사용할 수 있는가? 대수학적 평가치? 기하학적 평가치? 로그 평가치? 어떤 것인가?

5. "여러분"을 전체적으로 정확하게 평가하기 위해서는 여러분의 모든 측면, 적어도 "중요한" 측면을 알아야 하고, 하나의 총체적 평가치는 이러한 측면들을 모두 반영해야 한다. 그러나 어떻게 여러분의 모든 측면들을 알 수 있을까? 여러분의 생각, 정서, "좋은" 행동과 "나쁜" 행동, 업적, 심리적 상태 모두를 어떻게 알 수 있는가?

6. 스스로를 무가치하거나 쓸모없다고 말하는 것은 다음과 같은 검증 불가능한 반증할 수 없는 가설에 기초한 것이다. (1) 여러분은 본질적으로 무가치하게 태어났다. (2) 여러분은 결코 가치를 지닐 수 없다. (3) 무가치한 운명 때문에 여러분이 저주나 영원한 처벌을 받아 마땅하다. 마찬가지로, 여러분이 많은 가치를 지니고 있다는 말도 다음과 같은 검증 불가능한 가설을 토대로 한 것이다. 즉, (1) 여러분은 정말 우연히 우월한 가치를 지니게 되었다. (2) 여러분은 무엇을 하든지 간에 항상 가치 있는 사람이다. (3) 이러한 훌륭한 가치 때문에 여러분은 신과 같은 숭배와 영원한 상을 받을 만하다. 이러한 가설을 입증하거나 기각할 만한 과학적인 방법은 존재하지 않는다.

7. 여러분이 자신의 총체적 가치나 무가치를 가정하면 불가피하게 순환적 사고에 빠지게 된다. 여러분이 자신을 원래부터 가치 있는 사람으로 보면, 자신의 특성들을 좋게 볼 것이고 그래서 후광효과를 가지게 될 것이다. 그 다음 여러분은 자신이 이러한

좋은 특성들을 가지고 있기 때문에 원래부터 가치 있는 사람이라고 잘못된 결론을 내릴 것이다. 마찬가지로, 여러분이 자신을 무가치한 사람으로 본다면, "자신의 좋은" 특성을 "나쁘게" 볼 것이고, 스스로 가정한 자신의 무가치를 "증명"할 것이다.

8. 여러분이 실용적 차원에서 "나는 존재하기 때문에 선하다"고 생각할 수 있다. 그러나 "나는 존재하기 때문에 악하다"라는 말이 검증할 수 없는 그리고 반증할 수도 없는 진술이듯이, 그 반대의 말 역시 동어반복적인 검증 불가능한 가설이다. 즉, 살아있기 때문에 자신이 본질적으로 가치 있는 존재라고 **가정**하는 것은 그 반대로 가정하는 것보다 여러분을 더 행복하게 만들 것이다. 그러나 철학적으로 이것도 여전히 검증할 수 없는 명제이다. 여러분은 "신이 나를 사랑하기 때문에 나는 가치 있는 사람이다" 혹은 "신이 혹은 악마가 나를 미워하기 때문에 나는 가치 없는 존재다"라고 말할 수 있다. 이러한 가정들은 여러분이 특정 방식으로 느끼고 행동하도록 영향을 미칠 수 있다. 그러나 이런 가정들은 본질적으로 검증 불가능하고 반증할 수도 없다.

앞에서 말한 이러한 이유들 때문에 우리는 다음과 같은 결론을 내릴 수 있다. (1) 여러분은 오래 동안 존재하거나 살아 있을 것이고, 자신의 존재를 의식하거나 자각할 것이다. 이런 의미에서 여러분은 현재 독특성과 지속성을 가지고 있으며 가지고자 한다면 에고도 가질 수 있다. (2) 그러나 소위 여러분의 "자기", "전체" 혹은 "성격"은 모호하고 거의 정의할 수 없는 성질을 가지고 있기 때문에, 그것을 총체적으로 평가하는 것은 합당하지 못하다. 생존과 행복이라는 목표를 달성하는데 도움이 되거나 방해가 되는 그리고 다른 사람들에게 책임 있게 혹은 무책임하게 살아가도록 만드는 좋은 특성과 나쁜 특성을 여러분은 가지고 있을 수 있다. 그러나 여러분이나 여러분의 "자기"가 좋거나 나쁜 것은 결코 아니다. (3) 여러분이 자신을 포괄적으로 평가하거나 일반적 의미의 에고를 가지고 있을 때 그것은 여러 모로 도움이 될 것이다. 그러나 전반적으로 그것은 여러분에게 이득보다는 해를 훨씬 더 많이 줄 것이며, 여러분을 꽤나 어리석고 현혹적인 목표에 몰두하도록 만들 것이다. 소위 정서적 "혼란"이나 신경증적 "증상"의 상당 부분은 직간접적으로 자신과 타인에 대한 총체적 평가에서 비롯된다. (4) 그래서 여러분은 자신의 자기, 본질, 혹은 전체를 평가하려는 경향성에는 저항하고, 자신의 행동, 특성, 행위, 속성, 수행만을 평가하려고 노력하는 게 좋다.

다시 말해, 여러분은 소위 에고의 많은 부분을 축소하는 것이 좋다. 대신, 에고 중에서 여러분이 인생을 실험해 보는데 도움이 되고, 여러분이 원하는 것과 원치 않는 것을 구분해서 선택하는데 도움이 되고, 여러분이 자신에게 그리고 자신이 속한 사회집단에 '유익한' 것을 누리는데 도움이 되는 그런 부분들은 보유하는 게 좋다.

자기평가 문제를 좀더 긍정적으로 해결할 수 있는 두 가지 방법이 있는데, 하나는 우아하고 다른 하나는 그렇지 않다. 후자는 여러분이 자신을 마음대로 그러나 실용적으로 정의하고 진술하는 것이다. "나는 존재하고 그렇기 때문에 내 자신을 좋은 사람으로 수용하거나 평가한다." 이 명제는 절대적이고 논쟁의 여지가 있지만, 여러분에게 자기수용이나 자신감을 줄 것이다. 그리고 이 명제의 이점은 많고 단점은 적다. 이 명제는 거의 항상 효과가 있을 것이며, 여러분이 이 명제를 지지하는 한 여러분의 자기비하나 무가치하다는 느낌은 줄어들 것이다.

좀 더 우아하게, 여러분은 다음 명제를 받아들일 수 있다. 즉, "나는 원래부터 가치나 무가치한 사람이 아니고 단지 살아있을 뿐이다. 내 특성과 행위는 평가하되 나의 전체 '자기'는 평가하지 않는 게 낫다. 나는 내가 살아있음을 알기에 내 자신을 완전히 수용한다. 그리고 나는 가능한 한 행복하고 고통 없이 살아가고자 한다. 나는 – 다른 종류의 자기평가가 아닌 – 이런 지식과 선택을 요구할 뿐이다."

다시 말해, 여러분은 자신의 행위와 수행 – 생각, 느낌, 행동 – 만을 측정하고 평가하기로 결정할 수 있는데, 그것이 자신의 목표와 가치관에 도움이 될 때는 좋게 평가하고, 개인적 및 사회적 욕망과 바람에 방해가 될 때는 나쁘게 평가할 수 있다. 그러나 동시에 당신은 "자기", "본질" 혹은 "전체"를 전혀 평가하지 않기로 결정할 수도 있다. 그렇다. **전혀** 평가하지 않을 수도 있다.

합리적–정서적–행동 치료는 두 번째 우아한 해결책을 권장한다. 그 이유는 이 해결책이 우아하지 않은 해결책보다 더 정직하고, 더 실질적이며, 철학적 어려움을 덜 가지고 있기 때문이다. 그러나 여러분이 "자기"평가를 꼭 하겠다고 고집한다면, 살아있다는 이유**만으로도** 자신을 좋게 평가할 것을 권고한다. 이런 "에고이즘"은 여러분을 거의 곤경에 빠뜨리지 않을 것이다!

## 6장

# 조건적 자기존중과 무조건적 자기수용의 정의들

앞 장에서 조건적 자기존중CSE, 무조건적 자기수용USA 및 이와 관련된 자기개념들을 개략적으로 정의했지만, 이 장에서는 관련 개념들과 더불어 이 둘을 좀 더 정확하게 정의해 보고자 한다.

여러분의 **자기**에 대한 거의 모든 정의뿐만 아니라 자기를 평가하는 방법도 애매모호하다. 그 이유는 자기에 대한 정의들이 다른 개념들과 중첩되기 때문이다. 그러나 자기에 대한 몇몇 정의를 좀 더 명확하게 살펴보자.

**자기**Self. 여러분의 총체적 성격. 자기를 모든 사고, 감정, 행동 − 좋고 도움이 되거나, 나쁘고 도움이 안 되는 − 이라고 생각한다면, 이런 자기를 평가할 필요도 없고 실제로 평가할 수도 없다. 자기는 매우 많은 − 그리고 다른 − 측면들을 가지고 있기 때문에, 자기 전체를 정확하게 평가할 수 없다. 그러나 유감스럽게도 여러분은 종종 자기를 평가한다. 조심하라!

**조건적 자기존중**Conditional self-esteem. 과거나 현재의 일부 특성에 대한 평가에 기초하여 내린 여러분의 본성you-ness에 대한 포괄적 평

가. 여러분은 사회적으로 인정받는 것을 잘 할 때 **자신**과 여러분의 **자기**를 "좋게" 평가하고, "나쁜 일"을 할 때 "나쁘게" 평가할 것이다. 여러분의 사고, 감정, 행동은 **일시적으로** "좋거나" "나쁘기" 때문에 그리고 계속 변하기 때문에, 여러분에 대한 이러한 평가는 포괄적이거나 최종적인 것이 아니다. 여러분은 "잘"할 때의 자신을 "훌륭한" 혹은 "그릇된" 사람으로 자주 잘못 평가한다. 여러분은 그렇게 평가할 수 없음에도 불구하고 그렇게 한다!

여러분은 또한 자신의 **자기**를 "대체로 좋다고" 혹은 "대체로 나쁘다고" 평가할 수 있다. 그러나 종종 여러분은 그런 식으로 평가하지 않고, 자신의 **자기**를 쉽사리 전체적으로 "좋게" 혹은 "나쁘게" 평가한다. 이것은 모순이다! 이렇게 하면 여러분은 어떻게 되겠는가? 혼란스러울 것이다.

여러분은 자신의 자기 전체 혹은 존재 전체를 평가해야 하는가? 아니다. 다만 평가하지 않으려고 노력하라!

여러분이 하는 행동이 곧 여러분인가? 아니다. 여러분은 너무 복잡하고 변화무쌍하다. 그러나 여러분은 종종 자신을 좋다고 혹은 나쁘다고 생각한다 – 그렇다. 여러분은 그럴 수 있다. 왜 그런가? 코르지프스키1933를 비롯한 많은 사람들이 지적했듯이, 여러분은 종종 일반화 나는 종종 나쁜 짓을 한다 를 과잉일반화 나는 나쁜 사람이다 로 만들기 때문이다. 그리고 여러분은 과잉일반화를 **확신**한다. 그러나 여러분은 **한 사람**이기는 하지만 안정적으로 좋거나 나쁠 수는 없다.

그럼에도 불구하고, 종종 여러분은 한 번 특별히 "나쁜" 행동을 하면 자신을 **나쁜 사람**으로 보고, 한번 "좋은" 행동을 하면 자신을 좋은 사람으로 본다. 이상한 일이지만, 여러분은 자신의 행동과 자기를 이처럼 편견에 찬 눈으로 바라본다. 그리고 여러분이 자기를 존중하는 자신을 자랑스럽게 생각할 때, 여러분이 사용하는 "좋은"이라는 말은 "조건적 자기존중"을 의미한다. 이것도 특이한 일이지만, 그렇게 하는 것이 여러분의 일상적인 습관이다.

**무조건적 자기수용**Unconditional self-acceptance. **모든 조건에서** 여러분은 자기 존재 혹은 성격 를 **가치 있고 좋은 사람**으로 평가한다. 그 이유는 여러분이 (1) 다른 사람이 아닌 바로 자신이기 때문이고, (2) 살아있기 때문이며, (3) 단지 살기로 결정했기 때문이고, (4) 자신이 "나쁜" 특성을 가지고 있음을 인정하고 그러한 싫은 특성을 **가지고 있는** 자신을 **여전히** 수용하기 때문이며, (5) 여러분의 본성에 대한 포괄적 평가를 거부하고 자신의 사고, 감정, 행동만을 좋게 평가 – 이것이 개인적 및 사회적으로 효과적인 결과를 가져온다는 것을 의미한다 – 하기 때문이며, (6) 모든 단점에도 불구하고, 자신을 언제든지 수용하고 좋은 사람으로 만들 수 있는 힘을 소유한 신을 여러분이 믿기 때문이고, (7) 자신이 좋건 나쁘건 상관없이 스스로를 **전체적으로** 그리고 지속적으로 **수용**하기 때문이다.

무조건적 자기수용은 임의적이고 무조건적이며 선택의 문제이다. 여러분이 그렇게 하겠다고 결정만 하면 자기를 무조건 수용할 수 있다. 혹은 자기수용이 자신에게 그리고 타인들에게 도움이 될 거라는 실용적 이유 때문에 무조건적 자기수용을 결정할 수도 있다. 무조건적 자기수용이 여러분을 항상 그리고 반드시 더 효율적이고 더 행복하게 만들어주는 지는 경험적으로 증명할 수 없다. 그러나 무조건적 자기수용이 조건적 자기존중과 무조건적 자기경시보다는 더 효율적이라는 점은 입증할 수 있다.

**무조건적 자기경시 혹은 무조건적 자기비하**Unconditional self-disesteem or self-downing. 여러분이 씻을 수 없는 원죄를 지어서 그 죄 때문에 영원히 저주받고 지옥에서 고통을 당해야 한다는 믿음을 선택할 수도 있지만, – 그런 상태를 궁극적으로 천국에서의 영광스런 구원을 가져올 일시적인 상태로 보는 것이 아니라면 – 왜 그런 믿음을 선택하는지 그 이유가 분명치 않다. 심지어 그렇다 하더라도, 여러분은 이와는 다른 운명의 삶을 살겠다고 – 여러분이 그것을 믿지 않고 그런 믿음에 따라 사는 운명을 거부하기로 – 선택할 수도 있다. 여러분이 무조건적 자기경시 역시 선택의 문제라고 확신한다면 얼마나 오래 동안 그러한 선택을 할지 궁금하다. 그러나 오류에 빠지기 쉬운 한 인간으로서 여러분이 운명적으로 그렇게 믿을 수밖에 없으면서도 여전히 구원받을 기회를 갖고 있다고 믿는다면, 여러분은 자기경시적인 원죄에 대한 믿음을 일시적으로 선택할 수도 있고 그렇지 않을 수도 있다. 그러나 더 "좋은" 대안을 가지고 있다면, 여러분은 자기경시적인 원죄를 선택하지는 않을 것이다.

여러분이 자기비하지옥는 불가피하고 구원받을 수 없다고 정말 믿는다면, (1) 그렇게 믿고 견디면서 여러분이 바꿀 수 없다고 인정하고 자신을 덜 우울하게 만들 수도 있고, (2) 그런 자기파괴적 믿음을 **포기**하고 자신을 훨씬 **덜** 우울하게 할 수도 있고, 알다시피 심지어는 행복하게 만들 수도 있다. 제안하는 바, 불행을 수용할지 거부할지 선택하라. 최악의 경우에 여러분은 비참하게 죽을 수도 있다. 그러나 여러분은 여전히 **어떤** 선택을 할 수 있다.

믿을 것인가 믿지 않을 것인가 그것이 문제로다! 영원한 죄와 벌에 대한 믿음은 - 불행하게도 여러분이 그런 믿음을 포기하지 않는다면 - 여러분을 지옥과 같은 삶으로 안내할 것이다.

**무조건적 타인수용**UOA: Unconditional other-acceptance. 무조건적 자기수용과 더불어, 여러분은 항상 무조건적 타인수용을 선택할 수 있다. 모든 인간은 오류를 범하기 않을 수 없지만, 여러분은 결점이 있는 타인을 비난하지 않으면서 수용하고 - 단지 그들이 인간이고, 좋은 특성과 나쁜 특성을 가지고 있지만 총체적으로 좋거나 나쁜 사람은 아니기 때문에 - "좋은" 사람으로 평가할 수 있다. 다른 사람들의 행동과 함께 그 사람들 자체를 평가한다면, 여러분은 그들을 신격화하거나 악마로 만드는 곤경에 처할 것이다. 즉, 여러분은 그들과 소극적으로 소통하거나 그들에게 화를 낼 것이다. 잘못된 선택이다! 무조건적 타인수용을 선택하면, 여러분은 무조건적 자기수용에서 타인수용으로 민주적으로 나아갈 수 있다.

**무조건적 인생수용**Unconditional life-acceptance. 2400년 전에 불교가 말했듯이, 인생은 고통이 아니지만 고통을 포함하고 있다. 인생을 있는 그대로 보고 선과 악을 수용함으로써 인생의 많은 부분을 **즐겨라**. 인생을 숭배하면 삶에 실망할 것이요, 저주하면 삶의 고통을 키울 것이다. 인생을 수용하고 그 장점을 즐겨라. 여러분은 인생의 축복만을 볼 수도 있고 인생의 그늘진 고통만을 확대할 수도 있다. 여러분은 인생을 가끔 고통스러운 것이 아니라 아주 끔찍한 것으로 만들어 놓을 수도 있다. 여러분은 무조건적 타인수용으로 인생을 끔찍하게 만들 수도 있고 그 반대로도 만들 수 있는 자신의 재능을 모두 사용할 수 있다.

**자기효능감**Self-efficacy. 앨버트 반두라와 그의 후학들은 자기평가의 중요한 측면인 자기효능감을 전문적으로 연구해 왔다. 나는 『심리치료에서의 이성과 감정1962: Reason and Emotion in Psychotherapy』에서 자기효능감을 자기숙달self-mastery 혹은 성취자신감으로 명명하고 자신감과는 분명히 다른 개념으로 차별화했다 간혹 반두라는 이러한 구분을 하지 않는다.

자기효능감과 성취자신감은 가령, 학교나 직장 관련 중요한 과제를 할 때 그 과제를 성공적으로 수행할 수 있다는 것을 이미 알고 있음을 의미한다. 여러분이 그 과제에 대해 좋은 느낌을 가지지만, 불행하게도 본인의 성공을 통해 자신감이나 조건적 자기존중을 갖게 된다. 여러분이 "내가 그 일을 성취할 수 있다는 **것은** 좋은 일이다"라고 말하는 것은 옳지만, "그래서 나는 **훌륭한 사람**이다"라고 말하는 것은 과잉일반화다. 코로치프스키가 말한 것처럼, 이것은 오류다. 여러분은 어느 한 측면에서 **성공한 사람**이다. 반면에, **좋은 사람**은 모든 혹은 거의 대부분의 측면에서 항상 성공해야 하는 사람이다.

**자기효능감**은 여러분이 자신의 탁월한 성취를 인정하는 것이다. 자신감 혹은 자기존중은 여러분이 어떤 기술을 습득했기 때문에 자기나 자기의 존재를 본인이 좋아한다는 의미이다. 알프레드 아들러가 지적했듯이, 여러분이 자기의 우월한 기술을 인정하고 - 이것은 좋다 - 자기를 우월한 사람으로 보는 - 이것은 그렇게 좋지 않다- 것이다.

합리적-정서적-행동 치료REBT에서처럼, 우리는 여러분의 기술과 효능감에 찬사를 보낼 것이다. 그러나 여러분을 우월한 사람으로 보는 것은 삼간다. 마찬가지로, 여러분이 무능하게 어떤 행동을 할 때, 우리는 여러분으로 하여금 그러한 점을 인정하되 그러한 무능 때문에 절대 자신을 비하하지는 않도록 한다. 이것은 전혀 다른 것이다! 이렇게 하면, 여러분은 자신의 기술을 바로잡을 수 있고 좀 더 효과적으로 행동할 것이다. - 그러나 여전히 귀족은 아니다.

# 7장 자기존중 혹은 조건적 자기수용의 장점과 단점

　내가 이 책에서 주장하고 있는 것처럼, 자기존중SE 혹은 조건적 자기수용CSA에 뚜렷한 단점이 있다면 장점 또한 많이 있을 것이다. 자기존중은 인류의 역사 전체를 통해 이어져 왔고 지금도 여전히 많은 세상 사람들 사이에 유행하고 있다. 진화론에 따르면, 그렇기 때문에 자기존중은 생존가치를 가지고 있는 것이다. 즉, 자기존중을 통해 성공적으로 살아가는 사람들은 후손을 남기고, 그 후손이 다시 자기존중의 이득을 보고, 이렇게 해서 자기존중은 지속된다.

　무조건적 자기수용USA의 유지에 대해서도 같은 방식으로 말할 수 있다. 즉, 무조건적 자기수용은 많은 폭풍우를 견뎌 오면서 여전히 많은 사람들의 가슴 속에, 행동에 의식적, 무의식적으로 살아 있다. 무조건적 자기수용을 정의하고 설계하기는 어렵지만, 그것이 효과가 있다는 것을 알기 때문에 우리는 때로 자기수용 - 때로는 부분적 자기수용 - 을 갈망한다. 무조건적 자기수용을 받아들일 때, 그것의 진정한 장점 - 결점을 갖고 있는 불완전한 자기를 좋아함으로써 자신의 결점을 줄여나가는 것과 같은 - 을 볼 수 있다.

우선 우리가 앞 장에서 기술한 자기존중 혹은 조건적 자기존중과 무조건적 자기수용의 정의를 받아들인 다음에 그들의 진정한 이득과 위험을 살펴보자.

나중에 기술하겠지만, 자기존중 혹은 조건적 자기수용은 단점에도 불구하고 종종 다음과 같은 이득을 준다.

**성취와 생산성.** 자기존중에 의하면, 여러분이 자신의 자기self를 좋아하기 위해서는 물질적 돈, 성공, 땅, 소유물, 미술, 음악, 문학, 과학 및 정신적 종교, 목적, 명예, 정신적 목표, 가치 으로 더 많이 생산하고 성취하는 게 좋다. 또한, 다른 사람들에게 자신의 물질적, 정신적 성공을 알림으로써 그들이 여러분을 인정하고 존경하도록 해야 한다.

집합주의 사회뿐만 아니라 특히 자본주의 사회에서도 성취와 생산이라는 목표는 수백 년 동안 막대한 물질적 혜택을 가져왔으며 지금도 여전히 그렇다. 때로는 물질적 목표와 정신적 목표가 대립하지만 자주 그런 것은 아니다. 소련은 매우 정신적이면서도 예, 민족주의적이고 광적으로 무신론적인 동시에 물질적으로도 군수품, 강철, 공장 매우 생산적이다.

**통제하고 계획하려는 노력들.** 조건적 자기존중은 – 자본주의와 집합주의 사회 모두에서 스스로를 "좋은" 혹은 "효율적인" 사람으로 평가하기 위해서 – 사람들에게 통제하고 계획할 것을 촉구한다 Wittlict, Cudway, & Vanderlaan, 2000. 통제하고 계획하려는 노력들이 때로는 독점주의로 흐를 수 있으나 그럼에도 불구하고 생산성을 강력하게 촉구한다.

**신체적 및 정신적 건강에 대한 강조.** 조건적 자기수용은 다른 사람들로부터 갈채를 받을 수 있도록 신체적스포츠 및 정신적목적지향성 건강을 크게 향상시킬 것을 촉구한다.

**자아실현.** 아마도 잘못된 이유 때문에, 조건적 자기수용 및 그에 따른 경쟁심은 사람들로 하여금 자기실현하도록 촉구하고, 그렇게 함으로써 자기실현하지 못한 사람들보다 더 나은 사람이 될 것을 촉구한다Cosken, 2000.

**교육에 관한 추진력.** 조건적 자기수용은 부모와 아동으로 하여금 - 우월한 사람임을 입증하기 위해 - 높은 교육목표를 설정하도록 만든다.

**관계적 목표.** 조건적 존중을 획득하기 위해서 많은 부부와 가족은 서로 간에 - 그리고 최상의 다른 가족과 - 더 나은 유대관계를 형성하기 위해 열심히 노력한다.

**현재와 미래를 위한 노력.** 경쟁심과 조건적 자기존중은 사람들로 하여금 현재의 시간을 낭비하지 않고 열심히 일해서 촉망받는 미래를 건설하는데 주력하도록 촉구한다Zimring, 2000.

**자기 독특성에 대한 중시.** 조건적 자기존중에서 비롯된 경쟁심은 사람들로 하여금 다른 사람보다 "더 독특한" 사람이 되기 위해 자신의 독특성을 중시하도록 촉구한다.

**개인적 경험에 대한 강조.** 조건적 자기존중은 때로 자기실현 및 독특한 개인적 경험을 과대하게 강조하는 대신, 집단적 및 사회적 참여 그리고 그것에 따른 독특한 만족감을 보지 못하고 있다. 조건적 자기존중은 또한 개인적 몰입을 촉구함으로써 세상에 대한 경멸을 가져올 수도 있다Siegel, 2000.

**이타성에 대한 장려.** "옳은" 일을 하고 인정받기 위해 사람들은 이타적이고 "좋은" 행동을 하고 그래서 스스로를 "성인군자"로 만들 것이다Ellis, 2004a, 2004b.

**좋은 특성에 대한 과장.** 사람들은 조건적 자기존중을 하는 "좋은" 사람이 되기 위해 자신의 "탁월한" 특성 돈벌이, 예술성, 성적 능력 을 지나칠 정도로 강조하고 편중된 삶을 살 수도 있다Ellis, 1962, 2003.

나는 여러분이 조건적 자기존중에 초점을 맞춤으로써 얻을 수 있는 장점을 열거했지만, 그 중에는 단점도 포함되어 있다. 이것은 매우 합당한 일이다. 왜냐하면, 여러분과 또 다른 사람들에게 이득을 주는 것은 무엇이든 간에 해를 줄 수도 있기 때문이다. 왜 그럴까? 여러분이나 누군가에게 전적으로 좋거나 전적으로 나쁜 것은 없기 때문이다.

이제 다른 측면들을 살펴보자. 조건적 자기존중 – 여러분이 "존경받을 만한" 행동을 할 때, 여러분을 전체로서 좋아하는 것 – 은 "좋은" 장점보다는 미심쩍은 장점을 가지고 있다. 여기에 속하는 몇 가지 개념을 열거해 보면 다음과 같다.

**스트레스, 공격성, 약물남용의 증가.** 직장, 학교, 예술 혹은 거의 모든 분야에서 다른 사람을 능가하기 위해서 여러분은 극심한 스트레스, 불안, 공격성, 약물남용 등의 위험에 – 심지어는 성공했을 때조차도 – 노출되어야 한다. 이러한 것들은 좋은 점도 – 이런 것들은 삶을 좀 더 흥미롭게 만든다. – 있다. 그러나 워! 여러분 자신과 여러분의 몸 – 여러분의 영혼과 정신은 말할 것도 없이 – 은 얼마나 감내할 수 있을까? 가령, 정신적 및 신체적 학대 - 자기학대 - 가 뒤따라 발생한다Crocker, 2002; Ellis, 2003a, 2003b.

**염세주의와 절망감.** 여러분이 가령 타인의 그리고 자신의 인정을 받기 위한 행동을 고집할수록, 여러분이 **정상적인** 일을 위해 쓸 수 있는 시간과 에너지는 점점 더 줄어든다Dweck, 1994. 여러분은 생산을 해야 하고 "좋은 사람"이 되어야 하기 때문에, 종종 자신을 "평균이하"로 평가하게 된다. 때로는 압박감이 도움이 될 수 있다. 그러나 **너무 많은** 압박은 도움이 되지 않는다.

조건적 자기존중은 "좋은 사람"임을 증명하기 위해 여러분을 사회적 승인에 매달리게 만든다. 실제로 조건적 자기존중은 여러분이 절박한 상태에 있음을 입증하는 것이다.

조건적 자기존중은 여러분과 여러분 자녀의 학교 성적을 올리는데 도움이 되겠지만, 자율적인 학습에는 도움이 되지 않는다FitzMaurice, 1997; Stout, 2000.

조건적 자기존중은 여러분이 뛰어나지 않을 때 불쾌와 자기불만을 초래한다FitzMaurice, 1997.

조건적 자기존중은 영원히 지속되는 것이 아니라 계속해서 재건해야 한다Kruk, 1996; Mills, 2000.

조건적 자기존중은 여러분을 "더 좋은 사람"으로 만듦으로써 쉽게 과대망상으로 바뀔 수 있다FitzMaurice, 1997.

사람들이 여러분을 적절한 방식으로 대하지 않을 때, 조건적 자기존중은 분노, 격노, 전쟁 등을 야기한다FitzMaurice, 1997.

벌레 같이 나쁜 행동을 했다고 스스로 인정하면, 조건적 자기존중은 여러분들로 하여금 그런 행동을 무시하거나 변명하도록 조장한 다Hauck, 1991; Ellis, 2003, 2004a.

조건적 자기존중은 여러분으로 하여금 자신의 중요한 몇몇 문제를 해결하는데 무관심하게 만든다Ellis, 2004a.

조건적 자기존중은 타인을 능가하고 "훌륭한 사람"이 되도록 여러분을 매우 경쟁적인 사람으로 만든다Ellis, 2001a, 2001b.

조건적 자기존중은 여러분을 자기중심적으로 만들고 자아도취에 빠지게 만든다Baumeuster, 1995.

조건적 자기존중은 여러분을 정신병적으로 행동하게 만든다 Baumeuster, 1995.

조건적 자기존중은 항상 주목받는 것을 필요로 한다Baumeuster, 1995.

조건적 자기존중은 여러분이 세상에 거짓된 모습을 드러내는데 일조한다.

조건적 자기존중은 여러분이 공포를 느끼게 만들고 자신의 그런 공포에 대해 두려움을 갖게 만든다Hayes, 1994.

조건적 자기존중은 어린 시절에 비판을 받으면 커서 자기를 비하하는 사람이 된다는 "사실"을 지나치게 강조한다Ellis, 2001a, 2001b.

조건적 자기존중은 일을 제대로 하지 못하는 것은 정말 "끔찍한" 일이라는 점을 "보여줌"으로써, 여러분으로 하여금 일을 질질 끌게 만들고 좌절을 참지 못하게 한다Jacobson, 1982.

## 8장

**솔로몬의 금언과 자기존중**

인간의 품행에 관한 초기의 저작 중에는 하느님의 말씀과 현인의 지혜를 포함해서 솔로몬Solomon의 금언도 있다. 솔로몬의 금언에는 조건적 자기존중과 무조건적 자기수용이 들어 있는데 주로 전자에 관한 내용이 많다. 이 금언의 개정 표준판에 있는 자기존중과 관련된 내용을 살펴보겠다.

3장 5절: "네 자신의 통찰력에 의존하지 말고 진심을 다해 주를 믿으라." 모든 금언의 근거는 신과 인간의 지혜에 대한 믿음이다. 그러나 여러분이 신을 믿지 않는다면, 신의 지혜보다는 세속적 지혜를 선택할 수 있다.

3장 29절: "네 곁에서 진실하게 살고 있는 이웃에게 악을 획책하지 말라." 일찍이 이 말에는 사회적 관심, 아마도 무조건적 타인수용이라는 의미가 담겨 있다.

3장 30절: "폭력적인 사람을 부러워하지 말고 그 사람의 어떠한 점도 본받지 말라." 이 말은 "치안을 유지하라"는 말로 무조건적 타인수용을 암시한다.

3장 35절: "현자는 명예를 남기고 바보는 치욕을 남긴다." 이것은 무조건적 자기존중이 아니라 조건적인 자기존중이다! 여러분이 지혜롭게 행동하면 스스로를 수용할 수 있고 타인들도 여러분을 수용할 것이다. 그렇지 않으면, 여러분은 스스로를 저주할 것이며 타인들도 — 아마 신도 — 그렇게 할 것이다.

6장 3절: "질투는 사람을 분노케 하기 때문에, 질투하는 사람이 복수를 한다면 자비를 베풀지 않을 것이다." 여러분이 시기하거나 질투한다면 그 사람을 미워하고 살해할 수도 있다. 그들은 여러분보다 더 많은 것을 갖지 말아야 한다. 여러분이 원한에 가득 차 있는 것은 잘못이 아니다. 분명히 이것은 조건적 타인수용이다. 그리고 여러분의 질투를 불러 일으키는 사람들은 잘못일 뿐만 아니라 그 잘못 때문에 저주받을 것이다.

9장 7절: "냉소적인 자를 바로잡아 주는 사람은 자기를 남용하는 것이요, 사악한 자를 인정하는 사람은 손해를 입을 것이다." 이 말은 무조건적 타인수용을 함축하고 있다. 즉, 냉소적인 자의 비웃음을 미워하지만 그 자를 미워하지는 않는다. 그 자를 미워하면 그들도 여러분을 미워할 것이다.

10장 22절: "증오는 투쟁을 부채질하지만 사랑은 모든 분노를 잠재운다." 이것은 분명히 무조건적 타인수용이다 — 죄는 미워하지만 죄인을 미워해서는 안 된다.

10장 27절: "하느님에 대한 두려움은 생명을 연장시키지만, 사악한 자의 생명은 단축될 것이다." 이 말은 무조건적 타인수용과 반대다. 여러분은 자신의 죄 때문에 저주 받아 마땅하며, 신은 반드시 여러분을 지옥의 유황불에 빠뜨릴 것이다. 이 말은 10장 22절과 모순된다.

11장 2절: "자만심이 찾아오면 불명예가 뒤따라온다." 이 말은 매우 조건적인 자기존중이다. 여러분이 자신의 성취에 자부심을 느낀다면, 성취하지 못할 때 여러분은 자신을 미워할 것이다.

12장 15절: "바보의 방식도 그 자신의 눈에는 옳은 것처럼 보인다." 왜냐하면 그는 자신의 오류 때문에 스스로를 훼손하게 되고 그래서 그것이 오류가 아닌 척해야 하기 때문이다.

12장 16절: "분별 있는 자는 모욕을 무시한다." 왜냐하면 그는 (1) 말이 자신을 해칠 수 없다는 사실을 알기 때문이며, (2) 자신의 행동을 비난할 수 있지만 자기 자신을 비난할 수는 없다는 무조건적 자기수용을 지니고 있기 때문이고, (3) 타인의 모욕으로부터 큰 영향을 받지 않으면서 그들에게 모욕을 되갚아주면 자기가 난처해질 수도 있음을 알고 있기 때문이다. 그는 주로 무조건적 자기수용 - 아마 솔로몬이 깨달은 - 을 갖추고 있다.

14장 14절: "심술궂은 사람은 심술궂은 행동의 결실로 가득찰 것이요, 선한 사람은 선한 행동의 결실로 충만하리라." 가능한 일이다. 그러나 반드시 그런 것은 아니다. 종종 정의가 득세하고는 한다. 그러나 히틀러, 스탈린, 사담 후세인은 정의의 심판을 받기 전 여러 해 동안 군림했다.

14장 29절: "성질 급한 자는 어리석은 행동을 찬양한다." 이 말은 실용적으로 좋은 충고이다. 그러나 성질 급한 자는 범법자의 행동뿐만 아니라 모든 면을 전제적으로 곧바로 비난하고 어리석게도 과잉일반화한다는 것을 솔로몬은 알고 있었던 것 같다.

14장 134절: "국가를 찬양하는 것은 옳은 일이고, 대상이 누구든 사람을 비난하는 것은 죄를 짓는 것이다." 이 말은 과잉일반화이다! 많은 사람들은 실제로 히틀러와 스탈린, 후세인을 좋아했다.

16장 5절: "하느님은 오만한 사람을 모두 질색한다. 확신건대 오만한 사람은 처벌을 면하기 어려울 것이다." 확실히 이것은 조건적 타인수용이며 작은 잘못을 한 사람에게조차 저주를 퍼붓는 것이다. 신은 **너무 쉽게** 역정을 낸다!

16장 22절: "어리석음은 바보들에게 내려진 징벌이다." 여기에서 솔로몬은 제 2의 장애를 언급하고 있다. 잘해야 한다고 - 나는 항상 반드시 잘해야 한다고 - 걱정하고, 그 다음에는 스스로 불안해진다. 그 다음, 여러분은 불안에 대해 걱정한다. 그래서 여러분은 이중 불안 때문에 일을 잘하지 못한다. 그 다음, 여러분은 잘하지 못한 것에 대해 자기를 비난한다. 걱정하고 비난하고, 비난하고 걱정하고! 다음과 같은 세 종류의 '필수사항 must'이 있다. (1) "나는 잘해야 한다." (2) 나는 잘하는 것에 대해 불안해하지 말아야 한다." (3) "나는 수행에 대한 불안 때문에 일을 엉망으로 하면 안 된다." 계속적으로!

17장 1절: "고요하면서 무미건조한 것이 집안 가득 싸움판인 것보다 낫다." 훌륭한 무조건적 타인수용이다! 그러나 이 법칙은 싸움을 주로 나쁜 것으로 보고 있으며, 원하는 것을 다른 사람이 주지 않았다는 이유로 그들을 비난하는 것으로부터 싸움이 시작된다는 사실을 보지 못하고 있다.

18장 2절: "바보는 타인을 이해해 주는 즐거움은 모르고 자신의 의견을 표현하는 즐거움만 안다." 잘 보았지만, 계속 바보처럼 행동하는 사람도 전체적으로는 바보가 아님을 지적하지 못했다.

방금 인용한 금언과 이 금언에 대한 나의 해설을 토대로 어떤 결론을 이끌어낼 수 있는가? 첫째, 솔로몬 그리고 솔로몬의 말을 기록한 사람은 사람들의 자기비하와 타인비하 경향성을 정확하게 간파하고 있었고, 말을 하지 않음으로써 그리고 다른 사람을 기술적으로 비판함으로써 문제로부터 벗어나게 해주는 실질적인 방법들을 종종 추천

해 주었다. 솔로몬은 훌륭한 조정자였으며 정직한 비판이 치명적일
수 있음을 알고 있었다. 그래서 종종 솔로몬은 타인의 결점과 흠을
보기는 하되, 본인이나 제 3자에게 표현하지는 말 것을 권장했다. 이
것은 훌륭한 사회적 행동이다. 특히, 나쁜 행동을 한 사람들 중에서
다수는 방어적으로 자신의 잘못을 인정하지 않고 자기들을 비난하
는 사람들을 적대시하고 보복한다면, 더욱 그렇다.

따라서 타인의 '사악한' 혹은 '그릇된' 행동을 - 그 행동에 대해
말하지 않고 - 보는 것이 최선이다. 솔로몬의 금언을 쓴 저자가 때
로 알고 있었던 것처럼, 좀 더 철저하게 받아들어야 할 기술은 무조
건적 타인수용이라는 철학의 심오한 이점을 알고 사람들의 사악함
이 아닌 그들의 나쁜 행동을 철저하게 수용하는 것이다. 여러분은
**죄**가 아닌 **죄 지은 자**를 수용 - 솔로몬의 신 여호와는 종종 그렇게
하지 않았다 - 해야 한다. 나는 여호와가 중죄인이 달라지도록 도
와주기 <sub>때로는 행동치료에서 그렇게 한다</sub> 위해 벌주었다고 생각하지 않는다.
여호와는 벌을 주기 위해 죄인을 저주하기도 하고 단념하기도 했다.
여호와는 때때로 죄가 아닌 죄지은 자를 수용하는 기독교 관점을 따
르지 않았다.

솔로몬의 신 - 그리고 솔로몬 자신도 그랬을 것이다 - 은 대체
로 조건적 자기존종의 원리 - 즉 어리석게 행동하고, 자기를 비하하
고, 그 다음에 **좀 더** 어리석게 행동한다 - 를 따랐다. 앞에서 말한
것처럼, 여호와는 조건적 자기존중에 비해 무조건적 자기수용이 분
명한 장점을 가지고 있음을 알고 있었지만, 계속해서 조건적 자기수
용으로 되돌아 왔다. 이제 이런 사실을 안 여러분은 그렇게 하지 않

을 것이다.

그 시대에 한해서 솔로몬의 금언은 조건적 자기존중, 무조건적 자기수용, 무조건적 타인수용에 관한 몇 가기 핵심을 지적했다. 그러나 너무 모호하고 일관성이 없다! 그럼에도 불구하고, 기원 전 1000년경에는 매우 유효했다!

# 9장 노자: 겸손, 절제, 무조건적 수용의 철학

2000년 이상 전에 노자는 그 당시 많은 중국인들이 지나치게 경쟁적인 것을 보고는 『도덕경: 도와 덕의 선택Tao Teh Ching: The Choice of the Way and Its Virtue』을 썼다. 노자는 미덕이나 자연을 일관되게 따르는 이상적인 현자 혹은 군자를 만들어 놓았다. 백성들이 그 현자를 본받아 도 혹은 만물의 길 를 따르고 자신들의 진정한 본성을 깨닫는다면, 겸양의 미덕을 실천하고 광적인 경쟁을 피하며 다른 사람을 불쌍히 여길 것이라고 노자는 주장하였다. 노자의 가르침은 그 시대에 놀라운 것이었고, 전쟁으로 얼룩진 중국의 – 그리고 세상의 – 역사와 오늘날 자본주의적 모습을 띤 중국 사회를 고려할 때 더욱 놀라운 것이다. 오랜 세월에 걸쳐 도덕경은 다른 어떤 책보다도 아시아의 사상에 많은 영향을 주었으며, 오늘날에도 여러 나라의 많은 국민들에게 지대한 영향을 미치고 있다.

도교 철학의 일관된 주제는 심지어 타인들이 혐오스럽고 호전적으로 행동할 때에도 그들에 대해 평화, 관대함, 동정심을 갖도록 사람들을 가르치는 것이다. 따라서 우리는 도교에서 다음과 같은 무조건적 타인수용의 증거를 찾아볼 수 있다.

"다른 사람을 대할 때 부드럽고 친절하게 대하는 방법을 알아야 한다."(p.17)*

"사랑으로 세상을 다스릴 수 있는 사람만이 그럴 자격을 가지고 있다."(p.27)

"도 안에서 통치하는 방법을 알고 있는 사람은 무기로 세상을 지배하지 않는다." "너희는 결코 힘으로 다른 사람을 정복하려고 생각해서는 안 된다."(p.61)

"평화와 고요는 세상의 규준이다."(p.93)

"통치자와 그의 백성이 서로 해하지 않으면, 세상의 모든 이득이 그 나라에 쌓일 것이다."(p.123)

"적을 정복하는 가장 좋은 방법은 적과 싸우지 않고 이기는 것이다."(p.139)

---

*페이지는 John C. H. Wu가 번역한 Tao Teh Ching(Boston: Shambhla, 1961)의 책을 지칭함.

"현자가 다른 사람을 위해 살수록 그의 삶은 더욱 충만해진다."
(p.165)


그렇다면 노자는 분명히 무조건적 타인수용을 지지하고 있다. 그의 시적인 언어 때문에 노자가 무조건적 자기수용을 받아들이고 있는지 불분명하다. 그러나 노자는 우월성 추구에 대해 지속적으로 반대했다. 노자는 성공을 자랑하는 것을 매우 싫어했다. 노자는 "경주와 사냥이 사람의 마음을 병들게 한다"고 말한다(p.25). 노자는 말하길, "교활함을 버려라, 그러면 그 백성들이 백 배 더 많은 득을 볼 것이다."(p.39) 그는 "현자는 자랑하지 않는다"(p.45)라고 말했다. 그는 "네가 원하는 것은 네 몫을 효율적으로 지키는 것이다. 자기과장을 목표로 해서는 안 된다"고 말했다(p.61).

노자는 욕구need와 탐욕greed을 의미하는 욕망에 반대했다. 따라서 "현자는 무욕을 욕망한다."(p.121) 그러나 노자는 "성공하기 위해 지나치게 노력하지 말고 적절히 하라"고 말했다. 또한, 노자의 중요한 가르침 중에 "감히 세상에서 제 1인자가 되려고 하지 마라"(p.117), 현자는 "자기를 찬양하지 않는다"(p.147)는 말이 있다.

분명히 노자는 조건적 자기존중 즉, 자신의 좋은 행동 때문에 스스로를 좋은 사람으로 평가하는 것이 인간의 분명한 약점이며 무조건적 자기수용이 더 합당한 접근이라고 본다. 그러나 노자는 미덕을 갖추고 자연의 올바른 길을 따르는 것이 도 - 그리고 때로 그는 이것만이 사람들을 자기수용으로 인도할 유일한 것이라고 암시하고 있다 - 라고 강조했다. 이것은 조건적이다.

노자는 삶에서의 좌절에 대한 강한 인내력high frustration tolerance: HFT 을 옹호하고 있으며, "현자는 모든 극단, 과다, 무절제를 피하고" (p.59), "성숙한 사람은 … 외부 세계보다는 내면의 세계를 선호한다" (p.77)고 말했다. 노자는 또한 "모든 것을 쉽게 생각하는 자는 결국은 모든 것이 어렵다는 것을 알게 된다"(p.129)고 말하면서, 좌절에 대한 약한 인내력을 반대하고 있다. 그리고 노자는 자신의 혼란한 마음에 직면해서 무언가를 하라고 충고한다. "현자는 아픈 것을 싫어하기 때문에 아프지 않는다: 이것이 건강의 비법이다."(p.145)

노자가 무조건적 인생수용에 전적으로 이르지는 못했지만, 완벽한 삶을 살겠다고 불필요하게 스트레스를 받거나 긴장하지 말 것을 독자들에게 강조함으로써 그것을 암시하고 있다. 노자가 계속 주장한 것은 인생과 자연은 그 자체의 평화롭고 자발적인 길을 가지고 있다는 것이다. 따라서 여러분은 얻을 수 있는 것을 수용하고 채우지 못한 욕망에 대해서 불평하지 말라는 것이다. 흘러가는 대로 가면서 구할 수 있는 것만 구하라. 이 세상에는 자연스럽게 즐길 수 있는 행복이 너무나 많기 때문에, 자신을 미친 듯이 밀어붙이거나 다른 사람을 내칠 필요가 없다. 이런 철학으로 노자는 무조건적 자기수용과 무조건적 인생수용을 합리적으로 잘 옹호했으며 무조건적 타인수용을 놀라울 정도로 잘 옹호했다. 2000년 전에 이런 훌륭한 생각을 하다니 놀라운 일이다!

## 10장

**나사렛 예수와 자기존중**

아마도 조건적 자기존중CSE과 무조건적 자기존중USA에 대한 철학 중에서 가장 혼란스럽고 모순적인 철학은 신약성서에 나오는 예수의 말일 게다. 악행을 한 자에 대한 저주와 혹독한 처벌 – 우리는 이것을 조건적 타인비난conditional damnation of others:CDO이라고 부를 수 있다 – 에 대한 철학과 이와 상반되는 무조건적 타인수용UOA에 관한 철학도 마찬가지다. 예수의 말이 오락가락하기 때문에 그가 정말로 믿었던 것이 무엇인지 가늠하기 어렵다.

1953년에 개정된 표준판 신약전서에서 20쪽 정도를 차지하는 마태복음을 예로 들어보자. 그의 교의는 마가복음, 누가복음, 요한서에도 많이 들어 있다.

마태복음의 서두를 보면, 예수는 악마의 유혹에 저항하면서 "그때부터 '회개하라, 천국이 가까이 왔노라'고 설교하기 시작했다." 분명히, 하느님의 명령을 따르지 않는 자에게 고통이 따를 것이다Matt. 4: 10; 5: 3-10. 누가 옳고, 누가 신에 대한 믿을 가지고 있고, 누가 고통을 겪지 않고, 누가 하느님의 나라에 들어갈 것인가? 예수는 "영혼이 가난한 자", "고통 받고 있는 자", "땅을 물려받을 온순한 자", "정의에 굶주리고 목마른 자", "자비로운 자", "마음이 순수한 자", "평화의 수호자", "정의를 위해 박해 받은 자" 등이라고 대답했다.

분명히, 예수의 말에 따르면 하느님은 사람들에게 선한 행동을 요구하고 그의 규율을 따르는 사람에게는 큰 상을 내리지만, 영혼이 가난하지 않고 온순하지 않으며 정의롭지 못하고 자비롭지 못하며 마음이 순수하지 않고 평화롭지 못한 사람에게는 혹독한 벌 천국에서 추방하는 을 내릴 것이다. 이것은 분명히 조건적 타인수용COA이다. 사람들은 받아 마땅한 것을 받을 거라고 하느님과 예수는 말한다. 이것 또한 조건적 자기존중 — 하느님의 정의로운 규율을 따르면 좋은 사람이 되고, 그렇지 않으면 나쁜 사람 벌을 받아 마땅한 이 된다 — 이다. 매우 분명히!

인간의 인간성에 대한 이러한 이중 부정 신과 자기 자신에 의한 부정 은 마태복음에서 반복적으로 등장하고 있다. 조건적 타인수용에 대한 예수의 대표적인 예를 몇 가지 살펴보면 다음과 같다.

> 5장 19절: "이 계명 중 가장 사소한 것 어느 하나라도 제대로 지키지 않는 사람은 천국의 부름을 거의 받지 못할 것이다."
> 5장 22절: "네가 너희에게 이르노니, 형제에게 분노하는 자는 누구든 심판을 받게 되리라 … 그리고 '너는 바보로군!'이라고 말하는 자는 누구든 지옥 불에 떨어지리라."
> 5장 28절: "여자를 보고 음욕을 품는 자는 누구든 이미 마음 속

에서 그 여인을 간음한 것이다. 오른쪽 눈이 죄를 지었다면 그 눈을 빼어버리라. 몸 일부를 잃는 것이 몸 전체를 지옥에 던지는 것보다 낫다."

6장 52절: "칼을 사용하는 자는 모두 칼로 망하리라."

10장 34절: "내가 이 땅에 평화를 주기 위해 왔다고 생각하지 말라. 나는 평화를 가지고 온 것이 아니라 칼을 가지고 왔다."

12장 32절: "성령을 거역하는 자는 누구든 현세에 혹은 내세에 용서받지 못할 것이다."

18장 8절: "손이나 발 때문에 죄를 지었거든 그것을 잘라 던져버리라. 불구나 절음발이로 영생을 얻는 것이 두 손발을 가지고 영원히 불속에 던져지는 것보다 낫기 때문이다."

12장 11절: 한 남자가 결혼 예복을 입지 않고 결혼식장에 들어왔을 때, "임금이 시종들에게 '저 놈의 손과 발을 묶어 밖의 어둠속에 던져버려라. 거기에서 사람들이 울며 이를 갈리라'라고 말했다."


이밖에도 조건적인 타인수용의 예는 얼마든지 있다. 죄를 짓거나 죄 지을 생각 — 간음할 생각처럼 — 을 한 것만으로도 큰 벌을 받을 것이다. 이에는 이, 눈에는 눈. 오늘날 이상하게 보이는 부분은 실제로 모든 유태인과 이방인의 법이 지극히 징벌적이던 그 시대에 예수는 간혹 너무 너그럽고 관용적이었다는 점이다. 예수는 매춘부 마리아 막달레나를 완전히 수용했으며, 그녀의 희생으로 그리스도가 부활했다는 확신을 심어주었다. 또한, 예수는 많은 또 다른 상황에서 무조건적 타인수용을 옹호하고 보여주었다. 그런 예를 살펴보면 다음과 같다.

> 5장 38절: "누가 너의 오른 뺨을 때리거든 다른 쪽 뺨도 내어주라. 그리고 누가 너를 고소하여 너의 코트를 가지고자 한다면, 그에게 너의 망토도 가져가도록 해라."
> 7장 1절: "심판받지 않으려거든 심판하지 말라."
> 7장 12절: "남들에게 대접받고 싶은 그대로 너희도 그들을 대접하라."
> 19장 18절: "네 이웃을 너 자신과 같이 사랑하라."

한편으로는 심판하지 않고 관용적이면서도 다른 한편으로는 매우 징벌적이고 비난하는 예수의 이런 모순을 우리는 어떻게 해결할 수 있을까? 나는 정말 모르겠다. 예수의 신 여호와는 구약성서에 나오는 신으로, 눈에는 눈 이에는 이라고 명령을 내린 것은 아닌지 그리고 여호와를 믿는 사람들에게 호소하기 위해 예수가 이 규율을 따른 것이 아닐까라고 나는 생각한다. 또한, 예수는 심판을 내리고 폭력을 가하는 이방인에 둘러싸여 살았기 때문에 종종 그들에게 보복의 위협을 가해야 한다고 생각한 것 같다. 그럴 수 있다 하더라도, 예수는 우리에게 평화와 칼 중에서 선택할 권리를 주었다. 오늘날 진보적인 기독교인들은 수용과 용서를 선택하지만, 많은 극단적인 보수주의자들은 신의 심판과 저주를 선택한다. 빈번하게 예수의 위협과 예언은 판결을 내리는 것이었지만, 실제 그의 삶의 방식은 스트레스로 가득 찬 세상에서 매우 평화로웠다. 오늘날 달라이 라마의 삶과 비슷하다고나 할까.

또한, 조건적인 자기존중과 무조건적 자기수용에 대한 예수의 말은 모순적인가? 그렇다. 내가 아는 한, 그의 말에는 모순이 있다. 우선, 너희가 착하고 바르게 행하면 땅에서도 천국에서도 상을 받을 거라고 예수는 말했다. 그리고 이 장의 첫 번째 단락에서 내가 지적했듯이, 너희가 나쁜 짓을 하면 신과 예수를 비롯하여 타인들이 너희를 벌하고 비난 – 추측건대, 네가 적절한 행동을 선택할 수도 있고 부적절한 행동을 선택할 수도 있기 때문에 – 할 것이다. 그래서 너희는 하느님, 예수 그리고 사람들로부터 반드시 처벌 받고 모욕을 당할 것이다.

이것은 분명히 조건적인 타인수용에 이은 조건적 자기저주CSD와 조건적 자기존중이다. 다음은 조건적 자기수용의 몇 가지 예이다.


5장 48절: "따라서 하늘에 계신 너희 아버지가 완벽하듯 너희도 완벽해야 한다."

6장 24절: "너희가 하느님과 재물 둘 다를 섬길 수는 없다."

7장 6절: "나에게 성내지 않는 자는 축복받을 지니."

9장 8절: "진실로 너희에게 이르노니, 땅에서 얻은 것은 무엇이든 천국에서도 얻을 것이요, 땅에서 잃은 것은 무엇이든 천국에서도 잃을 것이다."

반면에, 예수가 사람들에게 말한 조건적 자기비난은 다음과 같다.

7장 26절: "어리석은 자자 모래위에 집을 지었는데, 비가 오고 홍수가 나고 바람이 불어 그 집이 크게 무너졌다."

10장 33절: "사람들 앞에서 나를 부인하는 자가 누구든, 나 또한 하늘에 계신 내 아버지 앞에서 그 자를 부인하리라."

10장 38절: "자기 십자가를 지고 나를 따르지 않는 자는 나를 따를 가치가 없는 자다."

13장 49절: "천사가 나타나 악인을 의인과 분리시켜 그들을 불화로에 던져버릴 것이요, 거기서 그들은 울며 이를 갈리라."

15장 4절: "하느님이 말씀하시길, '네 아버지와 어머니를 공경하라. 네 아버지나 어머니를 욕하는 자는 반드시 죽으리라'고 하셨다."

26장 24절: "사람을 배반한 자에게 화가 있으리라. 그 자는 태어나지 않았으면 더 좋았을 것이다."

26장 32절: "너희들 칼을 원래 있던 자리에 갖다 놓아라. 그 칼을 가져가는 사람은 누구든 그 칼로 멸망할 것이기 때문이다."

성서 전체를 통해 우리는 이러한 모순된 교의를 발견할 수 있다. 즉, (1) 정의롭고 예수와 하느님을 믿는 자는 분명히 좋은 상을 얻을 것이다. (2) 정의롭지 못하고 예수와 하느님을 믿지 않는 자는 이 땅에서 벌 받고 지옥에 떨어질 것이다. (3) 이 땅에서 정의롭고 적절하게 행동하면 조건적인 자기존중을 얻을 수 있다. (4) 정의롭지 못하고 부도덕하게 행동하면 인간으로서 무가치를 느낄 것이다. (5) 사람들은 여러분의 의로움과 선행 때문에 여러분을 인정하고, 여러분의 부정과 부적절한 행동 때문에 여러분을 인정하지 않을 -조건적 타인비난- 것이다. (6) 간혹 사람들은 여러분의 형편없는 행동에도 불구하고 여러분을 수용할 것이다 무조건적 타인수용. (7) 여러분이 형편없이 행동하고 타인들이 여러분을 거부할 때조차도, 여러분이 항상 자기를 수용할 수 있을지는 분명치 않다.

예수는 주로 조건적 자기수용과 조건적 타인수용을 옹호했다. 그러나 간간이 그는 사람들에게 무조건적 타인수용을 가르치기도 했다. 거의 모든 사람들이 부도덕하게 행동한 자기나 타인을 조건적으로 존중하던 그 시대에서 예수의 이러한 무조건적 타인수용은 사람에 대한 부분적인 수용이다. 예수가 철저하게 무조건적 자기수용과 무조건적 타인수용을 옹호하지는 않았다.

사람들이 무조건적 인생수용 및 좌절에 대한 강한 인내력을 갖도록 도와주는 것과 관련해서 예수는 거의 아무 언급도 하지 않았다. 욥의 경우와는 달리, 하느님은 예수에게 쓰라린 고난을 주지 않았고, 그의 믿음을 시험하지도 않았으며, 마지막에는 그에게 상도 주지 않았다. 예수는 훌륭한 삶을 살았다. 그리고 잔인하게 사형을 당했지만, 예수는 자신의 부활을 정확히 예언했다. 죽기 직전에, 예수는 "하느님, 나의 하느님, 왜 나를 버리시나이까?"라고 울부짖었다. 이것은 결국 예수가 욥과는 달리 주에 대한 믿음을 상실했음을 의미할 수도 있다. 그러나 정확하지는 않다. 부활한 후 예수는 제자들에게 말하길, "땅과 하늘에서의 모든 권능이 나에게 주어졌다. 그러니 가서 모든 나라에 신도들을 만들고 그들에게 아버지와 그 아들과 성령의 이름으로 세례를 주라."

욥의 경우처럼, 예수의 경우에도 주에 대한 믿음이 승리했고 모든 것이 잘되어 끝도 좋았다. 이것은 좌절에 대한 강인한 인내력HFT 혹은 무조건적 자기수용의 한 형태이다. 왜냐하면, 예수, 욥 및 또 다른 사람들은 하느님에 대한 믿음을 가지고 있으면서 하느님이 기적으로 그들을 악과 그 밖의 모든 것으로부터 구해줄 것을 알고 최악의 고통도 참을 수 있었기 때문이다.

놀라운 일이다. 핵심은 모든 권능을 지닌 신이 존재하고, 그 신은 사람들에게 절대적 믿음을 요구한 다음, 그들에게 놀랄 만한 도움을 제공해야 한다는 것이다. 여러분이 불가지론자이거나 무신론자라면 약간은 다를 것이다.

이와 반대로, 무조건적 인생수용이나 좌절에 대한 강한 인내력은 좀 더 실용적으로 다음과 같은 가정을 한다. 즉, (1) 수 세기 동안 불교에서 말해왔듯이, 여러분의 삶은 많은 역경을 가지고 있고 앞으로도 그럴 가능성이 매우 높다. (2) 여러분이 하느님을 굳게 믿으면, 하느님은 여러분이 역경을 잘 견디고 그 역경을 줄이도록 도와줄 것이다. (3) 하느님에 대한 여러분의 믿음 그 자체가 역경을 줄이고 역경에 잘 대처하는데 도움을 줄 것이다. (4) 여러분이 하느님을 믿지 않더라도, 여전히 역경을 **싫어**하면서도 **수용**해서 잘 다룰 수 있다 — 이런 선택은 역경에 대한 건강한 감정인 슬픔과 절망을 가져올 것이다. (5) 혹은 그 대신, 심각한 역경은 **절대 존재하지 말아야 하고**, 역경은 **끔찍**한 것이며, 자신은 **역경을 참을 수 없다**고 주장할 수도 있다. 이러한 관점은 대체로 절망, 심한 우울과 분노와 같은 불건전한 감정을 불러일으킨다. (6) 도움을 주는 하느님을 믿던 믿지 않던 간에, 여러분은 좌절에 대한 강한 인내력을 발휘하고 무조건적으로 자기를 수용할 수 있다. (7) 여러분의 선택에 달려 있다.

예수는 무조건적 인생수용의 문제점을 직접적으로 다루지는 않았지만, 솔로몬과 폴 틸리히 같은 다른 종교지도자들은 다루고 – 하느님을 믿어 만일의 경우에 대비하기 위해서 – 있다.

# 제 11~16 장

# Albert Ellis

# 11장 스피노자와 니체의 자기존중

고전적인 철학자 중에서 자기존중에 관해 영향력 있는 저술을 남긴 사람은 베네딕트 스피노자Benedict de Spinoza와 프리드리히 니체 Friedrich Nietzsche다. 스피노자와 니체를 명확하게 이해하기란 쉽지 않다. 스피노자는 거의 무신론자에 가까웠고, 독실한 신자들로부터의 박해를 피하기 위해 범신론을 택했다. 니체는 시인이며 대중을 일깨우는 선동가였고 자신의 견해를 재치 있게 반격하는 사람이었다. 그래서 니체가 던진 독설이 의미하는 바를 정확하게 이해하기란 쉽지 않다. 그렇지만 시도해 보자!

첫째, 스피노자의 윤리학 및 또 다른 중요한 저술들을 모두 수록하고 있는 『스피노자 읽기A Spinoza Reader』에서 그의 글을 인용해 보았다Spinoza, 1994.

"오직 사람들의 즐거움을 위해서 무언가를 해야 하는 그리고 무언가를 하지 말아야 하는 고통, 그것이 소위 야망이다."(p.168)

이 글에서 스피노자는 자기효능감을 좋게 말하는 것 같다. 그러나 타인의 이익에는 반하면서 자신만의 이익을 위해 자기효능감을 사용한다면, 여러분은 극단적으로 부당하게 명성을 쫓기 위해 자기효능감을 사용하는 것이다. 그러면 자기효능감의 미덕은 하나의 강박적인 위험으로 된다.

"마음이 마음 그 자체 그리고 행동을 유발할 수 있는 마음의 힘을 잘 고찰할 때, 마음은 즐겁다. 더욱 그렇게 함으로써 마음은 마음 그 자체와 행동할 수 있는 자신의 힘을 더욱 분명하게 생각할 수 있게 된다."(p.182)

자기효능감 – 제대로 평가하면 – 은 유익하고 더 많은 힘을 유발한다.

"자신을 고찰할 때 생기는 기쁨을 자기사랑 혹은 자기존중이라 한다."(p.182)

자기존중이 여러분의 능력에 대한 객관적 평가의 결과라면 위 글은 적합하다. 그러나 여러분이 자신의 자기존중을 과도하게 추구하여 다른 사람과의 갈등을 야기한다면 위 글은 부적절하다. 스피노자는 "통상적인" 자기효능감이 정확히 자기존중을 가져온다고 말하는 것 같지만, 솔직한 자기무능감이 자기겸시를 유발하고 그래서 불안을 야기한다는 것을 지적하지 못한다. 자신의 자기효능감이 얼마나 공정한 것이든 간에, 여러분은 "자기효능감은 나를 **더 훌륭한** 사람으로 만들기 때문에, 나는 **효능이 있는 사람이 되어야 한다**"고 여전히 말한다.

"자부심은 자기사랑의 한 정서이거나 속성이다. 따라서 자부심을 − 자부심이 사람들로 하여금 자신을 실제보다 더 높게 생각하도록 만든다면 − 자기에 대한 사랑 혹은 자기존중으로 정의할 수 있다." (p.192)

스피노자가 위 글에서 의미하는 바에 따르면, 여러분이 자신의 자기self를 사랑한다면, 자신의 어느 **한 부분**만이 효능적일 때조차도 자기 전체를 사랑하는 것이 합당하다는 것이다. 그 다음, 자신이 효능적이지 않다고 생각하면 즉, "이런 저런 것들을 못할 거라고 생각하는 한, 그 당사자는 그것을 하겠다고 결심하지 않음으로써 결과적으로 그것을 하지 못한다"라고 스피노자는 지적한다. 스피노자는 여러분의 예언이 − "나는 테니스를 잘 할 수 없다" − 자기 충족적으로 되어, 여러분으로 하여금 테니스를 잘 못 치게 **만든다는 것**을 매우 잘 알고 있다. 또한 자신이 테니스를 잘 쳐야 한다고 생각할 때 잘 못 치면, 여러분은 자신의 테니스 능력뿐만 아니라 자기 전체를 비난할 것이라고 스피노자는 예언할 수도 있었다. 성공에 따른 자기존중은 실패에 따른 자기경시를 **암시한다.** 스피노자는 자기존중이 자기비난을 내포하고 있다는 사실을 매우 잘은 아니지만 거의 알고 있는 것 같다.

"사랑과 욕망은 과도할 수 있다."(p.223)

"정상적인" 사랑과 욕망은 좋지만, (1) "나는 이겨야만 해!" (2) 나는 훌륭한 사람이 되기 위해 이겨야만 해" 등 너무 많은 것을 얻고자 욕망한다면, 그러한 사랑과 욕망은 나쁘다고 스피노자는 말하는 것 같다. 없앨 수 없는 과도한 욕망은 자신의 성공을 **너무** 높게 평가하는 반면, 자신의 **수행**과 **자기**를 너무 낮게 평가하는 결과를 초래한다. 스피노자는 성공에 대한 여러분의 욕망이 성공에 대한 극단적인 (지나친) 욕구로 바꾼 경우를 얘기하는 것처럼 보인다. 그 때, 여러분의 **궁핍함**neediness은 욕망을 필수적인 것으로 보게 만들고 그래서 잠정적으로 **자기**비하를 가져온다. 여러분이 성공과 승인을 바라지만 결코 필요로 하지는 않는다면, 실패 때문에 결코 무가치해질 수는 없다. 그러나 여러분은 너무나 쉽게 사랑을 **필요로 하고,** 그래서 사랑을 얻지 못하면 자신의 수행뿐만 아니라 **자기를** 미워할 수 있다.

"수치심은 숨길 수 없는 그런 것에만 상처를 준다."(p.242)

여러분이 자신의 행위를 정직하게 수치스러워하면, 그 행위에 대해서는 통탕해 하겠지만 자기를 수치스러워 하거나 비난하지는 않을 것이다. 왜냐하면, 여러분이 "나는 잘못했어, 그래서 그것을 한 것이 슬퍼"라고 스스로에게 말하겠지만 합리적-정서적-행동 치료에서는 이것을 **건강한** 부적 감정이라고 부른다, "나는 **절대로 해서는 안 될** 나쁜 짓을 했어, 그래서 나는 나빠"라고 스스로에게 **가혹하게** 말하지는 않을 것이기 때문이다. 여러분이 자신의 **실수를** 기꺼이 인정하면, 그 실수를 나쁜 것으로 규정하겠지만, 자기 자신을 해서는 안 될 **실수를 저지른 나쁜** 사람으로 규정하지는 않는다. 실수하고 싶지 않다는 욕망은 고수하면서도 완벽해야 한다는 요구를 포기하면, 여러분은 자신의 자기 self가 아니라 실수를 나쁜 것으로 받아들이게 된다. 반복하지만, 잘하고 싶어는 하지만 그것에 집착하지 않는다면, 여러분 혹은 여러분의 "죄"가 사면되지는 않겠지만 자신의 **자기**혐오는 없어질 것이다.

"축복은 미덕의 대가가 아니라 미덕 그 자체이다. 우리가 자신의 욕망을 억제하기 때문에 미덕을 즐기지 못한다. 이와 반대로, 우리가 미덕을 즐기기 때문에 욕망을 억제할 수 있다."(p.204)

여기에서 스피노자는 즐기는 것과 미덕을 고상한 것으로 -일종의 물자체thing-in-itself로 - **정의한다.** 그러나 우리는 "미덕"이 무엇인지 사회적으로 학습한다. 그 다음 우리가 그런 가르침을 따르면, (1) 자신이 행동한 것 혹은 행동하지 않은 것 을 좋아하고 (2) 미덕을 행한 **자신**을 과잉일반화하여 좋아한다.

바로 앞의 글에서 우리는 몇 가지를 추측할 수 있다. 즉, 스피노자는 자기효능감, 자기존중, 자기수용을 처음으로 고찰했을 수 있고, 사람들이 자신의 효율성을 지나치게 그리고 일반화해서 좋아하거나, **자기**를 좋아하기 위해서 효율성을 과도하게 좋아할 때의 문제점을 알고 있었던 것 같다. "그것이 불합리할 정도"로 극단적이지 않는 한, 스피노자는 "정상적인" 자기존중과 자기경시를 반대하지 않았다.

그러나 나는 스피노자가 자기존중과 자기경시의 모든 해악을 분명히 알고 있었는지 궁금하다. 특히, 총체적 자기평가에서 비롯되는 불안의 해악을 잘 알고 있었는지 궁금하다.

무조건적 자기수용UOA의 성취에 관해서 스피노자는 어느 정도 분명하다. 『스피노자 읽기A Spinoza Reader』에 나오는 다음의 글을 살펴보자.

"다른 사람에게 악행을 하려는 노력이 분노다. 그 악행을 되갚아 주려는 노력이 복수다."(p.176)

"증오는 주고받으면서 커지지만 사랑을 통해 없어질 수 있다." (p.177)

누군가 여러분을 해칠 때, 분노와 복수 모두 여러분이 **선택**할 문제다. 여러분은 이러한 해악을 우아하게 **수용**하고 사랑하겠다고 선택할 수도 있다. 여러분은 증오의 감정을 어느 정도 **조절**할 수 있다.

"우리는 자연의 일부로, 다른 개체 없이 자체만으로는 스스로를 상정할 수 없는 그런 존재이다."(p.239)

추측건대, 우리의 본성은 세상 속에 존재하고 타인과 함께 존재하도록 되어 있다. 그래서 우리는 개인적 존재와 사회적 존재 들 다를 동반한 삶을 사는 것이 낫다.

"같은 종의 다른 개체들보다 의견이 더 일치하는 것은 없다."(p.240)

여러분은 다른 사람들 - 그리고 다른 동물일 수도 있다 - 과 사이좋게 지내는 자신만의 이유가 있다.

"일반적으로 인간은 모든 일을 자신의 욕망에 따라 처리하지만, 그럼에도 불구하고 공동사회를 형성하는 것은 단점보다 이점이 더 많다."(p.241)

스피노자는 무조건적 타인수용의 실질적 이점을 분명하게 알고 있었다. 나는 이런 것을 그보다 3세기나 늦게 알았다!

"외부에 있는 것들을 우리의 용도에 맞게 조절할 수 있는 절대적 힘이 우리에게는 없다. 그럼에도 불구하고, 우리의 요구에 반해 발생하는 그러한 것들을 우리는 조용히 인내하게 될 것이다."(p.244)

위 글에서 스피노자가 무조건적 타인수용뿐만 아니라 무조건적 인생수용을 채택하고 있음을 알 수 있다.

종합하면, 스피노자는 무조건적 자기수용, 무조건적 타인수용, 무조건적 인생수용의 기본원리를 세세한 것까지는 아닐지라도 파악하고 있었다. 17세기에 이렇게 한 것은 매우 훌륭하다.

19세기말에 니체도 무조건적 자기수용, 무조건적 타인수용, 무조건적 인생수용의 몇몇 측면에 관해서 매우 훌륭한 일을 했다. 그러나 니체가 시적인 외침을 통해 정말로 주장한 것이 무엇인지는 분명치 않다. 월터 카우프만Walter Kaufmann이 번역한 『휴대용 니체The Portable Nietzsche, 1959』에서 발췌한 글의 일부를 살펴보자.

"여러분에게 이웃 사랑을 권할까요? 이웃을 넘어 더 멀리까지 사랑하라고 좀 더 일찍 권했어야 했는데."(p.173)

그 당시 별로 사이가 좋지 않았나 보다!

"초인이 살아있기를 바라는 지금 모든 신은 죽었다!"(p.191)

위 글은 확실히 그 당시 규범을 벗어난 용기 있는 말이었다. 그러나 초인 개념은 전적으로 우월성을 추구하고 있으며 비민주적인 개념이다.

"복수의 마음과 분노로 이를 가는 것을 모르는가?"(p.253)

이 말은 분노에 반대하고 추측건대 무조건적 타인수용을 찬성하는 것 같다.

"통치에 대한 욕망: 고지식한 것 중에서도 가장 고지식한 병이다."(p.300)

추측건대, 니체는 정복을 통해 얻는 극단적인 자기존중을 반대한 것 같다.

"실제로 나는 간음했고 그래서 결혼생활이 깨졌지만, 첫 번째 나의 결혼생활이 나를 파멸시켰다."(p.322)

결혼은 너무나 제약적이다. 그래서 간음할 만하다. 왜 타협하지 않는가? 이 말은 정확히 무조건적 타인수용은 아니다.

"오, 나의 모든 요구 모든 필요가 없어질 것이다."(p.326)

아마도 −확실치는 않다− 니체는 여러분이 필요로 하지는 않으면서 원하는 것이 더 낫다고 말하는 것 같다. 그러면 여러분은 강한 의지를 갖고 있으면서도 여전히 자유로울 수 있다. 강한 욕망은 괜찮다. 그러나 필요는 불안을 야기하는 결함을 갖고 있다.

"무엇이 나쁜가? 그러나 나는 이 질문에 대해 약하고, 시기하고, 복수심이 많게 태어난 모든 것이라고 말해왔다."(p.646)

힘과 능력은 좋은 것이고, 그래서 추측건대 성취 및 성취에 대한 자기존중도 좋은 것이다. 조건적 자기존중이 승리하는 것처럼 보인다.

종합하면, 니체는 뒤섞인 보따리를 내놓았다. 니체는 많은 반대에도 불구하고 용감하게 저항했고 자신이 옳다고 생각하는 것을 위해 싸웠다. 그러나 그는 종종 취약한 수행 때문에 자기 자신과 다른 **사람들**을 비난하곤 했다. 그리고 그는 분노와 복수를 반대했지만, 사람들을 조롱하고 폄하하는 것을 지지했다. 니체는 자기효능감을 선호했으며 그것이 여러분을 좋은 **사람**으로 만든다고 강력하게 암시했다. 니체는 자기와 타인에 대한 무조건적 수용을 전혀 알지 못했다. 권력투쟁은 무조건적 자기수용 및 타인수용을 소멸시킨다. 니체의 번역가이며 후원자인 월터 카우프만은 니체를 자칭 경험주의자이지만 상당 부분은 낭만주의자라고 묘사했다. 니체의 사실주의와 낭만주의는 종종 대립함으로써, 그는 철저한 계몽주의자가 되려고 노력했으나 실패했다. 혹은 절반은 성공했다.

흥미롭게도, 니체처럼 칼 로저스도 낭만주의자였고 정직을 신봉했으며 사람들이 결국에는 정직하게 정의로워질 것으로 생각했다. 그러나 자기와 타인에 대해 정직한 평가를 내리기보다는 리더나 치료자가 자기를 사랑했기 때문에 타인의 인정과 수용을 필요로 하는 인간의 강력한 경향성을 니체와 로저스는 부분적으로 무시했다. 중요한 타인이 여러분을 완전히 수용하지 않을 때조차도 여러분은 자신을 수용할 수 있다는 점을 니체와 로저스는 잘 보지 못했다. 이처럼 교묘한 – 그리고 전적으로 정직한 – 비법을 그들은 생각하지 못했다!

# 12장 쇠렌 키에르케고르와 자기존중

쇠렌 키에르케고르Søren Kierkegaard는 스스로를 불안하게 만드는 천재적 재능을 가지고 있었다. 그는 자신의 문제를 드러내기는 했지만, 그것을 오직 하느님과 기독교에 대한 독실한 신앙으로 해결했다. 내가 말하고 싶은 것은 그의 이런 방법이 우아하지 못하다 – 특히 나와 같은 무신론자에게 – 는 것이다. 그러나 불안에 대한 그의 놀라운 성찰은 몇몇 선구적자인 실존주의적 관점을 제시했다. 그는 또한 본보기가 될 만한 삶을 살았는데, 비록 무조건적 자기수용USA에 거의 도달하지 못했지만, 대체적으로 무조건적 타인수용UOA에는 도달했다.

임상적인 수준에 준하는 그의 두 걸작 『공포와 전율Fear and Trembling, 1843』과 『죽음에 이르는 병The Sickness Unto Death, 1848』을 면밀히 검토해보면, 무조건적 자기수용 및 무조건적 타인수용과 관련이 있는 불안과 절망에 관한 다음과 같은 글을 발견할 수 있다.

"내가 영원히 유효하다는 것을 나는 무한한 체념 속에서만 분명히

알게 된다. 그런 다음에야 나는 신앙을 통해 존재를 확보할 수 있는 가의 질문을 할 수 있다."(p.59)

키에르케고르는 『공포와 전율』에서 아브라함Abraham이 직면한 매우 어려운 딜레마 즉, 아들 이삭Issac을 제물로 바치라는 하느님의 명령에 복종할 것인지 아니면 사랑하는 아들을 구하고 하느님을 배신할 것 인지에 대해 이야기하고 있다. 50년 후 하느님은 딸만 있는 사라Sarah 에게 기적적으로 아들을 임심하게 함으로써, 제물로 바친 아브라함 의 아들을 되돌려주었다. 또한, 키에르케고르는 레지나Regina에 대한 자기의 모든 사랑을 단념해야 하는 개인적으로 커다란 문제도 제시 하고 있는데, 레지나는 그를 배반하고 다른 남자와 결혼했다.

이 두 경우에 키에르케고르는 아브라함뿐만 아니라 본인으로 하 여금 절대적 신앙심을 갖도록 만듦으로써 그 딜레마를 해결한다. 그 래서 아브라함은 신에 대한 믿음을 따르게 되고, 키에르케고르는 레 지나를 - 신의 노여움을 샀을 경우 느낄 죄책감도 - 포기했다. 이것 은 나에게 책임회피로 보인다. 쇠렌 키에르케고르가 진정으로 무조건 적 자기수용을 성취했다면, 그는 스스로에게 다음과 같이 말했을 것 이다. 즉, "하느님은 존재하고, 나는 그에 대한 질대적 신앙심을 가지 고 있으며, 하느님은 내가 무엇을 하든 상관없이 모든 일이 잘되도록 할 것이다. 그래서 내가 하느님을 노하게 만들어도, 나는 내 자신의 잘못된 선택을 항상 수용하고, 나의 **행위**가 잘못이지 그런 일을 한 내가 비난받아야 할 사람은 아니다. 그래서 아브라함과는 달리, 내 가 이삭을 구하고 하느님을 노하게 만들더라도 이런 잘못을 저지른

나 자신을 여전히 수용한다. 그리고 다른 사람이 아닌 바로 나 자신으로서 나는 레지나를 포기한다. 아마도 어리석은 짓일지도 모른다. 그러나 나는 이런 바보 같은 '훌륭한' 행동을 한 내 자신을 수용할 것이다."

그런 식으로 키에르케고르 ─ 그리고 아브라함도 ─ 는 실제 무엇이든 할 수 있었고, 자신의 잘못에 대해 여전히 죄책감을 느끼면서도 스스로를 비난하지는 않을 수 있었다. 키에르케고르는 어떤 식으로든 **항상** "옳고" "관대한" ─ 하느님이 아브라함에게 이삭을 제물로 바치라고 잔인하게 요청했을 때 그리고 키에르케고르가 레지나를 얻기 위해 한 번 더 시도하지 않고 포기라는 어리석은 선택을 했을 때조차도 ─ 기독교 하느님을 절대적으로 믿음으로써 이 문제를 교묘하게 해결했다.

여기에서 우아한 실존적 선택은 잘못을 저지르지만 **결코** 자신을 비난하지 않는 것이다 ─ 이것이 무조건적 자기수용이다. 하느님과 기독교에 대한 믿음은 가정하기를, 하느님은 실제로 어떠한 잘못도 범하지 않고, 아브라함이나 키에르케고르의 죄를 용서하지는 않지만 죄를 지은 사람들을 받아들이며, 인간들이 어리석게도 잘못된 선택을 할 때조차도 기적적으로 모든 일이 제대로 되도록 만든다.

순수하고 우아한 무조건적 자기수용은 어떠한 대가를 치르더라도 당사자를 수용한다. 왜냐하면 그것이 혹은 그 사람이 그렇게 하기로 결정하기 때문이다. 키에르케고르의 무조건적 자기수용처럼, 믿음에 따른 무조건적 자기수용은 어떤 희생을 치르더라도 하느님을 믿는 당사자를 수용한다. 하느님이 오류를 범하거나 가학적일 때조차도 그렇다. 키에르케고르의 해법은 우아하지 못하다. 왜냐하면 전지(全知)한 하느님이 존재하고, 그런 하느님이 실수를 범할 수 있지만 결코 비난받을 수는 없다고 근거 없이 가정하기 때문이다. 좀 더 인간적인 무조건직 자기수용은 이런 두 가지 가정을 필요로 하지 않지만, 키에르케고르의 무조건적 자기수용은 정당성 없는 두 가정을 설정하고 있다.

"윤리적인 것은 그 자체로 보편적이고, 보편적인 것으로서 모든 사람에게 적용된다. 윤리적인 것은 매 순간 적용된다."(p.64)

절대적 신앙심을 지닌 키에르케고르는 이런 주장 때문에 곤란한 상황에 처하게 된다. 윤리적인 것이 보편적이고 매 순간 모든 사람에게 적용된다면, 우리 인간에게는 옳고 그름에 대한 선택권이 없다. 일단 윤리적 규칙이 만들어지면, 우리는 그 규칙에 따라 옳거나 옳지 않아야 한다. 우리는 이 규칙에 따를 것인지의 여부를 선택할 수는 있지만, 이 규칙에 대하여 논쟁할 수는 없다. 그래서 우리는 항상 옳거나 틀리다. 알프레드 코르지프스키가 말했듯이, 이것은 터무니없는 과잉일반화이다. 인간은 살아가면서 다양한 서로 다른 조건 속에서 수많은 행동을 한다. 따라서 절대적 윤리란 - 천사와 신을 제외하고 - 있을 수 없다. 아브라함이 **하느님의 요구**에 따라 이삭을 죽였다면, 아브라함은 이런 조건 하에서는 항상 옳고 윤리적이다. 따라서 아브라함에게는 전혀 윤리적 문제가 없다 그러나 다른 조건 - 예컨대 아브라함이 이삭의 외모를 싫어해서 그를 죽였다면 - 하에서는 아브라함이 매우 잘못이라고 말할 수 있다. 윤리는 그것을 옳거나 틀린 것으로 **만드는** 조건을 반영해야 한다. 그러나 모든 것이 그렇듯이, 조건은 항상 변화한다. 조건은 보편적이지 않고 보편적일 수도 없다. 그래서 아브라함은 자신이 믿는 하느님의 조건에서는 하느님의 말을 따라 이삭을 제물로 바치는 것이 더 낫다. 그가 어떻게 다른 조건을 만들 수 있겠는가? 방법이 없다. 해결책은 이삭을 제물로 바치는 것으로 정리하는 것이다.

아브라함이 이삭을 **지극히 사랑한** 조건은 매우 심오하지만 보편적인 조건은 아니다. 이 조건은 **특수한** 선택된 하나의 조건이다. 그래서 이러한 윤리적 규칙에 따르면, 이 조건은 **바람직**하지만 **보편적**이지는 않다. 그건 그렇고, 아브라함이 개인적으로 이러한 선택을 했기 때문에 이삭도 불쌍하고 아브라함도 불쌍하다. 그러나 이 조건이 개인적일 뿐 보편적이지 않다면, 이삭을 이해하라!

물론 우리는 "아버지는 어떤 조건에서도 자기 아들을 죽여서는 안 된다"는 또 다른 보편적인 규칙을 만들 수 있다.

이제 우리 – 분명히 아브라함은 – 는 정말 곤란한 상황에 처할 수도 있다. 왜냐하면 (1) "하느님의 명령에 항상 복종해야 한다" (2) "아브라함은 절대로 자기 아들을 죽여서는 안 된다"는 두 가지 보편적인 규칙이 대립하고 있기 때문이다. 여기에는 해결책이 없다!

이것은 윤리의 보편적 규칙은 항상 지켜져야 하고 다른 보편적 규칙들과 절대로 충돌해서는 안 된다는 것을 증명하는 것 같다. 이제 우리는 어디로 가야 하는가? 아무데도 갈 곳이 없다.

분명히 우리는 윤리적 규칙 – 때로는 엄격한 규칙 – 을 가지고 있는 것이 낫다. 우리가 규칙을 만드는 이유는 그것이 손해보다는 더 많은 이로움을 줄 거라고 생각하기 때문이다. 그리고 때에 따라 혹은 조건에 따라 우리는 규칙을 수정하거나 제거하는 것이 좋다. 그렇지 않으면, 키에르케고르의 경우처럼 - 거의 답이 없는 - 많은 문제가 발생한다. 무조건적 자기수용, 무조건적 타인수용 및 무조건적 인생수용을 구상하고 추구할 때의 장점은 이러한 개념들이 윤리적인 문제를 최소화하고 - 되도록이면 그래야 한다 -, 그런 문제에 대해 훨씬 더 용이한 해결책을 제시한다는 점이다. 키에르케고르는 무조건적 수용이라는 개념을 충실히 따르지 않았기 때문에, 계속해서 윤리적 문제에 부딪친다.

"아브라함은 불합리하게 행동한다. 왜냐하면 구체적인 존재인 자신이 보편적인 것보다 더 높은 수준에 있다는 것은 분명히 불합리하기 때문이다."(p.67)

실제로, 보편적인 것은 불합리하고, 실제로 존재하지도 않으며, 엄격하게 따를 수도 없다. 보편적인 것을 다음과 같은 것으로 바꾸어 보자. 즉, "많은 조건 하에서 몇몇 일반적인 도덕적 규칙을 제정할 수도 있고 따를 수도 있으며, 종종 그러한 규칙은 해롭기보다는 이롭다. 그러나 그러한 규칙을 **엄격하게** 혹은 **보편적으로** 따라서는 안 된다. 어떤 때, 어떤 조건 하에서 해악보다는 이득을 더 많이 주는지 판단하기 위해, 그러한 규칙을 **잠정적으로** 만들어놓고 조심스럽게 따라야 한다."

『죽음에 이르는 병』을 살펴보면, 키에르케고르가 자신의 불안과 절망에 관한 문제를 종교적으로 해결하는 또 다른 예를 찾아볼 수 있다. 아래에 그의 생각과 이에 대한 나의 논평이 있다.

"기독교 세계 밖에 사는 사람 중에 절망하지 않는 사람은 없다. 기독교 세계에 살고 있는 어느 누구도 진정한 기독교인이 아닌 이상 절망하지 않을 수 없다. 그리고 신앙심이 독실하지 않은 사람은 결국 어느 정도 절망한다."(p.155)

절망이 보편적인 것 같고, 진정한 기독교 세계만이 절망을 제거할 수 있다 – 아마도! 이것은 순환적 사고 같다. 우리 모두의 뒤에 있는 힘은 기독교에 대한 믿음 – 믿음 없이 우리는 절망한다. – 이다. 드물기는 하지만 오직 순수한 기독교적 믿음만이 우리를 구원한다. 그러나 인간의 본성은 의심 – 그리고 자신의 의심을 의심 – 하는 것이다. 우리가 절망하는 것은 놀라운 일이 아니다.

"절망은 … 매우 보편적이다."(p.159)

그러나 키에르케고르는 위 글 뒤에 "여러분이 그렇다고 믿는다면, 그리고 자신이 원하는 것을 반드시 가져야 하고 **절대로** 절망을 **경험해서는 안 된다고 요구**한다면"이라는 말을 잊고 덧붙이지 않았다. 키에르케고르는 절대적인 "당위musts, shoulds, oughts"가 절망을 **야기한다**는 것을 지적하지 않았다. 아마 여러분이 선호하는 것에 충실하면, 이러한 당위 없이 살 수 있다.

"신의 계시를 통해 무엇이 죄인지 배운 후에, 자기 자신이 되지 않으려는 것에 절망한 채 하느님 앞에 있거나, 자기 자신이 되려는 것에 절망한 채 하느님 앞에 있는 것이 죄다."(p.227)

여러분은 이길 수 없다! 하느님이 여러분에게 할 것과 하지 말 것을 말하고, 여러분은 자기 자신이 될 것인지 아닌지를 선택해야 할 때, 여러분은 고민하게 된다. 하느님이 여러분에게 너 자신 − 그것이 무엇이든 − 이 되라고 요구하고 여러분은 이런 요구에 '네' 혹은 '아니오'로 대답하더라도, 하느님은 여러분을 받아주지 않을 것이다. 그러나 여러분이 하느님에 대한 절대적 믿음을 가지고 있다면, 여러분은 이길 것이다. 어떻게 그럴 수 있는지 나는 확신할 수 없다!

"그 자체itself를 그것의 자기self와 연결함으로써 그리고 기꺼이 그 자체가 됨으로써, 자기는 그것을 구성하는 하느님의 힘Power에 기초하게 된다. 그리고 앞에서 여러 번 지적했듯이, 이 공식은 신앙에 대한 정의이다."(p.262)

우리가 이 문제를 풀 수 있는지 생각해보자. (1) 하느님은 여러분이 믿음을 갖도록혹은 갖지 않도록 만들 수 있는 초월적 힘을 갖고 있다. (2) 하느님이 원하는 것은 여러분이 하느님과 하느님의 힘에 대해 전적으로 믿는 것이다. (3) 여러분이 하느님에 대한 믿음을 선택하면, 믿음은 여러분에게 자기 자신이 될 수 있는 힘 − 하느님의 힘 −

을 준다. (4) 그 다음, 믿음 덕분에 여러분은 어떤 식으로든 절망하지 않고 살아갈 수 있다. 그래서 여러분은 자기 자신(하느님의 허락을 받은)이 되고, 하느님에 대한 신앙은 여러분을 (a) 옳든 그르든 자기 자신이 되게 해주고, (b) 절망으로부터 자유롭게 해준다. (5) 마침내 모든 것이 좋게 끝난다 - 추측건대 여러분이 믿음으로 뛰어드는 모험을 선택하여, 여러분이 자기 자신이 되고 훌륭한 동반자 즉, 신을 얻었기 때문이다.

나는 여러분이 오류를 범할 수 있는 자신 그리고 동시에 신과 같은 존재가 될 수 있다고 - 그러나 어떻게 그렇게 될 수 있는지는 확신할 수는 없다 - 생각한다. 그러나 여러분이 신처럼 될 수 있다는 충분한 믿음을 가지고 있으면, 여러분은 이러한 기적을 가져올 수 있다. 함정! 그럴 수 있다. 단지 여러분이 기적적인 믿음을 가고 있을 경우에만 이런 기적을 이룰 수 있다. 믿음에 대한 여러분의 선택이 자신에게 이런 기적을 가져다 준다. 그렇지 않으면, 여러분은 자기 자신, 하느님, 우주와 심각한 모순에 빠진다.

이제 모든 기적을 포기하고 합리적-정서적-행동 치료를 사용하면, 여러분은 다음과 같은 자신의 문제를 해결할 수 있다. (1) 자기 자신이 그리고 하느님도 모순적인 목표와 가치를 가지고 있음을 알기 때문에, 여러분은 그 중에서 더 좋거나 덜 나쁜 것을 선택한다. (2) 자신의 선택이 잘못될 - 많은 단점을 가지고 있을 - 수 있지만, 그래도 여러분은 선택을 한다. (3) 하느님이 있다면 그도 모순적이고 오류를 범할 수 있기 때문에, 여러분의 좋은 선택과 나쁜 선택 그리고 하느님 자신의 선택 을 모두 수용해준다고 여러분 자신이 결정한다. (4) 그래서 여러분과 하느님 모두 여러분의 한계를 받아들이고, 한계를 지닌 여러분을 무조건 수용하기로 결정한다. (5) 왜? 여러분의 목표가 무조건적 자기수용이고, 결과적으로 − 자신과 자신의 하느님을 − 비난하지 않는 것이기 때문이다. 여러분이 이러한 목표에 도달하는 유일한 방법은 누구든 비난하지 않는 것이다. (6) 그래서 여러분은 자신이 생각하기에 좀 더 좋고 좀 덜 나쁜 것을 선택하여 그렇게 사는 것이다. 여러분은 자신의 선택 때문에 고통을 겪을 수는 있지만, 바보처럼 동전을 잘못 던져 그런 고통을 겪는다고 자신 혹은 하느님 을 저주하지는 않을 것이다. 여러분은 자신의 잘못된 선택과 더불어, 자기 자신, 하느님 그리고 우주를 수용한다. 여러분은 자신의 실수를 싫어하지만, 그것 때문에 어느 누구도 비난하지는 않는다.

앞에서 언급한 단계들을 거치면서 여러분은 무조건적 자기수용, 무조건적 타인수용, 무조건적 인생수용을 선택한다. 그럼으로써 여러분은 확실성과 완벽성을 포기한다. 그리고 여러분은 합리적으로 행복한 삶을 영위한다. 불완전하게!

여러분이 일종의 신을 간직하고자 한다면, 신을 어느 정도 오류를 범할 수 있는 존재로 재정의함으로써, 그렇게 − 물론 그렇게 하지 않아도 된다 − 할 수 있다. 나는 신이 그렇다고 생각한다. 여러분이 신 없이 살고자 한다면, 불완전, 오류 가능성, 불확실성 − 그래서 자기 자신 − 에 대한 믿음을 계속 유지할 수도 있다.

창세기에서 아브라함은 신의 명령에 따라 아들 이삭을 죽이든지 혹은 신을 반역하든지 둘 중의 하나를 선택할 수 있었다. 그는 아들을 죽이기로 결정했다. 하느님은 그의 믿음을 정말 시험해 보고자 했는데, 아브라함이 하느님에 대한 남다른 믿음을 그런 행동으로 보여줌으로써, 하느님은 그의 행동 **의도**intention가 큰 믿음에서 나온 것이라고 생각해서 그를 굴레로부터 벗어나게 해 주었다.

하느님 및 그 잔인한 딜레마에 대한 아브라함의 지각에 따르면, 이삭을 죽이기로 한 그의 결정은 합리적이다. 왜냐하면, (1) 하느님은 힘을 가지고 있고 이삭을 제물로 바치지 않을 경우 자신을 벌하거나 죽일 수도 있다는 것을 아브라함은 알고 있다. 그는 하느님의 계명에 대해 **믿음**을 가지고 있었다. (2) 아브라함은 이삭을 지극히 사랑하지만, 자신의 삶을 아마도 조금 더 사랑한다. (3) 아브라함은 잔인한 하느님을 전적으로 수용한다. (4) 아브라함이 이삭을 구하기로 결정하면, 하느님은 당연히 아브라함을 죽이고 이삭도 죽일 것이다 – 가능성이 높다! 그래서 아브라함은 자신이 생각하기에 좀 덜 나쁜 선택을 함으로써 분별 있게 행동했다. 다행스럽게도 그런 선택이 좋은 것으로 판명 났다!

그러나 하느님은 심각한 정서적 문제를 갖고 있다. 즉, (1) 하느님은 아브라함의 믿음을 원할 뿐만 아니라 **절대적으로 필요로 한다.** 하느님은 불안하다! (2) 아브라함이 하느님에게 필요한 믿음을 바치지 않았다면, 하느님은 아브라함을 잔혹하게 죽일 수도 있다. (3) 하느님은 아브라함을 정말 죽일 의도는 없지만 그의 신앙심을 시험하고자 한다. 그래서 하느님은 아브라함을 속이고 – 역설적이게도 – 불신한다. (4) 하느님이 제기한 딜레마는 아브라함을 매우 불안하게 만드는데 적어도 일조한다. (5) 하느님은 아브라함을 무조건적으로 수용하지는 **않고,** 자신이 대개는 복수의 신임을 증명하고 있다.

합리적-정서적-행동 치료의 철학이 만들어지기 5천 년 전에 아브라함이 이 철학을 이용했다면, (1) 하느님의 명령을 싫어하지만, 극악한 잔인성을 지닌 하느님을 무조건적으로 수용하고, (2) 자신의 수명은 곧 다하고 이삭은 더 오래 살 수 있다는 점을 깨달아 좀 덜 나쁜 선택 즉, 자신이 아닌 이삭을 구하는 선택을 취하고, (3) 하느님의 명령이 정말로 부당하고 성가신 것은 알지만, 그렇다고 그것을 **두렵고 무서운 것**으로 정의하지는 않고, (4) 이삭을 죽이기보다는 자기를 죽이고, (5) 다른 가능한 "좋은" 해결책을 찾아냄으로써 특히 지혜롭게 행동했을 수 있다.

요점으로, 무조건적으로 자기, 하느님, 잔인한 조건을 수용함으로써, 아브라함 그리고 쇠렌 키에르케고르 은 여전히 하나의 심각한 문제를 지니고 있지만, 자신이 - 공황상태에 빠지지 않고! - 그 문제에 좀 더 잘 대응할 수 있게 된다.

월터 로리Walter Lowrie가 번역한 『죽음에 이르는 병』에서 키에르케고르의 몇몇 문장을 따라가 보면, 의문의 여지가 있는 관점을 발견한다.

"의식은 절망의 결정적 측면이다."(p.134)

아니다. 절망은 독단적인 신념 즉, 인생은 실제만큼 어렵거나 모순적이지 않아야 하고, 인생의 문제들에 대한 **좋은** 해답이 자신에게 **반드시 있어야** 하고, 하느님에 대한 믿음이 인생의 딜레마에 대한 훌륭한 해답을 줄 것이라는 독단적인 신념에 의식이 덧붙여진 것이다

"아무리 엄격하더라도 모든 기독교적 교리에 가슴을 졸이면서 관심을 가져야 한다. 그러한 관심은 품성을 드높인다는 표시이다. 관심은 삶과의 관련성을 강조한다."(p.142)

그렇다. 그러나 불안과 죽음에 이르는 병이 과잉관심에서 그리고 그것을 구성하고 있는 확실성과 안전에 대한 요구에서 비롯된다는 것을 제대로 보지 못했다.

"'카이사르Caesar 아니면 무無 …' 정확히 말해서 그는 카이사르가 되지 않았기 때문에 지금의 자신을 참을 수 없다."(p.152)

아니다. 그는 자신이 반드시 탁월해야 하고 절대적으로 **그래야만** 하는데 분명히 그렇지 않다고 확신한다. 그래서 그는 **조건적** 자기존중CSE을 가지고 있는 것뿐인데, 그것은 언제나 매우 위태롭다.

"결국 어느 정도 절망하지 않는 사람은 단 한 사람도 없다."(p.154)

그렇다. 우리 모두는 **어느 정도 지속적인** 성공을 보장**받아야만** 하기 때문에 절망하지 않는 사람은 없을 것이다. 혹 그렇지 않으면 …!

"죄의 반대는 믿음이다."(p. 213)

1849년 당시에는 매우 좋은 말이다! 신이나 악마에 대한 믿음이 깊으면, 그 믿음이 자기효능감 그것이 부당하다 하더라도 을 준다는 상당한 증거가 오늘날 있다. 신이나 악마에 대한 여러분의 믿음은 일시적으로 도움을 줄 수 있다. 그러나 미몽에서 깨어나려고 해라!

"가장 저급한 형태의 공격은 기독교가 허구이고 거짓이라고 선언하는 것이다. 이것은 예수를 부정한다. … 역설적이게도, 예수를 부정하는 것은 자연스럽게 죄, 죄에 대한 용서와 같은 기독교의 모든 것을 부정하는 것을 의미한다."(p.262)

때로 반대적인 관점에 관대한 키에르케고르가 이 부분에서는 전혀 관대하지 않다. 그는 죄와 용서에 대한 이야기를 계속하지만, 실제로는 예수와 기독교를 정직하게 믿지 않는 사람들을 용서하지 않는다. 때로 키에르케고르가 하느님, 예수 및 기독교에 대한 믿음과 관련해서 무조건적 타인수용을 한다 하더라도, 그는 그것을 상실하고 있다. 예수에 대한 모든 판단을 초월하지 못한 모든 관점 – 예수의 존재여부에 개의치 않고, 예수에 대한 모든 것을 저항 없이 의심하고, 기독교에 대한 모든 것을 부정하는 것 – 은 죄다. 너희들은 십계명을 따라야 하기 때문에, 위의 어떤 견해도 정말 용서받을 수 없다. 저주는 여전히 계속된다. 그래서 너희가 정말로 기독교를 믿지 않으면 결국 절망으로 끝날 것이다. 키에르케고르는 무조건적 타인수용을 매우 중시했다. 그 다음 그는 중단했다.

# 13장  마틴 부버의 자기/타인 수용

무조건적 수용에 대한 모든 이론 중에서 마틴 부버Martin Buber의 이론은 특히 나와 너I-Thou의 관계를 강조하는데, 그래서 진정한 타인수용을 **통해서** "진정한" 혹은 "영적인" 자기수용을 성취하는 것을 선호한다. 그러나 그럴까? 니체처럼, 부버는 시인이었으며 신비주의자와 같은 사람이었다. 그래서 우리는 부버의 목표, 목적 및 의미를 온전하게 알 수 없다. 그러나 시도해 보자.

부버 자신의 글을 살펴보자.

"일차적 단어 나와 너I-Thou는 오직 존재 전체whole being와 함께 얘기할 수 있다. 일차적 단어 나와 그것I-It은 존재 전체와 함께 얘기할 수 없다."(p.3)*

위 글은 낭만적 완벽주의 – 이것은 시인과 이상주의자에게 적격

---

*쪽수는 Ronald Gregor Smith가 번역한 I and Thou(New York: Scribners, 1958)을 지칭한다.

이다 - 처럼 보인다. 여러분이 나와 너를 생각하고 느끼며 행동할 때, 여러분은 전적으로 그렇게 한다고 확신한다. 말하자면, 여러분은 타인의 인간성을 **전적으로** 인정하고, 타인의 인간성, 세상 사람들, 그리고 자기 자신을 이해하고자 노력하고 있음을 단지 **이차적으로** secondarily 인정한다. 이것은 아마도 환상이다. 인정을 받는 사람으로서 여러분은 자신에 대한 **여러분의** 인정과 감정으로부터 자기 자신을 분리할 수 없기 나중에 내가 설명할 것이다 때문이다. 그러므로 나와 너는 여러분 자체이면서 동시에 여러분이 생각하고 느끼는 것이다. 나와 너 외부 세계 속에 존재하면서 외부 세계와 여러분 자신의 느낌에 반응하는 는 또한 항상 거기에 있는 것처럼 보인다. 여러분은 오직 나와 너만을 전적으로 인정하고 싶을 텐데, 왜냐하면 너무 자기중심적일 때 일방적일 수 있다는 위험성을 잘 알고 있기 때문이다. 그러나 여러분은 정말로 자신의 나와 그것I-It으로부터 나와 너I-Thou를 완전히 분리할 수 있는가? 나 - 그리고 부버도 그럴 것이다 - 는 그럴 수 없다고 본다.

"경험하는 당사자는 세상에 관여하지 않는다. 왜냐하면 경험은 당사자의 내부에 존재하는 것이지, 경험이 발생하는 세상과 당사자 사이에 존재하는 것이 아니기 때문이다."(p.5)

바로 앞 단락에서 말했듯이, 여러분은 인정받는 사람이면서 동시에 느끼는 존재이기 때문에, 세상에 대한 여러분의 생각과 느낌으로부터 여러분 자신을 분리할 수 없다. 그래서 부버는 "**경험의 대상으로서** 세상은 일차적 단어 나와 그것I-It에 속한다. 나와 너I-Thou라는 일차적 단어는 관계의 세계를 형성한다." 나의 친구 알프레드 코르지 프스키 말한 것처럼, 후자는 둘both이며 함께and인 것인지 어느 한쪽 만은 아니다either/or.

"우리는 각자의 너Thou 안에 있는 영원한 너Thou에게 말을 건넨다." (p.6)

우리가 **의식**을 가지고 있을 때는 그렇다. 우리가 의식하지 못할 때 – 예를 들어, 혼미한 상태이거나 꿈을 꾸지 않고 잠을 잘 때 –, 너 Thou에 대한 인식은 거의 지속적이지 않다. 이런 상태에서 의식 상태 로 되돌아오지만, 우리가 죽으면 거의 그럴 수 없다.

"– 나무와 나의 관계에 대한 – 의미로부터 그 관계의 강도를 분리 하려는 어떠한 시도도 하지 마라. 관계는 상호적이다."(p.8)

정말 그렇다! 나무는 나에게 시시한 것이 아니다! 나와 그것I-It은 나의 의미와 연결되어 있는데, 왜냐하면 내가 나무에 의미를 부여하 기 때문이다. 그러나 나무가 나에게 능동적으로 관계를 맺는 것은 아니다.

"**너**는 신의 은총 – 구한다고 해서 찾을 수 있는 것이 아니다 – 을 통해 나를 만난다."(p.11)

아니다. 내가 다른 사람들과 **함께** 있지만 그들을 정말로 수용하는 것은 아니다. 내가 그들을 수용하기로 **결정**하고 그런 결정을 실천하려고 열심히 노력할 때만 그들을 수용한다. 어떠한 사람이나 사물도 나에게 **너를 주지** 않는다. 내가 너를 **만들어낸다.**

"네가 현재 존재한다는 사실 덕분에 현재가 출현한다."(p.12)

아니다. – 황량한 섬에 혼자 있을 때조차도 나는 나와 그것I-It을 통해 현재를 지닌다 – 물, 나무, 돌, 식량 등.

"사랑은 **너**Thou에 대한 나의 책임감이다."(p.14)

혹은 사물, 사건, 의식 등에 대한 나의 책임감이다.

"사랑하는 사람이라면 누구나 – **모든 사람**을 사랑하기 위해! – … 위험을 무릅쓰고 불확실한 지경까지 나아간다."(p.14)

뭔가 속임수가 있다! 여러분은 싫어도 모든 사람을 **수용**할 수 있다. 그러나 그들을 사랑하는가? 거의 그렇지 않다!

"사랑이 맹목적이라면, 즉 존재 **전체**를 보지 못하는 사랑이라면, 기본적으로 관계라고 할 수 없다."(p.16)

여기에서 부버는 무조건적 타인수용UOA을 지지하는 것처럼 보인다. 여러분은 전체로서의 그 사람을 수용한다. - 그렇다. 하지만, 그 사람의 사고, 감정, 행동 중의 일부는 수용하지 않는다. 반복하지만, 이것은 분명히 무조건적 타인수용이다.

언제든 "'내가 나무를 보고 있다'고 말하는 것은 더 이상 사람나과 나무너의 관계를 말하는 것이 아니라, 인간의 의식을 통해 대상으로서의 나무에 대한 지각을 형성하는 것이고, 대상과 대상 사이에 장벽을 형성하는 것이다. 분리의 단어인 나와 그것I-It을 말하는 것이다."(p.23).

여기에서 부버의 말이 난해하다. 여러분은 나무를 하나의 **대상**으로 볼 수 있으나, 나무와 관계를 맺을 수는 없다. 그러나 어떻게 그럴 수 있는지 확실치 않다. 나무를 보는 것은 (a) 부분적으로는 나무를 창조하는 것이고, (b) 그래서 나무와 어떤 관계를 맺는 것이다. 여러분은 결코 나무를 순수하게 객관적으로 볼 수 없다. 황량한 사막에서도 여러분은 자신의 목표 - 예를 들어, 나무에 오르거나 나무에서 열매를 얻고자 하거나 - 와 연관시켜 나무를 평가한다. 나무를 순수한 대상으로 보는 것은 거의 있을 수 없다!

"사물이 **너**라는 존재에서 **그것**이라는 존재로 되어야만, 우리는 그 사물을 조직화할 수 있다. **너**는 조직화를 모른다."(p.31)

왜 모르는가? 우리는 만나는 – 몇몇은 우리를 사랑하고 또 다른 몇몇은 그렇지 않다 – 사람들에게 질서를 부여하고 그들과 관계를 맺는다. 이것은 나무에 질서를 부여하는 것보다 더 복잡하지만, 우리는 여전히 그렇게 하고 있다. **너**는 변하지 않고 일정한 상태로 관계를 맺는 것이 아니다 – **변화하면서** 관계하는 것이다.

"관계적 사건이 끝나면, 특정한 **너**는 반드시 **하나의 그것으로 된다.** 특정한 **그것**은 관계적 사건에 연루됨으로써 하나의 **너**가 된다." (p.33)

혼란스럽다! 특정한 **너**가 진정 비관계적으로 – 혹은 덜 관계적으로 – 되는가? 특정한 **그것**이 한 개인과 관련되어 있더라도 **그 자체**가 개인과 관계를 맺는가?

"**그것** 없이 사람은 살 수 없다. 그러나 **그것**만을 가지고 사는 사람은 사람이 아니다."(p.34)

그가 **충만한 남자**이거나 인간은 아니지만, 그래도 여전히 – 몇몇 야성적인 아이들이 보여주듯이 – 살고 있다.

"자신의 **너**에 반응할 수 있는 사람은 정신의 세계에 살고 있다. 자신의 존재 전체와 관계를 맺을 수 있는 사람이라면, 그런 세계에서 살 수 있다. 관계를 맺을 수 있는 자신의 힘 덕분에 그런 사람은 정

신의 세계에 살 수 있다."(p.34)

여러분의 **너**와 여러분의 정신을 같은 것으로 보는 편향적인 견해이다. 그러나 여러분은 황량한 사막에서 식량, 동물, 나무와 **정신적으로** 관계를 맺을 수 있다. 다른 사람이 없어도 여전히 여러분은 동물과 사물에 지극한 중요한 관심을 집중할 수 있다. 쉽지 않겠지만 그럴 수 있다!

"두 사람이 자신들의 너를 서로에게 보이면서 진정한 결혼이 이루어진다."(p.45)

또 다른 편견이다! 내가 나의 첫 번째 저서 『성의 민속The Folklore of Sex, 1951』에서 말했듯이, 모든 사랑은 ― 사랑이 존재하기 때문에 ― 정말로 진정한 사랑이다. 두 사람이 자기 안의 **너**Thou를 서로에게 보일 때, 마땅히 "더 나은" 사랑이다. 그러나 열정적인 짝사랑이나 자연에 대한 강한 사랑조차도 **진정한** 사랑이 될 수 있다.

"자유로운 사람은 … 자신의 도덕적 삶이 원래의 나와 너 사이를 왔다 갔다 한다는 것을 알고 있다."(p.52)

일반적으로 그렇다. 사람은 **나의 본질**I-ness과 **너의 본질**Thou-ness 모두를 추구하는 경향성을 가지고 태어나고 그렇게 길러지며, 또한 거의 불가피하게 사회적 집단 속에서 살아간다. 사람이 **나의 본질**과

**너의 본질** 중에서 어느 하나에만 – 어느 정도 – 집착할 수 있지만, 그렇게 되면 거의 살아남을 수 없다.

"자유는 없다는 믿음으로부터 자유로운 것이 진정한 자유다."(p.58)

좋은 지적이다! 무조건적 인생수용은 여러분이 불행으로부터 결코 자유로울 수 없다는 점을 받아들이는 것이다. 그렇지 않으면, 불행이 여러분을 가격할 것이고, 불행은 존재하지 말아야 한다는 여러분의 **신념**이 자신을 비참하게 만들 것이다. 역경은 존재하기 마련이다 – **수용하라.**

여러분이 자신의 학생과 나와 너의 관계를 형성하면, 여러분은 그를 포함해야 한다. 또한, 여러분은 그 제자에게도 "나와 너의 관계"를 일깨워주어야 한다. 그러나 여러분이 맺은 그와의 특별한 관계 때문에 그 제자도 여러분을 포함하면, 둘의 관계는 특수한 교육적 관계로서 완전한 상호성을 인정하지 않는 것이 된다."(pp.132-133)

이것은 완전하게 상호적인 나와 너의 관계가 가능하지 않음을 의미하는 것 같다. 더욱이, 여러분이 치료자라면 내담자로 하여금 여러분을 포함하도록 만들 수 없다. "교육처럼 치료도 다른 사람에 비해 더 오래 산 사람으로 초연한 사람만이 할 수 있는 것이다." 그래서 상호적인 나와 너는 제한적이다, 내 생각에, 부버의 말은 최상의 나와 너는 부분적으로는 일방적이라는 점을 받아들이는 게 낫고, 상호적인 무조건적 타인수용이 이상적이지만 전혀 실현가능하지 않다는 것 같다. 또한, 부버는 "다른 쪽에 대해 한쪽이 가지는 목적에 따라서 상호작용하는 모든 나와 너의 관계에서는, 실제 완전해 질 수 없는 상호성만이 존속한다."(pp.133-134) 여러분이 나와 너를 줄 수는 있지만, 충분히 받을 수 있기를 기대하지는 않는다. 이것은 현실적인 고찰이다.

부버는 일관적으로 신에게 호소하고 신 – 만날 수 있지만 한계가 없는 등 절대적인 존재라고 부버가 모순적으로 가정한 한 인격체 – 에게 의지한다."(p.156) 부버는 말하길, "한 인격체로서 신은 인격적인 생명을 주고, 인간으로서의 우리가 신 및 다른 사람들을 만날 수 있도록 해준다."(p.136)

다시 말해, 신은 우리에게 나와 너 관계를 맺을 수 있는 능력을 준다. 우리가 이런 능력을 작동시키기 위해 노력을 하는지는 전혀 분명치 않다. 때로 부버는 우리가 나와 그것 관계와 나와 너 관계를 구분하려는 노력을 해야 한다고 말한다. 또한, 때때로 이 두 과정은 하나로 합쳐지기도 한다. 종합해서, 나와 너 및 나와 그것은 신으로부터 유래한다. 이것은 정말 하나의 가정이다. 부버가 마지막 단락에서 말한 것처럼, "신의 존재를 증명할 수 없듯이, 신과 인간의 상호성이 존재하는지 증명할 수 없다."(p.137) 맞다! 우리가 인간과 신의 상호성이 존재한다고 단지 가정한다면 – 그리고 그런 가정을 이용하여 나와 너와 나와 그것의 연관성을 설명한다면 – 우리는 비현실적이다.

우리가 신을 생략하고 경험적 증거에만 의존한 채, 여러분과 인류의 생존과 더 큰 행복을 위해서 부버의 나와 너와 나와 그것의 개념을 실용적으로 이용한다면, 다음과 같은 것들을 말할 수 있다.

1. 여러분은 존재Being와 존재의 장소Being-There를 가지고 있다. 여러분은 다른 사람과 사물로 이루어진 세계에서 태어나서 길러진다.

2. 여러분은 나와 그것을 가지고 있는 사람과 나와 너를 가지고 있는 사람 둘 다와 친밀한 관계를 형성한다. 거의 예외 없이 여러분은 두 관계를 맺는다. 보통 여러분의 나와 너 관계는 나와 그것의 관계보다 더 강하고 더 깊다. 그러나 항상 그런 것은 아니다.

3. 여러분의 나와 너 관계는 나와 그것의 관계보다 더 목적적이고 내포적이기 때문에, 여러분이 바란다면 좀 더 "정신적"이라고 말할 수 있다. 그러나 항상 그런 것은 아니다. 여러분은 두 관계 중 어느 쪽에 더 관여할 지 – 두 가지 관계가 어떻게 전개될지 의식적으로 살펴보고 예측해 보면 – 어느 정도 선택할 수 있다. 또한, 어느 쪽을 더 좋아하는지 혹은 둘 다 좋아하는지를 생각하고 느끼면서 행동하면, 여러분은 선택할 수 있다.

4. 보통 여러분은 나와 너 관계에 더 개입하기 때문에, 나와 그것 I-It보다 나와 너를 형성하고 유지하는데 집중하는 쪽을 선택할 것이다. 그러나 나와 그것의 관계도 불가피하고 무시할 수 없기 때문에, 여러분은 어느 정도 시간과 노력을 할애하는 게 낫다

5. 여러분은 자아만족이나 조건적 자기존중에 도달하려고 노력하

지 않는 것이 낫다. 왜냐하면, 그 때에는 여러분이 너무 자기중심적으로 되어, 나와 너 관계 혹은 타인수용의 관계를 소홀히 할 수도 있기 때문이다.

6. 나와 너 관계와 나와 그것 관계 중 어느 하나를 소홀히 하지 않으면서, 어느 것이 여러분에게 더 나은 삶을 가져다주는지 알아보기 위해 실험해 보는 게 좋다.

7. 우선 여러분은 나와 너 관계와 나와 그것 관계를 개선하도록 노력한 다음, 이 두 관계의 모든 역경을 좋아하지는 않더라도 수용하는 것이 좋다. 당연하게도 자신의 삶이 나와 그것 관계와 나와 너 관계 사이를 왔다 갔다 한다는 사실을 알고 충분히 수용할 때, 여러분은 정서적으로 자유로워진다. 이것이 인생이다!

마틴 부버가 합리적-정서적-행동 치료에서 강조하는 무조건적 자기수용의 이러한 측면들을 지지했는지는 확실치 않다. 그러나 나는 이러한 측면들이 부버의 나와 그것 및 나와 너 가르침으로부터 실질적으로 그리고 논리적으로 뒤따라 나온다고 생각한다. 부버는 - 이 책의 이 장에서 기술한 것처럼 - 사람들에게 조건적 자기존중의 단점과 위험성을 언급하려고 특별한 노력을 기울이지는 않았다. 그러나 그의 가르침에 조건적 자기존중의 단점과 위험성을 구체적으로 덧붙이는 것이 그가 종종 암시한 점들을 좀 더 명료하게 만들어 줄 것이다.

# 14장 마틴 하이데거와 자기존중

마틴 하이데거Martin Heidegger는 자기, 자기평가, 실존적 선택, 현존재Dasein 등에 관한 이론들 및 기타 많은 개념의 주요 창시자 중 한 사람이다. 그러나 나는 다음과 같은 이유 때문에 하이데거를 자기존중에 관한 이 책에 포함시키는데 어려움을 겪었다.

1. 하이데거의 정의들은 인간에 관한 거의 모든 것에 적용할 수 있을 만큼 과잉일반화되어 있기 때문에, 나는 그의 주요 정의 중 몇몇을 잘 이해할 수 없다.
2. 그는 이 책의 몇몇 요점을 구체적으로 거의 논쟁하지 않고, 조건적 자기존중CSE을 자기효능감SE 및 무조건적 자기수용USA과 구분하지 않는다.
3. 그는 개인적으로 모순적인 삶을 살았다. 그는 히틀러의 제 3공화국 때 교수로 있으면서 자기를 지나치게 두둔하고 보호했으며, 때로는 개인적 및 사회적으로 중요한 쟁점을 중립적으로 분석하는데 놀라울 정도로 "객관적"이었으며 개방적이었다.

4. 그는 무조건적 자기수용이라는 개념을 포착한 것 심지어 발명한 것 처럼 보이지만, 무조건적 타인수용UOA이라는 개념을 놓쳤다.

5. 그는 현존재Dasein 혹은 공간적 존재Being-there의 존재론적 가능성을 엄청나게 고찰했지만, 실존의 실용적이고 선험적인 그리고 좀 더 가능한 측면들을 계속 반박했다.

6. 그는 자신의 사상을 절대시하고, 존재에 대한 자신의 전제를 동어반복해서 정의하며, 그러한 동어반복으로 나온 "사실들"을 증명하는데 순환적 사고를 사용하는 경향이 있었다.

7. 불안과 자기평가는 인간이 확률의 세계에 존재하기 때문뿐만 아니라, 상대적이고 불확실하며 변화하는 세계에서는 획득할 수 없는 확실성과 완벽한 안전을 요구하기 때문에 생긴다는 점을 놓쳤다.

하이데거와 그의 철학에 대한 나의 편향된 관점에서 알 수 있듯이, 그는 종종 나에게 불가사의한 사람이다. 또한, 내가 그에 대해 말하고자 하는 어떤 것들은 틀리기 쉬워 그를 부당하게 다루게 된다. 그러나 나의 편견이 어떤 것인지 알아보자. 하이데거의 『존재와 시간Being and Time』에 나오는 글의 일부다.

"본질적으로 사람은 오직 의도적인 행위를 수행하면서 존재한다. 고로 사람은 하나의 대상이 **아니다**."(p.73)

내가 단지 무엇을 하겠다고 의도한 경우에 한해서 존재한다면, 혼수상태일 때 나는 존재하지 않는가? 그렇다. 그 때 나는 덜 존재하지만 여전히 존재한다. 내가 **의도**를 가지고 있을 때 나는 **능동적으로** 존재한다. 그러나 나는 **수동적으로도** 존재할 수 있다. 내가 의도할 때 나 또한 존재할 가능성이 매우 높지만, 내가 존재할 때 반드시 의도해야 하는 것은 아니다. 나는 수년 동안 혼수상태에 있을 수 있다. "존재"를 의도와 연결시키면, 존재는 좋은 단어가 아니다. 그 둘은 **부분적으로는** 동일하지만, 완전히 동일한 것은 아니다. 내가 혼수상태에 있을 때 다른 사람들을 위해 존재하지는 않을 것이다. 그러나 다른 사람들이 완전히 착각하지 않는 한 나는 존재한다. 다른 사람들이 나에게 의도하는 바가 없어도 혼수상태에 있는 나의 신체는 존재한다. 따라서 신체는 나의 일부분 아닌가? 내가 잠시 동안의 혼수상태에서 깨어나 의식을 **되찾고 의도**할 때는 어떠한가? 나는 **더 많이** 존재하는가?

"존재에 대한 질문은 모든 과학적 사고를 자극한다."(p.77)

내가 과학적이든 그렇지 않든 상관없이 사고한다면 나는 십중팔구 살아 있는데, 생각하는 것은 살아 있음의 일면이기 때문이다. 그러나 반복하건데, 생각하는 것은 살아 있음의 일부분이다. 혼수상태에서도 나는 여전히 살아 있다. 그러나 나는 혼수상태에서 살아 있으면서 생각하지 않을 수 있는가? 그렇다. 그러나 내가 생각할 때만큼 살아 있지는 않다. 나는 느낄 수 없고, 감각을 잃고, 혹은 깊은 잠에 빠져 있으면서도 여전히 살아 있을 수 있는가? 그렇다. 그러나 내가 느낄 때처럼 살아 있지는 않다. 생각, 느낌, 행동의 **등급**이 나를 좀 더 혹은 좀 덜 살아 있게 만드는 것 같다. 존재는 살아 있음의 등급에서 다른 것 같다.

"세계 속의 존재Being-in-the-world"가 하나의 본질적인 현상이다. 이러한 기본적인 논거를 완전한 것으로 봐야 한다."(p.79)

왜? 왜 존재가 천국이나 지옥에는 있을 수 없는가? 혹은 왜 존재는 그 자체로 존재할 수 없는가? 나의 유령이나 영혼이 존재한다면, 그것이 존재할 세계가 있어야 하는가? 그것은 육체가 없는데 왜 세계를 **필요**로 하는가? 유령이나 영혼이 천국에 존재한다면, 천국은 그들의 세계인데 정말 참다운 하나의 세계인가? 왜 내 영혼은 존재한 후 그 다음에 존재하지 않을 수 없는가? 내 영혼이 오늘 존재한다면 왜 영원히 존재**해야만 하는가?** 우리는 영혼을 영원히 존재하는 어떤 것으로 **정의**할 수 있다. 그러나 내게 영혼이 있다는 것을 혹은 내 영혼이 ─ 분명히 **예외가** 있는데 ─ 영원하다는 것을 이 정의가 증명해주는가? 내 영혼은 어떤 곳에든 존재해야 하는데 존재할 곳이 아무데도 ─ 연옥도 아니다 ─ 없다면, 이것은 내 영혼이 하나의 공간적 존재Being-there 혹은 현존재Dasein를 가지고 있지 않기 때문에 정말로 존재할 수 없다는 것을 증명하는가?

"영속적으로 존재하는 것이 있다."(p.128)

유령이나 환영은 영원히 존재한다. 그런가? 유령이나 환영을 가지고 있는 사람이 죽는다면? 그것은 여전히 살아 있는가? 죽은 그 사람은 자신이 그것을 여전히 가지고 있다고 다른 사람들을 설득할 수 있을까? 우리가 신의 존재를 영원히 확신한다면, 이것이 신의 존재를 입증하는가? 혹은 악마의 존재를 입증하는가?

"세계 내의 존재 자체는 불안에 직면하고 있다."(p.232)

아니다. 불안은 일이 잘 되어야 하고, 원하는 것을 얻어야 하고, 걱정이 없어야 한다는 등의 필요확실성에서 비롯된다. 소망은 "내가 원하는 것을 얻지 못하거나 원치 않는 것을 얻을 때, 그것 참 안됐군! 나는 그것이 필요하지 않아"라고 말한다. 결국 소망은 "나는 소망에 관심은 있지만, 불안 하지는 않아 - 나의 불안에 대해 불안해 하지 않아" - 로 끝난다.

"현존재는 그것의 존재 가장 밑바닥에서 불안하기 때문에, 생리적으로 불안을 유발할 수 있다."(p.234)

아니다. **강한** 불안은 여러분에게 신체적으로 영향을 줄 수 있지만, 약한 불안은 그렇지 않다. 실존적 불안조차도 약할 수 있다.

"실존은 궁극적으로 사실성facticity에 의해 견전된다."(p.236)

그러나 현존재 혹은 공간적 존재도 존재론에 의해 결정된다. 존재론도 사실성에 의해 결정되는가?

"세계 속의 존재는 본질적으로 돌보는 것이다."(p.237)

사람을 돌보는가? 아니면 어떤 사물을 돌보는가? 그리고 돌보는 것이 가벼울 수도 있고 극진할 수도 있다. 여러분이 잠시 동안 혼수 상태에 있다면, 그래도 여러분은 여전히 돌볼 수 있는가? 여러분은 세계 속의 존재를 가질 수 있는가? 아니면 단지 평범한 존재existence 작게 Being일 뿐인가?

"돌보는 존재로서 현존재의 진정한 존재 속에서 … 자기를 파악할 수 있다."(p.369)

여러분이 돌보는 존재로서 진정성이 없다면 혹은 진정으로 돌보지 **않는다면,** 여러분은 자기가 없는가? 혹은 제한적인 자기가 있는가? 여러분이 자신의 개인적인 자기만을 돌본다고 가정해 보자. 이것은 괜찮은가?

"그러나 불안은 현존재 그 자체로부터 생긴다."(p.345)

단지 존재한다는 것 때문에? 만약 여러분이 오로지 존재하고, 전면적으로, 완벽하게 혹은 미래에 존재할 필요가 없다면?

"현존재"에게 발생하는 것이 무엇이든 간에, 존재는 그것이 "시간의 과정 속에서" 발생하는 것으로 경험한다.(p.429)

어느 정도는 그렇다! 여러분은 시간을 더 잘 의식할 수도 있고 그렇지 못할 수도 있다. 여러분은 **대개** 시간을 제대로 경험한다. 그러나 항상 그럴까? 여러분은 시간과 공간을 사용할 수 있다. 그러나 여러분은 시간의 과정 속에 **있는가?** 간혹 여러분은 시간의 흐름을 거의 인식하지 못한다. 혼수상태에 있을 때, 여러분은 결코 시간을 인식하지 못할 것이다.

"현존재에 대한 존재는 돌봄으로 정의되어 왔다."(p.434)

아! 이제 우리는 - 아마도 - 어딘가에 도달하고 있다. 우리가 존재론을 무시하고, 다음과 같은 점들 즉, 우리는 공간적 존재혹은 현존재를 가지고 있고 그 존재는 돌봄을 포함하고 있다고 단지 수용하면, 우리는 돌봄의 실질적, 실존적 중요성을 깨달을 수 있다. 또한, 합리적-정서적-행동 치료에서 돌봄을 무조건적 타인수용으로 평가하는 실질직, 실용직 중요성도 깨달을 수 있다. 왜냐하면, 합리적-정서적-행동 치료는 사고, 느낌, 행동이 전적으로 동일한 것은 아니지만 서로를 포함한다고 보기 때문이다. 그렇다면 왜 나의 공간적 존재 혹은 현존재가 **타인**의 공간적 존재를 **포함할** 수 없고, 타인의 공간적 존재 혹은 현존재가 나의 공간적 존재나 현존재를 포함할 수 없을까? 여러분은 꽤 분명하게 존재를 가지고 있으며 동시에 공간적 존재, 세상 속의 존재 및 돌보는 존재를 가지고 있다. 이 모든 것이 **통합되어** 있지 않은가?

십중팔구 그러한 것들이 통합되어 있다면, 하이데거의 삶이 정확하게 그의 철학과 일치하지는 않지만, 그의 실존주의 철학은 무조건적 타인수용을 가장 먼저 옹호한 철학 중의 하나일 것이다.

하이데거의 몇몇 공리에 대한 나의 반론을 통해 여러분도 – 스스로 보고자 한다면 – 본 것처럼, 그의 공리들은 자명하고 근본적인 의심할 바 없는 것처럼 보인다. 그러나 정말 그런가? 여러분 및 또 다른 사람들이 현존재를 가지고 있기 때문에, 우리가 현존재를 갖는 것은 생득적인내재적인 본성이라고 가정해 보자. 여러분은 **그렇다는 것**을 어떻게 **확신**할 수 있는가? 여러분은 어떻게 **항상 모든 조건 하에서** 하이데거의 법칙을 알고 따를 수 있는가? 하이데거의 법칙들이 사실일 수 있고, 여러분은 그런 법칙들을 **열심히** 따를 수 있다. 그러나 여러분은 반드시 **그래야 하는가?** 그렇게 하지 않으면 여러분은 존재하지 않는가? 세계 속에서의 존재를 가지고 있으면 여전히 살아있지 않을까? 죽을 때까지 여러분은 **계속** 존재하지 않을까?

좀 더 확실하게, **"거의 모든 조건 하에서** 나는 이 세계 속에서 생각하고 느끼며 행동한다. 따라서 나는 내가 존재하고 있음을 알고, 나의 존재를 볼 수 있게 해주는 세계 속의 존재를 가지고 있음을 안다. 이 말이 맞는 것처럼 보이는 지금, 나는 내 삶을 어떻게 살아가고, 나의 존재를 어떻게 지속하고, 나 자신을 어떻게 즐길 수 있는가?"라고 우리는 왜 말하지 않는가?

자기, 자기존중, 무조건적 자기수용이라는 이 책의 핵심 주제로 되돌아가자. 우리는 확신을 갖고 – 항상 절대적으로 그런 건 아니지만 – 다음과 같이 말할 수 있다.

1. 나는 세계 속에서 생각하고 소망하며 행동한다고 믿고 있기 때문에 십중팔구 그렇게 할 것이다.

2. 대부분의 시간에 대부분의 사람들이 그런 것처럼, 나는 생각하고 느끼며 행동하고자 하는 의도를 가지고 있다.

3. 세계는 존재하고 있고 나 없이 존재할 수 있다 하더라도, 나는 다른 곳이 아닌 이 세계 속에서 존재하며 나의 존재를 가지고 있다.

4. 이 세계에서 좀 더 잘 살기 위해, 나는 세계가 존재한다고 가정하고, 그 세계 속에서 나의 현존재 및 존재를 가지고 있다고 가정한다.

5. 아마도 나는 정해지지 않은 일정 기간 동안에만 살아있을 것이고, 그 중 어느 시점에 나는 살아있지 않고 존재하지 않을 것이라고 가정한다.

6. 그래서 나는 나의 존재를 연장하는데 최선을 다할 것이고, 나의 존재를 즐기고 대신 고통, 고난, 사고, 질병을 피할 수 있는 개인적인 방법을 찾을 것이다.

7. 내가 이런 식으로 사는 것을 돕기 위해, 나는 자기효능감을 추구할 것이고, 내가 한 것과 하지 않은 것을 평가할 것이다. 그러나 잘못과 여기능저 감정 및 행동은 지닌 나 자신은 무조건적으로 수용함으로써, 내가 원하는 것을 더 많이 얻고 원하지 않

는 것을 더 적게 얻고자 할 것이다. 더 이상 말할 필요가 없다.

8. 삶에 대한 나의 계획이 비현실적이고 결점 투성이라고 하더라도, 나는 그 계획이 효과가 있는지 알아보기 위해 실험해 볼 것이다. 살아있는 동안 나는 항상 이 계획을 수정하고 변경할 것이다. 이 계획을 실험하고 지켜볼 것이다.

9. 나는 타인과 평화롭게 살기를 원한다. 그래서 나는 무조건적 자기수용USA 이외에도 무조건적 타인수용UOA과 무조건적 인생수용ULA을 성취하고자 노력할 것이다. 이 계획이 효과가 있을 것이고, 그렇지 않으면 나는 이 계획을 다시 수정할 것이다. 나는 실험하고 지켜볼 것이다.

## 15장

**장 폴 샤르트르와 자기존중**

 

 

장 폴 샤르트르Jean-Paul Sartre는 20세기 가장 위대하고 명석한 실존주의 철학자 중 한 사람이다. 조건적 자기존중과 조건적 자기수용에 대한 그의 관점은 논의할 가치가 있다. 자신의 스승 하이데거를 따른 반면, 또 다른 존재론적이고 종교적인 주요 실존주의자들을 기피한 샤르트르는 다른 사상가들보다 무조건적 자기수용과 무조건적 타인수용에 좀 더 근접해 있다. 놀랍다.

『존재와 무Being and Nothingness』에서 드러난 그의 몇몇 핵심 그리고 종종 내가 그를 지지하는 이유를 살펴보겠다.

"나는 내가 의심한다는 것을 인식하고, 그래서 나는 실제로 존재한다."(p.xi)*

나의 의심에 대한 나의 인식은 나의 존재를 십중팔구 보여준다.

---

* 쪽수는 Hazel E. Barnes가 번역한 Being and nothingness(New York: philosophical Library, 1951)을 지칭한다.

177

그러나 확실하지는 않다. 내가 실제로 의심하지 않을 때조차도, 나는 내가 의심한다고 생각하거나 의심한다고 착각할 수 있다. 실제로는 의심하지 않지만 착각하여 의심한다고 생각할 수 있다. 그러나 의심에 대한 착각을 내가 인식한다면, 그러면 나는 십중팔구 존재한다. 이런저런 수준에서 의심과 착각을 인식하고 있다는 나의 착각은 내가 존재하고 있음을 십중팔구 보여준다. 나는 그럴 가능성이 매우 농후하다고 가정한다.

"판단의 기준으로 최후의 보루는 이성이다."(p.xiii)

**좋은** 판단의 기준은 이성일 수 있다. 그러나 내가 나쁜 판단을 하고 그것을 좋은 판단이라고 **생각하면** 어떻게 되는가? 내가 살면서 – 아메바처럼 – 거의 판단하지 않지만 우연히 옳은 길을 선택하여 통계적으로 살아 남는다면 어떻게 되는가? 내가 옳은 일을 한다고 추론과 판단 없이 **느낀다**면 어떻게 되는가?

"아는 것은 자신이 안다는 것을 아는 것이다."(p.12)

그렇다. 자신이 안다는 것을 자신이 알고 있음을 알지 못하면서, 자신이 알고 있다는 것을 아는 것은 쉽지 않을 것이다. 그러나 불가능할까? 일종의 뇌손상을 입은 사람도 자신이 안다는 것을 감지할 수 있고, 그래서 자신이 안다는 것을 충분히 알지 못하면서도 치명적인 사고를 피할 수 있다.

"존재는 존재 그 자체다. 존재는 수동적이지도 않고 능동적이지도 않다."(p.27)

존재가 **오직** 존재 그 자체라면, 우리는 우리의 존재를 **의식**할 수 있는가? 의식하기 위해서 우리는 **단지** 살아있는 것 이상이어야 한다.

"키에르케고르는 무를 이해하는 대신 고통을 고찰한다."(p.65)

내 생각에, 키에르케고르는 "나는 반드시 인생 혹은 그 무엇을 가져야만 하고 그렇지 않으면 끔찍하다"라고 말하면서 스스로를 번뇌하도록 만든다.

"아는 것은 모두 아는 것에 대한 의식이다."(p.93)

여러분이 아는 것을 의식으로 정의한다면, 이 말은 사실이다. 아무리 약하더라도 모든 느낌은 **어느 정도**의 의식이다. 왜냐하면 여러분은 느낄 때마다 그 느낌에 대한 어느 정도의 의식을 가지고 있기 때문이다. 그렇지 않다면 여러분이 실제 **느낄** 수 있는가?

"나는 결코 나의 여러 태도나 행동 중 하나가 아니다."(p.103)

샤르트르는 이 말을 1943년에 한 것 같다. 그러나 안프레드 코르지프스키는 분명히 이 말을 1933년에 했는데, 나는 나의 많은 감정과 행동이지 어떠한 하나의 감정이나 행동이 아니다.

"나쁜 신념은 나 자신을 내가 아닌 것으로 만들려는 시도이다." (p.111)

나는 내가 아닌 것을 그런 것처럼 가장하고 내가 그런 척한다는 것을 어느 정도 알고 있다. 내가 돈을 가지고 있다고 거짓말을 하면, 이것은 나쁜 신념이 **아닌** 거짓말이다. 나를 부유한 사람으로 만들어 줄 만큼 **어느 정도의 돈**을 내가 가지고 있을 때, 나는 **부유한 사람이라고** 말하는 것은 나쁜 신념이다. 코르지프스키가 말했듯이, 내가 어느 시점에서 어느 정도의 돈을 가지고 있 때, 내가 항상 부자일 수는 없다.

"의식의 본질은 의식이 아닌 것으로 존재하는 것이고 의식인 것으로 존재하지 않는 것이다."(p.116)

꼭 그런 것은 아니다! 내가 여러분을 좋아하는 것을 나는 때로 의식할 수 있고 때로 깨닫지 못할 수도 있다. 내가 항상 의식하는 것도 아니고 항상 의식하지 못하는 것도 아니다. 내가 다양한 정도의 의식을 가지고 있을 수는 없는가?

"수치심은 다른 사람들 앞에서 자기를 수치스러워하는 것이다. 이 둘 자기와 다른 사람 은 분리불가능하다."(p.303)

아니다. 샤르트르는 두 **종류의** 수치심이 있다고 보는 것 같다. 하나는 자신의 행위 – 누군가를 속이는 것 – 에 대하여 (a) 자신이 속인 사람과 (b) **속이는** 존재로서의 전체적 **자기를** 포함하는 수치심이다. 또 다른 수치심은 **총체적인** 한 사람으로서의 자기에 대해서가 아니라 자신의 행위 다른 사람을 속인 에 대한 수치심이다.

샤르트르는 이 두 가지 수치심을 본질적으로 같은 것으로 본다. 그렇다면, 그는 매우 중요한 점을 놓치고 있는 것이다. 여러분은 어떤 생각이나 느낌 혹은 행동에 대해 매우 수치스러워할 수도 있고, 반면에 그러한 것들을 가지고 있거나 행하는 자신에 대해 수치스러워하지 않으면서, 그러한 것들이 "나쁘거나", "창피하다"고 말할 수 있다. 그래서 여러분은 "나의 행위는 올바르지 못하고 비효율적이다. 나의 행위가 나쁘기 때문에 그것에 대한 책임이 나에게 있지만, 내가 곧 그 행위와 동일한 것은 아니다. 나는 그 행위를 **한 사람으로서** 다음에는 변화할 수도 있고 더 잘 할 수도 있는 사람이다." 이렇게 되면, 여러분은 불건전하게 수치스러워하지 않으면서 자신이 **한** 행동에 대해서만 부끄러워 할 것이다.


샤르트르가 보기에, 타인에게 한 자신의 나쁜 행위를 인정하고 그런 악행 때문에 타인의 비난을 받는 사람들은 자기와 자기 자신 및 자신의 행위를 비난하는 것 이외에 다른 선택이 없다고 생각한다. 그러나 그들은 선택할 수 있고 – 특히, 합리적-정서적-행동 치료의 원리를 따르면 – 그러한 선택을 건강하게 행사할 수 있다. 그 사람들이 그들의 악행에 틀림없이 영향을 미친 경우에도 그들이 그 악행과 같은 것은 아니다. 합리적-정서적-행동 치료를 사용하면, 그들은 잘못된 행동을 하지만 결코 나쁜 사람은 아니다. 샤르트르는 이것을 정확하지는 않지만 어느 정도 알고 있다. 그래서 그는 무조건적 자기 수용에 거의 도달해 있다.

"이 대상이 사람일 수 있다. 그는 어떤 계획을 꿈꿀 수도 있고 … 바보 같을 수도 있다."(p.342)

그렇다. 그 사람은 몽롱하고 혼돈된 상태에서 꿈 꿀 수 있다. 그가 한 사람을 "본다면", 보통 그리고 아마도 그것은 하나의 사람이다. 그러나 확실하지 않다. 그는 장님이거나 꿈을 꾸고 있을 수도 있다.

"사랑하는 것은 사랑받기를 바라는 것이다. 그래서 사랑은 상대방에 대한 나의 사랑을 그 상대방이 원하기를 내가 소망하는 것이다."(p.481)

항상 그런 것은 아니다! 나는 히틀러를 사랑할 수 있고, 심지어 강박적으로 사랑할 수도 있다. 그가 나를 사랑하기를 바라지 않으면서 나는 그를 맹목적으로 사랑할 수 있다. 보통은 내가 그를 사랑한다면, 나도 그가 나를 사랑해 주기를 원한다. 그러나 항상 그런 것은 아니다! 나는 누군가를 짝사랑할 수 있고, 나의 사랑에 여전히 만족하면서 나에 대한 그의 사랑을 필요로 하지 않을 수 있다.

"나는 나의 과거를 간직하고 있으며 그 과거의 의미를 내가 결정한다."(p.640)

그렇다. 나는 나의 과거에 좋은, 나쁜 혹은 중립적인 의미를 부여할 수 있다. 그리고 나는 나의 과거에 같은 의미를 계속 부여할 수도 있고 그 의미를 바꿀 수도 있다. 나는 내 아버지가 나를 방치했다고 오랫동안 그렇게 생각할 수 있다. 그 후, 나는 아버지가 너무 바빠 나를 방치할 수밖에 없었고, 아버지가 할 수 있는 최선을 다했고 정말로 나를 사랑했다고 생각할 수도 있다.

"그의 사례에 대한 정신분석적 설명은 있을 수 있는 가설이다."(p.733)

그렇다. 정신분석적 설명은 늘 진실일 수 있지만, 대부분은 쉽게 거짓으로 판명될 수 있는 추측들이다. 나에 대한 정신분석가의 해석이 타당한지 아닌지는 내가 결정한다. 그의 해석을 오늘은 사실이라고 생각하고 내일은 거짓이라고 결정할 수도 있다.

종합해서, 샤르트르는 많은 장점들 특히 수치심에 대해서 좋은 점들을 많이 가지고 있다. 그러나 샤르트르는 다음과 같은 점들을 잘 보지 못했다.

- 자신의 부도덕한 행동을 인정하고 그러한 행동이 타인에게 불

필요하게 해를 주었음을 깨닫는다 하더라도, 여러분은 **자기 자신**을 결코 부끄러워할 **필요가 없다.**

- 사회에서 통용되는 기준에 의하면, 여러분은 간혹 부도덕한 행동을 할 수도 있지만, 그렇다고 해서 여러분 자신을 **부도덕한 사람**으로 볼 필요가 전혀 없다.

- 여러분은 사회 속에 살고 있기 때문에, 다른 사람들을 공정하게 대하는 것이 좋고, 여러분과 그들이 잘 살도록 도와주는 것이 좋다. 따라서 여러분이 무조건적 자기수용과 함께 무조건적 타인수용을 하는 것이 좋겠지만, 반드시 이러한 철학을 따를 필요는 없다.

- 무조건적 자기수용과 함께 무조건적 타인수용UOA을 여러분이 선택하지 않을 경우, 그것이 여러분 자신과 사회에 나쁜 결과를 가져올 수 있다. 그러나 대부분의 사람들이 그렇듯이, 여러분은 여전히 조건적 자기존중과 조건적 타인수용을 선택함으로써, 나쁜 결과를 초래할 위험성을 안고 있다. 그렇다면, 여러분은 불평하지 말고 이러한 불이익을 수용하고, 여러분과 타인의 미래의 삶을 개선하고자 노력하는 게 낫다.

## 16장

폴 틸리히와 무조건적
자기/타인 수용

하이데거와 샤르트르가 실존주의를 개척했지만, 폴 틸리히Paul Tillich는 『존재의 용기The Courage to Be, 1952』에서 무조건적 자기수용과 타인수용이라는 아이디어를 가장 철저하게 논의했다. 나는 1953년에 틸리히의 훌륭한 책을 읽으면서 그의 이러한 생각을 채택하고 발전시켜, 그 당시 내가 개발한 합리적-정서적-행동 치료의 기본적인 철학으로 삼았다.

애석하게도, 틸리히는 나와 그 자신을 위해서 좀 덜 똑똑했어야 했다. 왜냐하면, 그는 다양한 종류의 무조건적 자기수용과 무조건적 타인수용을 기술했으나 나무 때문에 숲을 보지 못했다. **존재의 용기**의 여러 종류와 이와 같이 주요한 형태의 수용을 성취하는 방법에서 그는 때때로 우왕좌왕했다. 이 장에서 설명하겠지만, 궁극적 관심, 하느님에 대한 믿음, 공간적 존재에 대한 존재론 – 그가 주로 추천함 – 이 "순수" 자기수용과 타인수용에 맞지 않고 나를 일깨운 것도 아니다. 실제 그러한 것들은 조건적 자기존중과 다르지만 "진정" 무조건적인 것은 아니다.

그러나 틸리히는 열심히 노력했다. 예를 들면, 용기는 "욕망, 수고, 불안전, 고통, 파괴가능성을 받아들일 수 있는 준비상태이다."(p.78)

"한 부분으로 존재할 수 있는 용기를 지닌 사람은 자신이 참여하는 공동체의 한 부분으로서 자기 자신을 인정할 수 있는 용기를 가지고 있다."(p.91)

존재의 용기를 가지고 있는 사람은 "절망에 대하여 용기 있게 대항한다. 그들은 자신에게 주어진 절망을 받아들이고 자기 자신으로 존재하겠다는 용기 하에서, 자신의 존재를 심각하게 위협하는 도전들에 저항하는 용기를 가진 사람이다."(p.140)

매우 좋다! 대체로 무조건적이다. 그러나 궁극적으로는 용기 있는 사람의 절대적인 신앙에 종속되어 있다. 따라서 가장 용기 있는 사람은 아니다.

틸리히는 사람들이 가지고 있는 존재의 용기 - 내가 의미하는 존재의 용기가 **무엇이든지 간에** - 가 왜 제대로 작용하지 않는지 그에 관한 몇몇 이유를 제시한다. 그러나 나는 그의 이유에 대해 전혀 납득할 수 없다. 그래서 그는 좀 더 확실한 이유를 추가한다. 이러한 이유들은 주로 다음과 같다.

1. 존재론적 이유. 여러분의 존재는 공간적 존재이며 세계 속에서 존재하는 것이다. 왜? 존재는 그런 것이기 때문이다. 여러분은

전적으로 홀로 존재할 수 없다. 여러분은 **거기에** - 하이데거와 샤르트르가 동의한 것처럼 - 있어야 한다. 이것은 여러분이 **주어진** 존재 그리고 비존재 이며, 존재를 받아들일 용기를 가지고 있어야 하고, 존재론적으로 그런 용기를 가지고 있기 때문에 그런 용기를 가지고 있음을 입증하는 것이다. 여러분이 공간적 존재를 받아들일 용기만 가지고 있으면, 동어반복하면 여러분이 그런 용기를 가지고 있는 것이다.

대체로 좋다! 왜냐하면 용기 - 혹은 그 외의 모든 것 - 를 가지고 있다는 것은 동어반복적으로 여러분이 그런 용기를 가지고 있다고 **말하는 것**을 입증하기 때문이다. 당연히 여러분은 자신이 그런 용기를 가지고 있다고 생각한다. 그래서 어떻다는 거야? 여러분이 그런 용기를 가지고 있을 가능성이 아주 높다. 그러나 그러한 용기, 여러분의 자기, 공간적 존재, 그 밖의 것들이 존재한다는 것이 여러분의 오류나 착각이 아니라는 증거는 어디에 있는가? 증거는 있을 수도 있고 없을 수도 있다. 여러분의 동어반복 - "나는 존재한다. 나는 **거기** 존재한다. 나는 용기를 가지고 있다. 나는 존재하려는 용기를 가지고 있다" - 은 모두 사실일 수 있고 아마도 그럴 것이다. 그러나 **확실한가**? **예외**는 없는가? 확실하지 않다. 단지 가능성이 높을 뿐이다. 자신이 존재한다는 여러분의 **생각은** 틀릴 수도 있고, 착각할 수도 있고, 정신병적일 수도 있다.

데카르트조차도 틀렸을 수 있다. 그는 "나는 생각한다"고 말했다. 글쎄, 그럴지 모른다. "나는 존재한다고 생각한다." 그럴 가능성이 높지만 그렇지 않을 수도 있다. "그래서 나의 생각은 내가 생각한다는 것을 증명해준다." 그럴까? "그리고 내가 존재한다는 나의 생각은 내가 실제로 존재한다는 것을 증명해 준다." 정말 그런가?

동어반복은 거의 아무것도 증명하지 못한다. 여러분이 다른 말을 덧붙인 것이 "아마도 나는 생각할 것이다"이다. 이것은 생각하는 사람인 내가 존재한다는 것을 아마도 보여줄 것이다. 그러나 이것은 내가 존재한다고 단지 생각한다는 것을 보여줄 수 있고, 내가 아마도 존재할 것이라는 것을 단지 보여줄 수도 있다. 그러나 내가 존재하는지는 확실치 않다. 그래서 내가 존재하고, 그런 것처럼 행동하고, 그래서 계속 존재한다고 가정하는 것이 더 낫다. 확실한 것은 아무것도 없다는 내 생각을 포함하여 - 확실한 것은 아무것도 없다. 너무 유감스럽다! 나는 확실성 없이 가능성만을 가지고 최선을 다해 살 것이다. 나는 불확실성을 **좋아하지** 않지만 **수용할** 용기를 갖고 있다.

자신과 우리 모두 공간적 존재를 가지고 있음을 "증명"하는 존재론적 논거를 사용해서, 틸리히는 존재에 대한 용기의 부재에 대처한다. 이 용기를 갖기 위해 그는 불확실성 - 그의 존재론적 논거는 불확실성을 수용하지 **않는다** - 을 **수용**하는 것이 더 낫다.

2. 틸리히는 존재에 대한 용기의 "증거"로 "궁극적 관심ultimate concern"을 도입한다. 그러나 궁극적 관심은 여러분이 **모든** 조건에서 완전히 100% - 자신, 타인, 세계, 그리고 모든 것을 - 돌보는 것을 의미한다. 그러나 이것이 가능한가? 여러분이 궁극적 관심을 가지겠다고 결심하고 혹은 여러분이 그러한 관심을

가지고 있다고 타인들이 생각한다 하더라도, 여러분은 항상 완벽하게 **궁극적으로** 그것을 가지고 있는가? 어떤 것이 궁극적인가? 궁극적인 것은 항상 그대로 있을까? 아마도 그럴 수 있다. 그러나 나는 그것을 의심한다.

3. 여러분이 궁극적으로 신을 의지하고 믿는다면, 실제로 그렇게 할 수 있는가? 항상 총체적으로 궁극적으로 할 수 있는가? 여러분이 그렇게 할 수 있다면, 신에 대한 여러분의 궁극적인 관심이 영원한지를 여러분은 어떻게 아는가? 신을 사랑하는 많은 사람들이 철저한 무신론자가 되거나 부분적으로만 신을 사랑하는 사람이 된다.

종합하면, 여러분이 존재의 용기를 가지고 있다면, 그것의 궁극적, 총체적, 지속적 의미는 여러분이 완벽하게 **모든** 조건에서 특히, 항상 **궁극적으로** 그러한 용기를 십중팔구 가지고 있음을 증명할 수 있다는 것이다 — 그러나 여러분은 자신이 존재의 용기를 **항상** 가지고 있다고 증명할 수 없다. 자신이 미래에도 존재의 용기를 가지고 있을 거라고 어떻게 보증할 것이며, 지금 그러한 용기를 궁극적으로 가지고 있다고 여러분은 어떻게 확신할 수 있는가?

이 모든 것은 다음과 같이 될 것이다. 즉, 여러분은 변함없이 궁극적인 것 — 틸리히의 궁극적인 관심이 가정하듯이 — 이 무엇이든 그것을 증명할 수 없다. **혹시라도** 여러분이 궁극적인 것에 도달한다면, 여러분은 영원히 그럴 것이다. 아마도!

존재론조차도 제한적이다. 우리는 공간적 존재가 오늘 존재한다고 말할 수 있다. 그러나 그런 존재가 내일도 존재**해야 하는가?** 상호작용하는 존재가 없거나 있거나 상관없이 혹은 매우 쉽게 공간은 존재할 수 있다. 존재는 **공간** 없이 **지금** 존재할 수는 없으나 미래에는 그것이 가능할 수도 있다. 아마도 우주 어딘가에 공간 없이 한 존재가 존재할 지도 모른다 – 혹은 미래에 존재할 수도 있다. 아닐 수도 있다. 그러나 한 존재 – 예를 들어, 순수한 영혼 – 가 독립적으로 존재할 수 있다.

**존재**가 공간적 존재를 포함한다고 말하는 것은 아마도 과잉일반화일 수 있다. 좀 더 정확하게 말해서 "지금 존재하는 것은 존재론적으로 공간적 존재를 의미한다." 또한, 현재 존재하는 것은 공간적으로 영원히 존재함을 의미한다. 그러나 우리는 **영원함**을 어떻게 증명할 수 있는가?

또한, 우리의 행성과 우주에는 생명체가 없었고big bang 전후 모두에 나중에 생명체가 나타났다고 가정한다면, 처음에는 존재 없이 **공간**은 없었는가?

일단 생명존재이 존재하자마자 그 생명이 **공간을 창조했다**고 추측할 수 있다. 그러나 그렇다하더라도 생명이 공간을 창조**해야만** 했는가? 생명은 공간 없이 불멸의 영혼을 창조할 가능성은 없었는가? 거의 그럴 수 없겠지만 가능하기는 하다.

공간적 존재에 "본래" 혹은 "확실히"라는 말 대신에 "십중팔구"라는 말을 조심스럽게 첨가하면, 우리가 적게 잃고 아마도! 많이 얻을 것이다. 그럴 경우, 우리는 다음과 같이 말할 수 있는데, "**십중팔구** 공간적 존재는 존재하고, **십중팔구** 공간적 존재는 인간 그리고 다른 생명체를 위해 을 위해 계속 존재할 것이다. 그러나 미래 언젠가 **존재** 혹은 **공간**이 독립적으로 존재할 수 있다. 지금 당분간은 공간과 존재가 변함없이 동행한다고 가정하자." 우리가 그렇게 믿는다면, 그것이 어떻게 인간의 삶을 바꾸어 놓을까?

나는 위의 확률적인 그리고 존재론적이지 않은 진술문으로 시작하겠다. 그리고 내 그리고 틸리히 가 이 진술문에서 무조건적 자기수용과 타인수용을 도출할 수 있는지 보겠다. 십중팔구 그리고 많은 경험적 관찰에 의해서, 우리는 오류와 한계를 지닌 인간으로 이 세상에서 수백 년 동안 생각하고 느끼며 행동해 왔으며, 건강하고 만족스러운 삶을 계속 이어가기를 소망한다. 그러나 우리는 매우 건강하지 못하고 만족하지 못하면서 살 수 있다. 비존재죽음가 존재하지만 피하려고 노력하자. 틸리히가 말한 것처럼, 이런 노력에는 "바람, 수고, 위험, 고통, 파괴가능성을 기꺼이 수용하는 것도 포함된다." 수용이란 우리가 많은 불쾌한 일들을 바꾸려고 노력하지만 바꿀 수 없을 때 그러한 것들을 참으면서 안고 살아가는 것을 의미한다. 또한, 수용은 우리가 그러한 것들을 **좋아**하지 않더라도 푸념과 불평 없이 받아들이는 것을 의미한다.

우리는 바로 거기에서 중단할 수도 있고 순순히 더 많이 수용할 수도 있다. 그리고 우리는 신이나 기적 같은 운명에 의존하지 않고서도 그렇게 수용할 수 있다. 우리는 실용적인 이유들 때문에 삶에서 발생하는 모든 "좋은" 운명과 "나쁜" 운명을 무조거적으로 수용할 수 있다. 왜냐하면 그러한 운명을 거부하는 것은 십중팔구 더 나

뻔 결과를 초래하기 때문이다 - 그러한 운명을 극도로 불평하는 것은 종종 상황을 더 악화시키지 개선하지는 못하며 우리를 불필요하게 우울하게 만든다. 불평은 거의 승리를 가져오지 못한다.

무조건적 자기수용과 타인 수용을 위해 우리에게 더 필요한 것은 무엇인가? 거의 없다. 우리는 왜 수용해야 하는지 그 경험적 및 실용적 이유를 견지해 왔다 - 그리고 군더더기로 존재론과 신을 가정한 틸리히의 주장을 폐기했다. 틸리히의 존재론적 주장을 버린 것은 잘한 일이다.

나는 무조건적 수용 및 무조건적으로 수용하려는 용기에 필요한 많은 관련 요소들을 나중에 제시하겠다. 간단히 말해서 여러분이 원치 않는 것을 얻고 원하는 것을 얻지 못했을 때, 자기, 타인, 세상을 좋아하는 것 그것이 무조건적 수용이다.

좀 더 구체적으로, 무조건적 수용은 다음과 같은 것을 의미한다.

- 반드시 성공하는 것은 아니지만, 좌절, 수고, 고통, 역겨움, 우울을 줄이고자 노력하는 것.
- 반드시 성공하는 것은 아니지만, 다른 사람들로부터 인정과 사랑 및 수용을 받고 원한과 미움을 사지 않으려고 노력하는 것.
- 반드시 성공하는 것은 아니지만, 유능하고 성취적으로 되고자 노력하는 것.
- 다른 사람들로부터 공정한 대우를 받고자 노력하지만, 그렇지 못하더라도 크게 상처 받지 않는 것.
- 반드시 성공하는 것은 아니지만, 혼란, 불안, 공포에 휩싸이지

않으려고 노력하는 것.

- 항상 성공하는 것은 아니지만, 자신의 인생을 통제하고 누군가의 독단에 휘둘리지 않으려고 노력하는 것.

- 항상 성공하는 것은 아니지만, 인생의 의미와 목적을 찾고자 노력하는 것.

- 항상 성공하는 것은 아니지만, 언젠가는 죽을 수밖에 없고 원하는 만큼 살 수 없다는 사실을 받아들이고자 노력하는 것.

- 자신이나 타인의 문제에 대한 마술적인 해결책은 없으며, 문제를 안고 있는 여러분과 타인을 도와주는 신도 없다는 사실을 수용하는 것.

무조건적 자기수용, 무조건적 타인수용 및 무조건적 인생수용에 대해서는 앞으로 다른 장에서 좀 더 상세하게 다룰 것이다. 한편, "내가 바꿀 수 있는 것은 바꾸고 바꿀 수 없는 것은 수용할 수 있는 용기 그리고 이 둘 간의 차이를 알 수 있는 지혜를 주십시오"라는 레인홀드 니버Reinhold Niebuhr의 20세기 초반 기도문으로 돌아가 보자.

니버의 말을 다시 생각해 보면, 여기에는 3가지 핵심 즉, (1) 기존의 길이 막혀있을 때 새로운 길을 시도해 보는 용기, (2) 여러분이 좋아하던 좋아하지 않던 간에, 몇몇 싫은 일들은 즉시 사라지거나 없어지지 않는다는 점을 수용하는 것, (3) 기존의 삶의 방식에서 계속 나쁜 결과가 발생할 것으로 예상될 때 새로운 방식을 시도하는 것이 더 나은지를 알아보는 것 등이 들어 있다.

이것이 의미하는 것은 여러분이 자신의 현재 삶의 방식이 작동하지 않을 수 있음을 **수용**하고, 싫은 일들이 여전히 존재할 것임을 **수용**하고, 다른 길을 시도해보는 것이 더 나을 수 있음을 **수용**하며, 새로운 방식 혹은 어떠한 새로운 방식 이 작동하지 않을 수 있음을 **수용**하는 것이다. 수용의 형태는 적어도 네 가지이다! 그렇기 때문에 우아한 수용을 채택하고 계속 그렇게 하기가 어렵다. 그러나 여러분은 어떤 좀 더 나은 선택을 가지고 있는가?

제 17~22 장

# Albert Ellis

## 17장

# 달라이 라마, 하워드 커틀러, 구나라타나 만하테라의 티베트 불교와 자기존중

티베트 불교는 석가모니 불교의 주된 교리를 따르지만, 선불교와는 몇 가지 중요한 차이점을 가지고 있다. 이 장에서 나는 14대 달라이 라마Dalai Lama와 미국의 정신의학자 하워드 커틀러Haward C. Cutler의 『행복의 기술The Art of Happiness. New York: Riverhead Books, 1998』 및 이들의 두 번째 책 『일에서의 행복의 기술(The Art of Happiness at Work. New York: Riverhead Books, 2003』에 나오는 몇 가지 중요한 측면을 검토하겠다.

행복에 대한 달라이 라마의 관점이 이 두 권의 책에 상세하게 나와 있기 때문에 나는 그것을 간략하게 요약하겠다. 이 두 책은 매우 영양가 있고 설득력 있기 때문에 반드시 읽어보길 바라고 되도록 여러 번 읽어보길 바란다. 『행복의 기술』에서 내가 발견한 무조건적 자기수용USA, 무조건적 타인수용UOA, 무조건적 인생수용ULA을 여기에서 소개할 것이다.

서구와는 달리, 달라이 라마는 성공을 위한 노력에 기반한 조건적 자기수용을 반대한다. "달라이 라마는 세속적인 성공, 돈, 권력의 성취를 강조하기보다는 건전한 행동을 위한 결단과 열정을 구축하고자 노력하고, 부정적인 정신적 특성을 제거하려고 노력한다. … 동기에 대한 달라이 라마의 일차적 관심사는 저변의 동기를 자비와 친절의 동기로 재구성하고 바꾸는 것이다."(p.273)

"불교수행 속에서 인내, 관용, 친절, 등과 같이 구체적이고 긍정적인 정신적 특징을 기르는 것은 불안, 증오, 집착과 같은 부정적인 마음의 해독제로 작용한다."(p.239)

"낮은 자신감은 목표를 추구하는 과정에서 앞으로 나아가고 도전과 모험을 하려는 우리의 노력을 방해한다. 부풀려진 자신감도 위험하기는 마찬가지다. 자신에 대한 이상화된 관점을 현실이 방해하거나 세상이 지지하지 않을 때, 자신의 능력과 성취를 과장해서 인식하는 사람들은 계속 좌절하고 절망하고 분노할 수밖에 없다."(p.275)

"불교수행에 참여하는 사람들의 경우 자기증오에 대한 해독제는 자기를 포함한 모든 중생들이 – 그들의 현재 상황이 아무리 취약하고, 가난하고, 결핍되어 있든 – 부처의 본성을 가지고 있으며 완벽, 즉 열반의 가능성 혹은 씨앗을 갖고 있음을 되새기는 것이다."(p.287)

무조건적 타인수용과 관련해서 달라이 라마를 옹호하는 글이 『행복의 기술』에는 수없이 많이 들어 있다. 이 책을 읽고 자신을 보라. 많은 문장 중 다음의 몇 개를 인용해 보겠다.

"다른 사람을 도와주고자 손을 내미는 것은 우리의 본성상 의사소통만큼이나 기본적이다."(p.59)

"나는 시간을 잘 활용하는 것이 다음과 같다고 믿는다. 즉, 할 수 있다면 다른 사람 즉 불쌍한 중생을 섬겨라. 그렇게 하지 못한다면 적어도 그들을 해치지 마라. 나는 이것이 내 철학의 전반적인 토대라고 생각한다."(p.64)

"달라이 라마가 생각하는 친밀감은 많은 타인, 가족, 친구, 심지어는 낯선 사람에게까지 자기를 기꺼이 개방하고 공동의 인간성에 기초하여 진실하고도 깊은 유대관계를 형성하는 것이다."(p.84)

"자비는 비폭력적이며, 해롭지 않고, 비공격적인 마음의 상태라고 정의할 수 있다. 자비는 타인이 고통으로부터 자유로워지기를 소망하는 것이고, 그들에 대해 헌신, 책임감 및 존경심을 갖는 정신적인 태도이다."(p.114)

"나는 자비가 인류의 생존에 필요한 토대와 삶의 진정한 가치를 제공하고, 자비가 없다면 기본적인 평화가 사라질 거라고 믿어 의심치 않는다."(p.119)

"우리는 우리의 궁극적인 목표를 좀 더 명확히 해야 한다. 전 세계는 무장해제 되어야 한다."(p.190)

"우리는 인내와 관용이라는 증오의 해독제를 적극적으로 개발할 필요가 있다."(p.249)

합리적-정서적-행동 치료가 옹호하는 그러면서 내가 이 책에서 기술한 수용의 3가지 주된 형태 중에서 달라이 라마는 분명히 무조건적 인생수용을 옹호한다. 달라이 라마는 티베트에서 쫓겨나 다른 많은 불교인들과 함께 인도의 외진 도시에 오래 동안 살았지만, 그는 살아남았으며 인생에 대한 자신의 진정한 철학을 통해 자기 자신 및 자신의 추종자들에게 많은 행복을 선사했다. 『행복의 기술』에 나오는 수용의 가르침을 살펴보자.

행복을 얻는 믿을 만한 방법은 "우리가 원하는 것을 갖는 것이 아니라 우리가 가진 것을 원하고 감사하는 것이다."(p.29)

"모든 것은 변화하기 때문에 영원히 존재하는 것은 아무것도 없고, 어떠한 것도 자기만의 힘으로 동일하게 머물러 있을 수 없다." (p.163)

"당신이 다른 관점에서 자신의 [끔찍한] 상황을 비교하고 바라볼 수 있다면, 놀라운 일이 발생할 것이다. … 동일한 문제를 멀리서 바라보면, 그 문제는 더 작아져서 당신을 압도하지 않을 것이다."(p.174)

"극단을 피하고자 조심하면서 인생을 조화롭고 기술적으로 접근

하는 것은 일상의 삶을 살아가는데 매우 중요한 요인이 된다."(p.193)

"달라이 라마는 내적 수양이 영적인 삶의 토대임을 거듭 강조했다."(p.311)

달라이 라마와 하워드 커틀러는 『일에서의 행복의 기술』에서 좋은 삶에 대한 탐색을 계속하면서, 조건적 자기존중의 위험성을 점점 더 확실히 보게 되고 무조건적 수용을 더욱 지지하게 된다. 이 책에서 자기존중에 관한 것을 인용해 보겠다.

"자신이 지닌 긍정적인 내적 특성을 자신 있게 인정하면, 성취감을 맛보기 위해 타인의 칭찬에 매달릴 필요가 없다."(p.131)

달라이 라마는 말하길, "삶이 단지 생산의 수단으로 된다면, 여러분은 인간이 지닌 좋은 가치와 특성의 많은 부분을 상실할 것이다. 그러면 여러분은 완벽한 사람이 되지 않을 것이고 될 수도 없다." (p.146)

달라이 라마가 워싱턴의 인재들을 대상으로 캐피털 빌딩Capitol Building에서 강연 했을 때, 그의 신변안전을 담당한 한 안전 요원은 "달라이 라마는 전혀 가식 없이 모든 사람들을 인간 대 인간으로 대하면서 관계를 맺었다. 그는 어디를 가든 운전사, 수위, 웨이터, 봉사 요원과 이야기하는 것을 좋아한다"고 말했다.(pp.202-203)

"단지 돈을 위해서 돈을 쫓을 경우의 문제점은 돈이 우리를 탐욕의 희생양으로 만든다는 것이다. 결코 끝나지 않는 탐욕. 그래서 우리는 결코 만족할 수 없다."(p.32)

『일에서의 행복의 기술』에서는 무조건적 자기수용을 분명하게 언급하고 있지 않다. 곧 살펴보겠지만, 그 이유는 달라이 라마가 무조건적 자기수용에 초점을 맞추고 이 주제를 벗어나지 않았기 때문이다. 그러나 그는 소위 비참함의 대부분은 본인 스스로 원인을 제공하고 지속시킨다는 점을 계속해서 지적하고 있다. 따라서 그는 자기중심성과 에고ego를 좋거나 나쁘다고 평가하는 것은 파괴적이라고 말한다.

달라이 라마는 "불교수행의 핵심은 내적 변화를 가져오는 것이다"라고 말한다.(p. 152) 그 때, 여러분은 자기의 마음을 훈련시켜 자기 방어적으로 말하거나 지위를 쫓지 않고 자신이 즐기기 위해 선택한 일에 집중할 수 있다.

많은 돈을 벌거나 타인으로부터 인정을 받기 위해 직업을 선택하지 말고, 자신의 주된 목표, 흥미, 목적을 발견하고 그것을 실현하는데 인생의 대부분을 헌신하기 위해 직업을 선택해야 한다고 달라이 라마는 계속 강조한다.

이처럼 달라이 라마는 무조건적 자기수용을 분명하게 지지하지는 않지만, 자아실현 – 일과 삶에서 여러분이 주로 하고 싶은 것이 무엇인지를 발견하고, 다른 사람들로부터 받을 칭찬에 상관없이 그 일을 하는 것 – 의 본질을 선호한다. 이럴 때 여러분은 진정으로 자기 자신이 된다.

하워드 커틀러가 잘 표현한 것처럼, "타인에게 도움이 되고자 하는 진실한 소망이" 달라이 라마를 존재하게 만드는 모든 것이다.(p.4) 달라이 라마는 나머지 모든 사람도 무조건적 타인수용에 헌신할 수 있도록 거의 강박적으로 노력한다. 인간에 대한 무조건적인 사랑을 전적으로 옹호하는 그의 말을 『일에서의 행복의 기술』에서 인용해 보겠다.

"세계 그리고 세계의 경제를 생각하라. 환경을 생각하라. 다양한 형태의 사회 정의를 보라. 아마도 여러분은 어떤 식으로든 무언가를 개선하는데 작은 공헌을 할 수 있을 것이다."(p.32)

"그것이 일이든 아니든 상관없이 인간의 모든 활동에서 주된 목적은 인간에게 혜택을 주는 것이어야 한다."(p.37)

"내가 생각하는 인간의 기본적 가치의 토대는 타인에 대한 관심이다."(p.54)

"직업의 핵심은 물론 생존을 보장하는 것이다. 그러나 직업은 어떤 식으로든 다른 사람들에게 의미 있는 기여를 할 수 있다."(p.155)

"할 수만 있다면 타인을 섬겨라. 그렇게 할 수 없다면 적어도 그들을 해치지 마라."(p.173)

"우리는 또한 노동의 결과 즉, 노동이 우리 자신, 우리 가족과 사회 및 세계에 미치는 효과를 고려해야 한다."(p.183)

달라이 라마와 하워드 커틀러의 대화를 보면, 다른 사람에 대한 자비가 티베트 불교 철학의 핵심이라는 점이 매우 분명하다 - 그리고 달라이 라마는 자신이 설교한 것을 매우 일관적으로 실행하고 있다. 수십 년 동안 중국 정부에 의한 티베트 점령과 크나큰 시련을 고려할 때, 달라이 라마와 티베트 수도승들이 자신들의 적을 수용하는 기술은 매우 놀랍다. 그들은 비난하거나 적대시하지 않는 방식으로 중국을 대하기 위해 많이 노력하고 있다. 이것은 그들의 주된 철학 중 하나 즉, 여러분 분노의 원인은 그들의 불공정과 부조리가 아니라, 그러한 "무서운 행위들"을 비난하는 여러분 자신의 관점이라는 철학을 지지한다. 달라이 라마와 그의 추종자들의 사상, 감정 및 행동은 합리적-정서적-행동 치료와 티베트 불교의 아이디어를 상당히 지지한다.

무조건적 인생수용에 대한 티베트 불교 철학은 어떠한가? 달라이 라마의 관점과 행동 역시 이것을 지지할 수 있다. 몇 가지 주된 예를 『일에서의 행복의 기술』에서 인용해 보겠다.

직무 환경이 여러분이 바라는 것과 거리가 멀다면, "어떠한 상황도 100% 좋거나 100% 나쁘지는 않다는 것을 깨달으면서 시작하라."
(p.26)

"자신의 직무 환경 혹은 직무 환경에 영향을 주는 더 강력한 요인들을 바꿀 수 없다면, 여러분의 관점을 바꾸거나 조정할 필요가 있다. 그렇지 않으면 여러분은 일과 삶에서 계속 불행할 것이다."(p.53)

달라이 라마가 말하는 운명Karma으로, "사람들의 현재 상황이 현세나 전생에서 그들의 행위가 만들어낸 결과를 의미하지는 않는다. … 자신의 과거 행위가 현재 상황에 영향을 주듯이, 현재 행위는 자신의 미래를 변화시킬 수 있다."(p.144)

따라서 변화를 가져올 만한 **행위**를 현재 한다면, 여러분은 결코 운명에 얽매여 있지 않다.

"자기 일에 대한 충만감을 원한다면 자신의 태도가 가장 중요하다고 생각한다. 그렇다. 가장 중요한 것은 일에 대한 자신의 태도이다."
(p.98)

하워드 커틀러에 따르면, "달라이 라마는 … 자신의 자기를 일과 완전히 통합한 사람이다. 그의 개인적인 삶과 일 관련 삶은 완전히 통합 - 너무도 잘 통합되어 '개인적인' 삶, '영적인' 삶, '가정적인' 삶 사이에 구분이 없다 - 되어 있다."(p.200)

종합하면, 달라이 라마와 티베트 불교는 보기에 좋다. 그들이 무조건적 자기수용의 철학을 옹호하는지는 아주 분명한 것은 아니지만, 매우 정확하게 무조건적 타인수용과 무조건적 인생 수용을 지지한다. 달라이 라마는 영적 지도자, 교사, 학자, 외교관으로서 행복하게 일할 뿐만 아니라, 많은 문제에도 불구하고 사람들이 어떻게 하면 평화롭고, 친절하고, 자비로운 삶을 영위할 수 있는지를 보여준다. 그는 자신과 타인을 용서하고 자신의 거친 세상에 관용을 베풀고자 변함없이 일하고 있다. 달라이 라마는 스스로 모범을 보이고 불교를 가르침으로써, 사람들이 자기증오, 자기를 방해하는 사람에 대한 분노, 세상에 대한 불평을 극복하도록 돕는다. 우리가 무엇을 더 요구할 수 있겠는가?

이 장을 마무리 지으려고 할 때, 숀 볼로Shawn Blau가 구나라타마 만하테라의 위빠사나Vipassana 명상에 관한 『쉬운 영어로 된 마음챙김 Mindfulness in Plain English』이라는 귀한 책을 내게 주었다. 이것은 달라이 라마의 관점과 약간 다른 티베트 불교의 전통을 논의한 것이다. 이것을 간단하게 살펴보자.

남아시아와 동남아시아에 퍼져있는 위빠사나 명상은 "통찰 명상"으로, 수행자들은 현실의 본질에 대한 통찰과 모든 것이 어떻게 작동하는지에 대한 정확한 이해를 명상의 목표로 한다. 좋다. 그러나 우리는 "모든 것"이라는 용어에 주의할 필요가 있다. "위빠사나 명상의 목표는 우리가 세상을 볼 때 갖게 되는 거짓과 망상의 장막을 떼어내어 궁극적인 실체의 진면목을 드러내는 것이다." 매우 좋은 목적이다!

**사마타**Samatha는 마음의 평정이고 **위빠사나**Vipassana는 통찰 명상이다. 위빠사나는 주로 호흡에 초점을 맞춘다. 모든 인간이 그렇듯이, 여러분은 끊임없는 긴장 – 특히 질투, 고통, 불만, 스트레스 – 에 시달리고 있다. 긴장은 자기 마음의 상태에서 비롯된다. 그러나 여러분은 즐거움을 쫓고, 고통을 피하고, 경험의 90%를 무시하면서, 벗어날 수 없는 영원한 쳇바퀴를 돌리고 있다. 그러나 여러분이 모든 것을 완전히 통제할 수는 없고 원하는 모든 것을 얻을 수는 없더라도, 행복과 평화 그리고 "인간의 경험에서 핵심적인 점들"을 경험할 수 있다. 여러분은 자신의 욕망이 만들어내는 강박적 충동OCD: obsessive-compulsive driveness을 포기할 수 있고, 여러분이 원하는 것을 원하지 않는 법도 배울 수 있으며, 욕망을 인정하면서도 그 욕망에 휘둘리지 않는 법을 배울 수 있다.

평화와 행복을 얻기 위해서 여러분은 "착각, 판단 및 어떠한 식의 저항 없이 자신이 누구이고 어떠한 상태인지를 볼 수 있어야 한다." 여러분은 인류에 대한 의무와 책임감을 인식해야 하며, 무엇보다도 다른 사람들과 함께 살아가고 있는 한 개인으로서의 자신에 대한 책임감을 인식해야 한다. 위빠사나 명상은 욕심, 증오, 질투를 정화한다. "여러분이 자신에 대한 자비를 배운다면, 타인에게도 자동적으로 자비로울 수 있다."

지금까지 매우 좋다! 통찰 명상은 호흡에 초점을 두지만, 어떻게 생각하는지에 대해서도 – 분별 있는 방식과 혼란스런 방식 모두 – 주목한다. 통찰 명상은 건설적인 사고와 파괴적인 사고 – 특히 파괴적인 욕망, 증오, 질투 – 를 구분하여, 자신이 얻는 결과, 평화와 행복을 선명하게 보게 만든다. 통찰 명상을 통해 여러분은 자신이 욕망에 강박적으로 집착하고 있음을 알 수 있고, 동시에 타인의 목표와 가치관도 알 수 있다. 합리적-정서적-행동 치료처럼, 통찰 명상은 분명히 무조건적 자기수용과 무조건적 타인수용을 포함하고 있다. 놀랍다!

그렇다면 무엇이 문제인가? 몇 가지 중요한 가정은 다음과 같다. (1) 무조건적 자기수용과 무조건적 타인수용이 강박적 욕망과는 아주 **다르다는** 것을 알게 되면, 여러분은 무조건적 자기수용과 무조건적 타인수용이 더 좋기 때문에 그것의 선택이 더 낫다는 것을 알게 된다. (2) 강박적 충동에 따르려는 **선천적 및 후천적** 학습된 경향성에도 불구하고, 여러분은 어떤 식으로든 강박적 욕망을 포기하기 위해 지옥 같은 전쟁을 계속할 것이다. (3) 여러분은 이 싸움에서 거의 변함없이 **이긴다.**

이 가정에는 의문의 여지가 많다! 실제로 오늘날 모든 사람들은 흡연의 심각한 폐해를 **목격하고** 통찰력을 가지고 있다. 그럼에도 불구하고, 얼마나 많은 사람들이 목숨을 걸고 **계속** 담배를 피우는가? 흡연과 흡연의 해로움에 대해 통찰력과 함께 강력한 손익계산적인 태도를 가지고 있을 때, 때로 사람들은 금연한다. 그러나 통찰**만으로도** 가능한가?

욕심, 질투 및 긴장에 대한 통찰이 매우 유용하다는 위빠사나 통찰 명상은 합리적-정서적-행동 치료와 크게 일치한다. 그러나 이런 통찰의 효과가 자동적인가? 거의 그렇지 않다! 또한, 합리적-정서적-행동 치료에 따르면, 여러분이 욕심, 질투, 스트레스를 꽤 해로운 것으로 보고, 자신이 이러한 것들을 경험하고 있음을 인식하고 있을 때, 이들의 해악을 물리치는데 종종 – 항상은 아니다 – 유리하다. 반면에 위빠사나 통찰 명상은 이러한 것들의 해악을 결코 분명하게 인정하지 않고 단지 암시만 하고 있을 뿐이다. 따라서 "여러분이 욕심, 질투, 스트레스를 분명히 해로운 것으로 보고, 이러한 감정으로 인해 자신을 해치고 싶지 않을 때, 그 때의 통찰은 여러분이 이러한 해로운 것을 포기하는데 도움이 될 것이다"라고 분명히 인정하는 것이 좋다. 통찰 = 예방이라는 위빠사나 등식보다 더 정직한 것이 있을까? 만하테라Manhathera는 말하길, "도통한 수행자는 삶을 깊이 있게 이해하고, 틀림없이 깊고도 무비판적인 사랑으로 세상 사람들과 관계를 맺는다." 아마도 그럴 것이다!

여러분이 크게 명상함으로써 적어도 자신의 생각으로 삶을 깊이 있게 이해한다고 가정해 보자. 여러분은 어떻게 그리고 왜 깊고도 무비판적인 사랑으로 세상 사람들과 관계를 **맺어야** 하는가? 여러분은 이밖에도 몇 가지 가능성을 가지고 있다. (1) 여러분은 타인들과 깊이 있고 비판적으로 관계를 맺을 수 있다. (2) 여러분은 "삶에 대한 깊은 이해"에도 불구하고 타인들과 관계를 **맺지 않을** 수 있다. (3) 여러분은 동물, 과학, 예술, 스포츠, 등과 깊은 관계를 맺을 수 있다. 여러분은 **아마도** 그리고 좀 더 **자주** "깊고 무비판적인 사랑으로" 세상과 관계를 맺을 수 있다. 그러나 필연적인가?

만하테라 그리고 일반적인 위빠사나 철학은 사람 및 사람의 관계에 대해 시종일관 낭만적인 태도를 취한다. 여러분이 사물의 실제 존재 방식 – 다양하고, 만하테라가 계속 지적하듯이, 정말로 **알기** 어려운 - 을 이해하거나 통찰한다 하더라도, 인간으로서 여러분은 "호의적이거나" "비호의적인" 다양한 방식의 반응을 **선택**할 수 있다. 그러나 여러분이 좋은 방식만을 선택해야 하는 것은 아니다. 따라서 위빠사나 통찰이 도움이 **될 수** 있지만 꼭 그래야만 하는가?

위빠사나 명상은 여러분들로 하여금 "편견과 착각 없이 사물에 대해 있는 그대로의 직접적인 지식에 도달하게 만든다." 그럴까? 수 세기 전에 임마누엘 칸트는 있는 그대로의 사물이 존재할 수 있지만, 우리는 물자체를 알 수 있는 확실한 방법을 모르고 있음을 증명했다. 지난 세기의 포스트모던 철학자들도 마찬가지로 회의적이었다. 만하테라는 사물들이 실제로 존재하는 방식을 그리고 항상 존재하는 방식을 알고 있는 것 같다. 만하테라와 위빠사나 추종자들은 **어떻게** 알았을까?

"불교 명상에는 3개 - 도덕, 참선, 지혜 - 의 필수적인 요인이 있다." 이 말은 맞는 것 같다. 대개는 여러분도 위빠사나 명상에 이 세 요인이 있다고 생각할 것이다. 여러분이 이 명상에 또 다른 요인 - 부도덕 같은 요인 - 을 들여오면, 그런 명상은 십중팔구 효과가 없을 것이다. 내가 옳다면, 여러분이 통찰 명상에 부도덕을 개입시킬 경우, 무조건적 타인수용과 심지어는 무조건적 자기수용에도 이르지 못할 것이다. 무조건적 타인수용과 무조건적 자기수용은 통상적으로 도덕적이기 **때문에** 효과가 있는 것이다. 도덕은 근본적으로 사회적 집단에 도움이 되는 역할을 의미한다. 따라서 무조건적 타인수용과 무조건적 자기수용을 만들어내기 위해서 여러분은 도덕성을 발휘해야 한다. 여러분의 출발점은 여기다. 만하테라는 이점을 인정하는데 등한히 하고 있다.

여러분은 "객관적인 관점에서 전체적인 상황을 보고, – 자신의 – 욕구와 타인의 욕구에 동일한 가중치를 부여해야 한다." 그러나 문제가 있다! 어떤 관점이 완전히 객관적인가? 모든 사람의 관점은 자기만의 관점이다.

그러나 만하테라는 여기에서 중요한 점을 지적한다. 그의 말처럼, 모든 관점은 자기중심적이고 편향적이다. 또한, 어떤 관점이든 **완전히** 공정할 수는 없으나 덜 편향적이면서 더 객관적일 수 있고, 선호하건대 그래야만 한다. 그러나 만하테라는 **선호할 만한**preferable과 **절대적으로 그래야 하는**absolutely should and ought을 혼동하고 있다.

여러분이 타인의 욕망보다 자신의 욕망을 – 합당하게 – 더 좋아하면서도 강박적으로 그런 것은 아니고, 다른 사람들도 **그들만의** 합당한 선호가 있음을 인식하고 있다면, 그것이 선호하는 것이다. 그래서 여러분은 자신의 욕망을 좋은 것으로 보면서도 그것이 유일하게 좋고 합당한 것은 아니라는 인식을 갖고자 노력해야 한다. 그렇지 않으면 당신은 혼자 살 수밖에 없을 것이다!

그러나 **선호할 만한** 이라는 말은 **여러분에게** 그렇다는 것이지 모든 사람에게 그렇다는 것은 아니라는 것을 의미한다. 이것이 – 불가능한 – "객관적" 관점이다. 그래서 여러분은 자신의 욕망과 타인의 욕망에 **동일한** 가중치를 부여하지 않는다. 그러나 여러분은 자신과 타인의 욕망 각각에 "객관적으로" **어떤** 가중치를 부여한다. 내가 이 책에서 지적한 것처럼, 이것은 많은 장점 – 특히 평화로운 삶 – 을 가지고 있다. 그래서 여러분은 – 위빠사나 명상의 가르침처럼 –

뒷짐을 진 채 이 가중치를 결정한다. 그러나 편파적임을 분명히 알고 있을 때조차도, 여러분은 **종종** 자신의 욕망을 더 선호한다. 그러나 여러분은 그러한 욕망을 항상 충족하고자 하지는 않는다. 그래서 여러분은 상당한 정도로 – 완벽하지는 않지만 – 무조건적 타인수용을 성취할 수 있다.

본론으로, **욕망과 필요**에 관한 합리적–정서적–행동 치료이론을 이해하고 통찰함으로써, 여러분은 이런 측면의 많은 문제들을 해결할 수 있다. 여러분은 자신이 원하는 것을 **바라지만**desire 그것을 **필요**need로 하지는 않는다. 굶주리고 있고 원하는 것이 음식이라 하더라도, 여러분이 음식을 필요로 하는 것은 굶어 죽지 않기 위해서이지 살기 위해서가 아니다! 여러분이 **원하는 것**은 절박한 것이지만 결코 진정한 필수품은 아니다. 따라서 음식이 부족하다면 여러분은 **불편**할 것이다. 힘들 것이다!

이제 이러한 사실을 제대로 **인식**하고 또한 **수용**한다면, 여러분은 비참하지 않은 삶을 영위하는데 거의 문제가 없을 것이다. 그렇다. 여러분은 반드시 행복할 필요는 없지만 매우 **평화로울** 것이다. 그러면 여러분은 무조건적 자기수용과 무조건적 타인수용을 하기로 결정할 수 있다 – 그리고 내 생각에 여러분은 병상을 번거로워할 것이다.

"자비는 자신과 타인을 해치는 모든 생각과 말, 행동을 자율적으로 삼가는 것을 의미한다." – 달라이 라마가 분명히 그랬듯이, 아주 오랜 동안 자비로움을 의식적으로 선택한 후에 여러분은 자비로울 수 있다, 그러나 명상하지 않는 많은 사람들도 자비를 가지고 있다. 내가 나의 최근 모든 책에서 밝힌 것처럼, 이런 유형의 무조건적 자기수용과 무조건적 타인수용에 - 명상이 있든 없든 - 도달하는 것이 합리적-정서적-행동 치료의 주된 목표이다. 언라이트와 피츠깁본Enright & Fitzgibbion, 2000의 용서법처럼, 무조건적 자기수용과 무조건적 타인수용에 도달할 수 있는 몇 가지 철학적 방식이 있다. 이 중 어떤 방식이 명상을 통해 혹은 명상 없이 더 좋은 결과를 가져오는지는 계속 연구해야 한다.

"발생하는 모든 것을 수용하라. 자신의 감정과 심지어는 자신에게 없는 것을 바라는 소망까지도 수용하라." 이제 우리는 **진정한** 수용의 상태에 도달하고 있다. 위빠사나 신도들이 실제로 이렇게 했다면, 위빠사나 명상은 놀라울 정도로 좋아졌을 것이다. 그러나 위빠사나 신도들은 정말로 명상의 한계와 단점을 수용하는가? 특히 강박적인 낙천주의자들이?

위빠사나 통찰이 근본적으로 사실이라고 가정하는 것들이 - 아마도 나의 질문을 통하여 볼 수 있듯이 - 입증할 수 없고 최소한 의심스럽다. 그 가정들은 매우 좋아 **보인다.** 그러나 끊임없는 실험을 통해 그것이 "정말로" 좋은지 알 수 있으며, 그것이 좋다면 더 많은 실험과 더 많은 시간을 거친 후 그것이 여전히 효과적인지를 알 수 있을 것이다.

내가 이 모든 것 중에서 위빠사나 명상의 목표에 반대하는 것은 아니다. 사실 나는 그러한 목표를 지지한다. 나는 단지 그런 목표가 본질적으로 **참**인지에 대해 의문을 품고 있을 뿐이다. 실제로 나는 어떠한 목표든 그 목표가 본질적으로 참인지에 대해서 의문을 제기한다. 그 목표들이 현재 현혹적인 목표보다 더 나을 수 있다 - 선택한 목적을 위해 더 효과적일 수 있다. 그러나 그 목표가 영원히 그리고 항상 참인가?

만하테라는 자부심, 사기, 질투를 야기하는 조건적 자기존중의 단점들을 공격하는 것처럼 보인다. "이러한 미성숙한 습관이 사람들 사이에 거리감, 장벽 및 원한을 만들어낸다"고 그는 주장한다. 맞다. 그러나 만하테라는 합리적-정서적-행동 치료가 지지하는 것과 같은 무조건적 타인수용의 철학에 완전히 다가가지 않은 채, "모든 생명과 사물에 보편적이면서, 여러분을 타인에게 좀 더 가까이 다가가도록 만드는 그러한 요인에 집중하라"고 명상을 하는 사람들에게 말한다.

**그러나** 여러분이 모든 삶에 보편적으로 좋은 모든 요인들 - 사랑, 우정, 무조건적 수용과 같은 요인 - 에 주의를 집중하는 경우에만, 타인에게 좀 더 가까이 다가가는데 명상이 효과가 있을 것이다. 달라이 라마가 하는 것이 이것이다. 왜냐하면 몇몇 "나쁜" 요인들 - 특히, 경쟁, 시기, 증오, **자신의** 이득을 위한 투쟁 등 - 도 보편적이기 때문이다. 그래서 명상을 하는 사람들은 **적대적인** 보편적 요인과 **우호적인** 보편적 요인을 구분해야 한다. 물론 그렇게 할 수 있다는데 - 분명히 어려운 일이고 성찰이 필요하지만 - 나는 동의한다. 그러나 이것은 명확한 - 그리고 결정적인 - **선택**이다. 대체로 만하테라는 좋은 목적을 가지고 명상을 하고, 그러한 목적을 성취하기 위해 명상을 한다. 좋다! 그러나 좋은 목적으로 명상하는 것은 여전히 **선택**이다. 명상**만으로** 이러한 목적에 도달할 수는 없을 것이다. 그러나 "적절한" 지도를 받는다면, 명상은 분명히 도움이 될 수 있다.

"참선을 하는 사람은 하루에 3~4 시간 정도 수행을 한다. **영원**

히? 너무 **많지** 않은가? 다른 목적을 위해 쓰면 더 좋을 많은 시간을 명상으로 소모하지는 않는가? **그렇게 많이** 지속적으로 명상할 가치가 있다는 증거는 어디에 있는가? 약간의 명상은 꽤 유익할 것이다. 그러나 **그렇게 많이** 필요한가!

"두려움의 원천이 무엇이든 간에 마음챙김mindfulness은 두려움의 치료제이다. 정확하지는 않다! 높은 곳에서 떨어지는 것과 테러에 대한 두려움은 사실일 것이다. 그리고 할 수만 있다면, 여러분은 그러한 두려움을 유지하면서 그것에 대항하는 것이 낫다. 그러나 두려움에 대한 두려움은 "나는 **절대로 두려워하지 말아야 한다!**"는 생각에서 비롯된다. "내가 테러리스트를 두려워하는 것은 싫지만, 그 두려움에 조심하고 참고 사는 편이 더 낫다"고 생각함으로써 두려움을 제거할 수 있다.

"우리가 털어 버리지 못하는 생각은 독이다." **집착**은 생각이 아니라 독이다. 집착 – 혹은 과잉 집착 – 은 강박적이다. "성공과 사랑은 좋기 때문에 나는 **항상 반드시** 성공하고 사랑**받아야 한다**"는 생각에서부터 집착이 시작된다. 욕망은 어리석게도 필요를 야기한다 – 이것을 위빠사나 명상이 깨닫고 **비판한다.** 명상의 위대한 힘이 이런 점에 있다.

"부정적인 집착과 마찬가지로, 긍정적인 집착도 여러분을 구렁텅이 속으로 빠뜨린다." 종종 집착이 **필연적이고** 강박적이라면 그렇다. 강박은 여러분의 삶에 대한 관점 전체를 바꾸어 놓는다. 여러분이 정념에 도달했을 때, 좋은 담배는 담배이고, 좋은 성교는 성교이다.

구나라타마 만하테라가 『쉬운 영어로 된 마음챙김』이라는 책에서 명료하게 잘 기술한 위빠사나 명상에 대해 내가 동의하는 측면과 그렇지 않은 측면을 지금까지 소개했다. 나는 다른 것도 언급하고 싶지만 이것으로 충분한 것은 충분한 것이다. 만하테라는 특히 무조건적 자기수용과 무조건적 타인수용에 도달하는 몇몇 중요한 방법을 선호하여 기술하고 있다. 나는 그의 몇 가지 관점에 약간 반대하는데 그가 이 점을 고려해 주길 희망한다. 무조건적 수용은 단지 내 관점에서 볼 때 무조건이기 때문에, 만하테라의 관점은 간혹 전적으로 수용하는 것은 아니다. 그렇다. 고지식한 의문이고 회의이지만 현실적이다. 완벽주의는 아니다!

## 18장

스즈키의 선불교와
수용의 철학

모든 형태의 불교는 깨달음에 이르게 하는 석가모니 불교의 4가지 고귀한 진리를 포함하고 있지만, 불교에는 많은 형태가 존재하고 어떤 불교는 매우 독특하다. 따라서 선불교와 티베트 불교는 무조건적 자기수용, 타인수용, 인생수용에 대한 관점과 그것에 도달하는 방식에서도 서로 다르다. 나는 17장에서 티베트 불교의 몇 가지 관점을 살펴보았다. 이 장에서는 몇몇 선불교의 관점을 살펴볼 것이다.

스즈키D. T. Suzuki는 서구 사회에서 선각자로 알려져 있다. 그래서 나는 에리히 프롬Erich Fromm과 리차드 드마티노Richard DeMartino와 함께 스즈키가 쓴 『선불교와 정신분석Zen Buddhism and Psychoanalysis. New York: Grove Press, 1960』이라는 책에서 인용할 것이다.

선불교를 기술한 스즈키의 관점에는 자기, 일체oneness, 절대적 주관성, 내적 창의성, 개인적 느낌의 신격화, 논리와 지성에 대한 극단적 반대 등을 어느 정도 신비주의적으로 보는 입장이 들어 있다. 그러나 스즈키는 무조건적 자기수용, 무조건적 타인수용, 무조건적 인생수용을 분명히 선의 입장에서 보고 있다. 이러한 철학을 살펴보자.

무조건적 자기수용과 관련해서, 선불교를 추종하는 사람들은 자신이 타인들에게 얼마나 "좋은" 사람인가를 증명하는데 관심이 없다. 이와는 반대로 그들은 "절대 참견하지 않고 늘 자기를 내세우지 않으며 겸손하다."(p.66)

선불교는 "혼자의 힘으로 깨달음을 추구하고 다른 사람이 깨달음에 이르도록 도움을 베풀라고 말한다."(p.75)

하나의 선기도는 "끝 모를 나의 열정이 모두 뿌리 채 뽑히기를 기도하는" 것이다.(p.76)

선불교의 주된 목적은 자기중심성 및 성공과 사랑에 대한 갈망을 제거하는 것처럼 보인다. 이것은 합리적-정서적-행동 치료와 일치한다. 그러나 선불교의 어떤 교파는 갈망뿐만 아니라 모든 욕망을 거부하고 무욕의 상태에 도달하려는 것처럼 보인다. 예를 들어, 유명한 선불교 수도승 린자이Rinzai는 "도를 닦은 사람은 어떤 일로도 부담을 느끼지 않으면서 무위nondoing의 상태에 머물러 있는 사람이다"라고 말한다. 정신건강의 관점에서 볼 때, 이것은 건강한 삶과는 정반대이다.

무조건적 타인수용과 자비의 성취에 관해 선불교는 좀 더 구체적이다.

"의지는 … 지혜와 사랑을 합한 것이다."(p.58)

"도를 닦은 사람은 자신의 왼쪽 뺨을 맞았을 때 오른 쪽 뺨을 돌려 내밀지는 않을 것이다. 그러나 다른 사람의 복지를 위해 말없이 일할 것이다."(p.68)

"도를 닦은 사람은 다른 사람을 위해 자신의 모든 것을 헌신한다." (p.69)

"나는 무수히 많은 모든 중생들이 구원 받기를 기도한다."(p.75)

"『법화경Lotus Sutra』에 나오는 말로, '구원을 받아야 할 단 하나의 영혼이라도 있다면, 나는 그를 구하러 이 세상에 다시 돌아올 것이다." (p.70)

선수도승Buddhistattva 작게 Zen-man의 6가지 기본 덕목 중에서 "(1) 자비 혹은 보시giving는 모든 중생들Savassattva의 이익과 복지를 위해 줄 수 있는 모든 것을 나누어 주는 것이다."(p.72)

여러분도 알 수 있듯이, 티베트 불교처럼 선불교도 자비로 가득 차 있다. 자비에 관한 얘기 중 이치에 어긋나는 것은 하나도 없다! 좌절에 대한 강한 인내력 혹은 무조건적 인생수용은 선불교의 중요한 부분이다:

선불교 수행자는 "모든 열악한 조건에서도 인내력을 가지고 나아

갈 것이다."(p.72)

"명상Dhyana은 호의적이든 비호의적이든 어떠한 상황에서도 평정심을 유지하고, 역경이 연이어 나타나더라도 동요하거나 좌절하지 않는 것이다. 명상은 많은 훈련을 필요로 한다."(p.72)

이것 역시 매우 분명하다. 선불교를 포함한 몇몇 유형의 불교는 인내심과 강인함을 가르치고 무조건적 인생수용을 가르친다.

종합하면, 선불교는 수행자들로 하여금 물질적 성공과 사랑을 필사적으로 추구하지 말고 자신을 수용하도록 촉구함으로써 무조건적 자기수용을 매우 잘 증진시킨다. 선불교는 무조건적 타인수용과 무조건적 인생수용을 더 잘 증진시킨다. 2500년이나 된 철학이 여전히 멋지게 확고부동하다!

## 19장

# 윈디 드라이든, 마이클 니넌, 폴 헉의 무조건적 수용

1955년Ellis, 1957, 1958, 1962에 합리적-정서적-행동 치료를 창안한 직후, 나는 무조건적 자기수용과 무조건적 타인수용을 강력하게 지지했으며, 이 치료법을 따르는 또 다른 사람들도 수용을 심리치료의 중요한 목표로 삼기 시작했다. 이를 선도하는 사람이 마이클 버나드 Michael Bernard, 레이몬드 디귀시퍼Raymond DiGiuseppe, 러셀 그리거Russell Grieger, 윌리엄 노스William Knaus, 수 월른Sue Walen, 자네 울프Janet 울프 그리고 폴 우즈(Paul Woods)이다. 그리고 그 밖에도 다수들이 있다!

무조건적 수용을 특별히 지지한 사람이 윈디 드라이든이다Dryden, 1994, 1997, 2002; Dryden & DiGuiseppe, 2004; Dryden & Gordon, 1991; Dryden & Neenan, 2003; Neenan & Dryden, 1992. 그는 정기적인 내담자들의 무조건적 자기수용과 무조건적 타인수용 수준을 높였을 뿐만 아니라, 합리적-정서적-행동 치료의 코칭 과정에서 뿐만 아니라 치료를 받지 않은 사람들로 구성된 특수집단에게도 이러한 수용을 성공적으로 사용해 왔다.

전형적으로, 드라이든은 마이클 니넌과 함께 쓴 『인생 코칭Life

Coaching』이라는 책에서 자기수용이라는 제목 하에 독자들에게 다음과 말한다. 즉, "자기수용은 살면서 정서적 안정을 발전시키고 유지하는데 매우 중요하기 때문에, 우리는 이 개념을 이 책에서 반복적으로 논의해 왔다. 자기수용 철학을 내면화하면, 자기폄하를 피하고, 자신의 행위, 특성 및 경험 예로, '나는 이 상황을 엉망으로 만들었지만, 이 것으로부터 배울 것이 있다고 생각한다. 그러나 그것 때문에 내가 쓸모없는 것은 아니다' 에 계속적으로 초점을 맞출 수 있다. 자기수용은 여러분을 불편하게 만드는 감정의 강도와 빈도를 크게 줄여준다. 왜냐하면 그러한 감정의 핵심에는 자신에 대한 공격이 있는데, 자기수용은 그것을 막아주기 때문이다."Neenan & Dryden, 2002, pp.159-160

물론 이것은 분명히 무조건적 자기수용이다. 다시 인용하면, "문제가 있든 없든 그것 때문에 여러분이 한 사람으로서 우월하거나 열등한 것은 아니다. 그렇다면 여러분은 어떤 사람인가? 이 책 전반에 걸쳐 우리가 논의하고 있듯이, 여러분은 바꾸거나 개선하고자 하는 자신의 행위와 특성은 평가하지만, 그러한 측면에 근거해서 자기자신을 평가하지는 않는, 오류를 범할 수 있는 불완전한 사람이다. 예로, 나는 "공황장애를 지닌 내 자신을 수용할 수 있지만, 그것이 없어지기를 진정으로 바란다. 그래서 그것을 극복하기 전문적인 도움을 받을 것이다."Neenan & Dryden, 2002, p.146

반복하건대, 이것은 문제의 증상을 보이는 내담자와 독자들에게 자기비하를 거부하라고 촉구하는 것이다. 같은 책에서 니넌과 드라이든은 처음에는 무조건적 자기수용의 중요성을 경시하지만, 마지막 부분에서 "관용 배우기"라는 제목의 장에서 말하길, "관용은 자신과 다른 의견이나 행동을 수용하거나 좋아하지는 않지만 그 존재를 기꺼이 허용하는 것을 의미한다. 여러분이 누군가의 의견이나 행동에 반대한다면 그에 대한 반대 주장을 할 수 있다. 그러나 그것 때문에 그 사람을 비난하지는 말아야 한다. 관용은 여러분과 다른 사람들에게 틀릴 수 있는 권리를 허용해 주고, 그럼으로써 정서적 동요의 가능성을 줄여준다."Neenan & Dryden, 2002, p.167

이것은 합리적-정서적-행동 치료의 무조건적 타인수용 철학과 매우 유사하지만, 심지어 그것을 더 강조하는 것일 수도 있다. 드라이든은 전체적 자기에 대한 평가는 잘못된 것이며 해로운 것이라고 내담자와 독자들에게 일관적으로 가르친다. 다음은 내담자와의 전형적인 대화이다.

드라이든: 여러분은 한 부분으로 전체를 정의할 수 없다고 했지요. 그것이 자기 자신을 평가하지 말아야 하는 매우 좋은 이유입니다. 왜냐하면 여러분 자신은 단 한 가지 측정치로 평가하기에 너무 복잡하기 때문이지요.

내담자: 전체가 아닌 자기의 부분을 평가하는 것은 괜찮습니까?

드라이든: 네, 괜찮아요. 그리고 그 대안은 평가할 수 없고 실수할 수 있으며 좋은 측면과 나쁜 측면을 가지고 있는 한 인간으로서 자기를 수용하는 것입니다Dryden & DiGiuseppe, 1990.

드라이든은 『자기 수용의 방법How to Accept Yourself, 1999』이라는 대중
서를 썼다. "자기수용의 중요성"이라는 장에서 그는 조건적 자기수용
과 그 위험성을 잘 설명하고 있다. 그는 말하길, "우리가 이미 살펴
본 것처럼, 지극히 복잡하고 계속 변화하는 자기를 완전히 공정하게
평가할 수 있겠는가? 따라서 여러분이 낮은 자기존중을 지니고 있다
면, 그것은 여러분이 매우 복잡하고 지속적으로 변화하는 자기를 총
체적으로 평가하기 때문이다. 높은 자기존중을 얻기 위해 여러분이
할 수 있는 것이 그러한 평가이다. … 대안은 무조건적 자기수용이다
17-18쪽." 또한, 자기폄하는 자신이 잘해야 한다는 **요구**demand로부터
생기는 반면, 무조건적 자기수용은 "하나의 유연하고 독특한 철학과
밀접한 관계가 있음"을 드라이든은 증명하고 있다. 그는 무조건적 타
인수용도 지지하며, 타인이 자기를 **절대적으로 공정하게 대해야 한
다**는 자기중심적 요구를 버리라고 촉구한다(p.20).

드라이든은 『합리적—정서적—행동 치료의 기초Fundamentals of Rational
Emotive Behavior Therapy』 치료자 매뉴얼에서 자기수용과 타인수용을 위한
경험적, 논리적, 실용적 근거를 제시한다(p.132).

드라이든과 니넌Dryden & Neenan, 2003은 합리적—정서적—행동 치료자
를 위한 핸드북에서 무조건적 자기수용의 사용을 매우 일관적으로
옹호한다. 즉, "여러분의 내담자들이 자신의 마음을 불편하게 만드는
특성을 수용하도록 도와줘라."(p.66) "정서적 책임과 관련해서 합리적—
정서적—행동 치료는 내담자가 자신의 정서적 문제를 야기했다는 이
유로 그를 비난하지 않는다. 자신의 정서적 문제에 대한 책임은 그에
게 있지만, 그것 때문에 **비난받을 만한 것**은 아니라는 점을 여러분

은 내담자에게 분명히 해야 한다"(p.81) "합리적-정서적-행동 치료자처럼, 여러분의 자아를 가능한 한 자신의 일에서 벗어나 있도록 하라. 여러분이 한 것을 평가하라. 그러나 그 일을 한 자신을 평가하지는 마라."(p.231)

『합리적-정서적-행동 치료자를 위한 포켓용 서적REBT Therapist's Pocket Companion, 2003』에서, 드라이든과 니넌은 합리적-정서적-행동 치료이론과 무조건적 인생수용을 다음과 같이 강력하게 지지하고 있다. 즉, "역경이 세상의 종말이 아니라 세상의 일부임을 내담자가 깨닫도록 도와줘라."(p.131)

종합하면, 윈디 드라이든과 마이클 니넌은 무조건적 자기수용과 무조건적 타인수용을 적극적으로 지지한다. 많은 다른 저서에서도 그들은 내담자와 독자들에게 좌절에 대한 낮은 인내력을 극복하는 방법과 무조건적 인생수용을 터득하는 방법을 보여준다Dryden, 1994, 2002; Neenan & Dryden, 2002, 2003. 합리적-정서적-행동 치료에 관한 내용이 다음에도 계속된다!

폴 헉Paul A. Hauck은 1960년대부터 합리적-정서적-행동 치료를 수행해 왔으며, 무조건적 자기수용, 무조건적 타인수용 및 무조건적 인생수용을 일관적으로 옹호하는 자기치료self-help 대중서적을 많이 집필했다. 초기 저작『우울증 극복하기Overcoming depression, 1973』에서 그는 "자신을 비난하라, 그러면 우울증이 뒤따라 올 것이다."(p.23) 그리고 "죄책감을 느낀다는 것은 무슨 의미인가? 그것은 여러분이 자신의 행동을 가지고 자기 자신을 **낙인찍은 것**이다."(p.27)라고 지적했다.

헉은 합리적-정서적-행동 치료에 관한 자신의 많은 저서를 통틀어 조건적 자기존중이 얼마나 해롭고 무조건적 자기 존중이 얼마나 도움이 되는지를 보여준다. 이에 관한 그의 걸작은 『평가 게임 극복하기: 자기사랑을 넘어서 – 자기존중을 넘어서Overcoming the Rating Game: Beyond Self-Love-Beyond Self-Esteem, 1991』라는 책이다. 우리는 이 책을 앨버트 엘리스 클리닉에 오는 많은 사람들에게 소개한다.

이 책의 3장 도입부에서 헉이 분명히 말한 것처럼, "여러분이 열등감, 낮은 자기존경, 낮은 자기존중, 낮은 자기가치를 피하고 싶다면, 자신을 도울 수 있는 단 한 가지 기법이 있다. 이러한 조건에 있는 자신을 치료하기 위해 해야 할 한 가지 일은 **자기 혹은 타인을 결코 평가하지 않는 것이다.**"(p.32) 그 다음 부분에서 헉은 "자기를 논리적으로 평가할 수 없는 이유" 그리고 자기를 비논리적으로 평가하는 이유를 합리적–정서적–행동 치료 입장에서 설명한다. 그 다음에 그는 자기평가와 타인평가에 뒤따르는 우울, 질투, 분노와 같은 정서적 동요를 기술한다.

헉은 "여러분이 자신의 결점을 바꿀 수 없다면, 그런 결점을 지닌 자기를 수용하라."(p.47)고 말한다. 그리고 타인이 실패했다 하더라도 그를 전적으로 수용하라!

헉이 자신의 훌륭한 책에서 내린 결론으로, "자기존중과 자기사랑을 넘어서는 법을 배울 때까지 노력하라. 자기존중이나 자기사랑 대신에 자기수용을 위해 노력하라."(p.101) 이것은 합리적–정서적–행동 치료의 입장을 잘 요약한 것이다!

자기치료에 관한 다양한 책에서 폰 헉(1074, 1076)은 일은 미루는 사람들과 술과 같은 해로운 물질에 중독된 사람들이 스스로에게 어떻게 말하는지를 지속적으로 보여준다. 즉, 그들은 무조건적 인생수용을 사용하여 좌절에 대한 낮은 인내력을 극복할 수 있을 때, "끊는 것은 너무 어려워! 나는 중단할 수 없어!"라고 말한다.

이 장에서 볼 수 있는 것처럼, 합리적-정서적-행동 치료 학파를 선도하는 윈디 드라이든, 미셸 니넌 그리고 폴 헉은 무조건적 자기수용과 무조건적 타인수용이라는 합리적-정서적-행동 치료의 전통을 잘 활용하고 있다. 그들은 또한 전문가와 일반인들에게 무조건적 자기수용을 터득함으로써 자제력이나 좌절에 대한 인내력의 부족에 대처하는 방법을 조언해 준다. 그들은 합리적-정서적-행동 치료의 주된 철학을 망라하고 있다.

## 20장

아론 벡, 데이비드 번스,
윌리엄 글래서의
자기존중과 자기수용

아론 벡Aaron Beck은 경미하거나 심각한 우울증을 지닌 사람들의
역기능적 도식scheme을 연구함으로써, 우울증 및 인지치료에 근거한
우울증 치료의 권위자가 되었다Beck, 1961, 1963, 1967, 1976; Beck, Rush,
Shaw, & Emry, 1979. 자신의 독창적인 저서『불안장애와 공포증: 인지적
조망Anxiety Disorders and Phobias: A Cognitive Perspective』에서 벡은 자기존중과
자기경멸이 불안과 공황상태를 유발하는 결정적인 요소임을 밝혔다
Beck, Emery, & Greenberg, 1985.

『불안장애Anxiety Disorders』의 '수용'이라는 단원에서 벡을 포함한 저
자들은 "타인의 수용을 걱정하는 사람의 핵심적인 신념은 자신이 어
떤 면에서 결점이 있기 때문에 타인들이 자기를 수용하지 않을 수 있
다는 것이다. … 그는 **과잉일반화**하고 **획일화한다.** 즉, 그는 타인의
수용을 필수적이며 중요한 것으로 본다. … 타인의 의견이 자기존중
에 직접적으로 영향을 주기 때문에, 그는 자기에 대한 타인의 피드백
에 의존되어 있다. … 다시 말해서, 그의 자기수용은 사상누각이다."
(pp.302-303)

벡은 『우울증Depression, 1967』이라는 책에서 심한 우울증 환자의 "자기평가는 바닥 수준이다. … 이런 사람은 자기를 전적으로 바보거나 완전히 실패한 사람으로 본다."(p.21)는 점을 증명하고 있다.

벡은 자신의 주요 저서인 『인지치료와 정서장애Cognitive Therapy and the Emotional Disorders, 1976』에서 "낮은 자기존중과 자기비난은 우울하고 불안한 환자들에게 기본이다"라고 지적한다. 그리고 그는 과잉일반화, 실무율적all-or-nothing사고, 긍정적인 측면의 무시, 과장 및 최소화, 그리고 케런 호니(1950)가 말한 '해야 한다shoulds라는 횡포'와 같은 역기능적 사고에서 자기폄하가 시작된다고 말한다. 나와 벡은 독립적으로 연구했지만, 놀랍게도 이런 점에서 벡의 표현은 나의 발견과 확실하게 일치한다Ellis, 1958, 1957a, 1957b, 1962.

그러나 벡은 우울하고 불안해하는 환자들에게 좌절에 대한 인내력과 내가 말하는 무조건적 인생수용을 가르쳤지만, 그가 무조건적 인생수용을 전적으로 지지하는 것 같지는 않다. 반대로, 환자들이 자신의 행동뿐만 아니라 자기를 깎아내리기 때문에 자기존중이 낮아질 때, 벡은 이러한 자기폄하를 저지하기 위해 그들의 좋은 특성과 좋은 행위를 제시한다. 그러나 합리적-정서적-행동 치료 차원에서 보면, 벡은 환자들에게 충분히 유능한 특성을 가지고 있을 때 **조건적으로** 자기를 수용 – 조건적 자기존중 – 할 수 있음을 보여준 것에 불과하다. 벡의 인지치료와 나의 합리적-정서적-행동 치료의 유사점과 차이점을 다룬 벡의 논문Padesky & Beck, 2004과 나의 논문Ellis, 2004에 잘 나와 있듯이, 많은 부적절한 행동에 상관없이 무조건적으로 자기를 수용한다는 개념은 벡에게 낯선 것 같다.

데이비드 번스는 유명한 책 『좋은 느낌 갖기: 새로운 기분 치료법 Feeling Good, The New Mood Therapy, 1980/1994』을 쓴 정신과의사로, 펜실베이니아 대학교University of Pennsylvania에서 아론 벡과 같이 연구하면서 인지치료를 배웠다. 결과적으로, 그는 이 책의 앞부분에서 조건적 자기존중을 지지하면서, 스스로를 비하하는 우울한 사람들에게 그들이 범하는 과잉일반화의 오류를 보여주고, 그들도 스스로 존중할 만한 매우 훌륭한 특성과 실적을 가지고 있음을 보여주라고 추천한다.

다행스럽게도, 번스는 여기서 멈추지 않고 13장 "여러분의 일이 여러분의 가치는 아니다"에서 무조건적 자기수용을 분명하게 지지하고 있다. 따라서 그가 말하는 **진정한** 자기존중은 "인생의 어느 시점에서 여러분이 성공하든 그렇지 않든 상관없이 자기에 대한 사랑과 행복을 최대한 경험하는 능력"이다.(p.262) 이것은 정확히 무조건적 자기수용에 대한 합리-정서적-행동 치료식의 정의이다. 그리고 번스는 나의 책 『심리치료에서의 이성과 정서Reason and Emotion in Psychotherapy, Ellis, 1962』와 『합리적 삶의 길잡이A Guide to Rational Living, Ellis & Harper, 1961/1975』를 신뢰하기 때문에, 그는 나의 저작물로부터 이런 식의 무조건적 자기수용을 배웠을 것이다.

『좋은 느낌 갖기』에서 번스는 시종일관 전통적인 자기존중이 얼마나 해롭고 어떻게 우울증과 불안을 야기하는지 보여주고 있다. 그는 몇몇 훌륭한 '역할놀이'와 또 다른 훈련기법을 제시하여 독자들로 하여금 자기존중과 맞서 싸우고 무조건적 자기수용을 터득할 수 있도록 했다. 그는 "성취의 덫을 피하는 방법Escape from the Achievement Trap"이라는 단원에서 조건적 자기존중의 희생자가 되지 않는 방법을 독자들에게 보여주고 있다.

　자신의 책 『10일 만에 자기존중에 이르는 길Ten Days to Self-Esteem, 1993』과 개정판 『좋은 느낌 갖기 핸드북Feeling Good Handbook, 1999b』에서, 번스는 계속해서 전문적으로 조건적 자기존중을 철저히 공격하고 무조건적 자기수용을 옹호하고 있다. 그는 여전히 자기존중을 지지하지만 이 개념을 자기수용의 의미로 재정의한다. 내가 이 책에서 한 것처럼, 그는 『10일 만에 자기존중에 이르는 길』의 "조건적 대 무조건적 자기존중" 단원에서 조건적 자기존중과 무조건적 자기존중을 명확하게 구분한다. 이 단원에는 "나는 다른 사람과 – 우월하거나 열등하지 않고 – 동등하다고 느낄 것이다. 이것이 나의 인간관계를 더 가치 있게 만들 것이다"와 같은 무조건적 자기수용의 8가지 이득이 수록되어 있다(p.186).

　번스는 또한 사랑하는 사람이 죽었을 때 나타나는 건강한 슬픔과 건강치 못한 우울 간의 차이, 어떤 사람의 부당한 행위에 대한 건강한 분노와 그에 대한 건강치 못한 격노 간의 차이를 보여주고 있다. 이것은 건강한 부정적 정서와 건강치 못한 부정적 정서를 구분하는 합리적–정서적–행동 치료방식과 유사하다Ellis, 2001a, 2001b, 2002, 2003, 2004.

　번스는 『좋은 느낌 갖기 핸드북』에서 무조건적 자기수용을 계속적으로 지지하면서, 무능한 행동을 한 자기를 완전히 수용하도록 도와주는 주요 기법으로서 이 책의 25장에서 소개하고 있는 나의 수치심 공격 훈련기법을 추천하고 있다. 이 기법을 훈련하는 동안, 사람들은 의도적으로 어리석은 행동을 해보고 그렇게 함으로써 사회적 비난을 겪어보고, 그들이 받은 비난 때문에 건강치 않게 자기를 증오하거나 우울해하지 않고 건강하게 유감을 느낄 수 있도록 노력한다.

번스는 『좋은 느낌 갖기』의 7장에서 분노를 철저히 다루고 있다. 그는 여기서 무조건적 타인수용을 분명하게 지지하지는 않지만, "사람들은 정확히 내가 원하는 대로 나를 대해야 하고, **절대로 해서는 안 되는** 불공평한 방식으로 나를 대한다면 그들은 아주 나쁜 사람이다!"에서처럼 자기중심적으로 규정한 '**해야 한다**shoulds'가 어떻게 분노를 만들어내는지 보여주고 있다. 여러분은 타인이 불공평하다는 점을 결코 확신할 수가 없고 ― 불공평을 정의하는 절대적인 방법이 없기 때문에 ―, 그렇기 때문에 불공평에 대한 여러분의 판단이 근거가 없고 불합리하다는 점을 번스는 밝히고 있다. 그는 무조건적 타인수용을 몇 가지 구체적인 방식으로 가르치면서 암묵적으로 그것을 지지하게 된다. 번스가 『좋은 느낌 갖기』에서 공감과 어루만지기를 논하면서 지적한 바, 사람들이 여러분을 악의적으로 부당하게 대할 때조차도 "그들을 인간으로서 비난하거나 저주하지 마라. 그들을 인간적으로 공격하는 것은 그들의 행동이나 생각을 부정적으로 평가하는 것과는 다르다."(p.409) 여기에서 그는 무조건적 타인수용의 핵심에 도달해 있다. 또한, 일, 관계 및 기타 스트레스에서 오는 공포를 한탄할 때의 이득과 손실을 독자들에게 상기시키면서, 번스는 무조건적 자기 수용과 무조건적 인생 수용을 지속적으로 옹호한다. 그래서 데이비드 번스는 수용에 대한 일관된 수용으로 A학점이다! 아론 벡과 달리, 번스는 자신의 길을 이탈히서 무조건적 자기수용, 무조건적 타인수용 및 무조건적 인생수용의 **철학**을 전파하고 있다. ― 물론 합리적-정서적-행동 치료도 마찬가지다.

윌리엄 글래서William Glasser는 자신의 저서를 통틀어 특히, 『선택 치료Choice Therapy, 1998』와 『행위의 현실치료Reality Therapy in Action, 2002』에서 사랑과 관계의 중요성을 강조한다. 애석하게도, 계속해서 글래서는 사람들이 행복을 위해 자비에 대한 강한 **소망**desiring보다는 타인과의 관계를 **필요**needing로 한다고 언급한다. 그래서 글래서가 말하는 **선택**은 합리적-정서적-행동 치료식의 선택과 다른데, 여러분이 좋은 관계를 맺지 못할 때 그런 관계를 건강치 않게 필요로 하면서 우울해하는 대신에 사랑을 얻지 못할 때 건강하게 사랑을 원하고 유감스러워하는 그런 식의 선택은 아니다.

그럼에도 불구하고 글래서는 『선택 치료』에서 무조건적 타인수용의 가치를 명확하게 보여준다.

"다른 사람과 좋은 관계를 유지하기 위해서, 우리는 강요하고, 압력을 행사하고, 처벌하고, 보상을 주고, 조종하고, 왜곡하고, 동기화하고, 책망하고, 불평하고, 잔소리하고, 괴롭히고, 고함치고, 평가하고, 철회하는 행동을 중단해야 한다. 우리는 이러한 파괴적인 행동을 보살핌, 경청, 지지, 협상, 격려, 사랑, 우정, 신뢰, 수용, 환영, 존중으로 대치해야 한다."(p.21)

"결혼할 가장 좋은 기회는 상대방보다 더 많은 권력을 가지려는 욕구가 두 사람 모두에게 약할 때이다."(p.101)

"우리가 통제할 수 있는 유일한 사람은 자기 자신이다."(p.97)

훌륭한 결혼 생활은 "옳은 것보다 관계를 항상 더 우선시 한다."
(p.210)

무조건적 자기수용 관련해서 글래서는 강력하거나 분명하지 않다. 분명히 그는 여러분이 다른 사람보다 더 강하고 더 우월해야 한다고 주장할 수 있다고 생각한다. 그는 말하길, "힘에 의해 움직이는 우리는 우리가 하는 거의 모든 것에 순위를 매겨왔다... 다른 사람을 뒤로 밀어내서라도 앞서가려고 하는 것이 인생길이다."(p.211)

여러분이 다른 사람보다 더 강한 권력을 얻고자 애쓰지 않는다면 그리고 여러분의 상대적 위치를 서열로 매기지 않는다면, 여러분은 훨씬 더 좋은 선택 - 자기 관심사에 따라 일을 하고, 타인을 자기와 동등하다고 생각하고, 타인과 협동하는 즐거운 관계를 즐기고 - 에 초점을 맞출 수 있다고 그는 계속 강조한다. 무조건적 자기수용을 달성하기 위해 글래서가 제안한 주요 방법은 무조건적 타인수용에 초점을 맞추는 것이다. 약간은 티베트 선불교 수도승처럼, 글래서는 자비를 윗사람으로 대우해 줄 것을 요구하지 않도록 해주는 방부제 그리고 "우월한 사람"이 되지 못했을 때 자기를 비하하게 만드는 어리석은 집착을 없애주는 방부제로 사용한다. 글래서는 타인비하를 하지 않음으로써 자기비하를 피하라고 충고한다. 그러나 그는 이 문제 자체를 거의 다루지는 않는다.

글래서는 『선택 치료』의 서두에서 타인이 아닌 자신의 사고, 느낌,

행동만을 통제할 수 있다고 말하는 것으로 무조건적 인생수용에 접근한다. 따라서 여러분은 자신이 원하는 모든 것을 가질 수는 없다 – 그리고 여러분은 좌절을 **수용**하는 것이 더 낫다. 따라서 그는 유치원 아이들조차도 "너무 많은 것을 원하지 않는 것을 배워야 한다."고 말한다(p.58)

또한, 우울증을 가진 한 여성을 치료할 때, 글래서는 "나는 그녀에게 몇 가지 선택 이론 – 어느 누구도 그녀를 비참하게 만들 수 없다. 그녀만이 자신을 그렇게 만들 수 있다 – 을 가르치는 것으로 시작하겠다"라고 주장한다(p.132). 더욱이 그는 "내담자들에게 인생은 공정하지 않다는 것을 – 그리고 그들은 이런 현실을 받아들이는 것이 낫다 – 가르치는 것 또한 결정적이다"라고 말한다(pp.132-133).

종합하면, 글래서는 무조건적 타인수용이라는 철학을 분명하게 제시하고 있으며, 이것을 자신의 치료에서 핵심으로 삼고 있다. 그는 무조건적 자기수용과 무조건적 인생수용을 추천하는데 좀 모호한 점이 있지만, 내담자와 독자들에게 선택 이론을 사용함으로써 이러한 무조건적 수용의 이상을 추구할 수 있음을 보여준다.

## 21장

스테판 헤이즈 및 기타 인지
행동치료자의
수용 및 몰입 치료

 스테판 헤이즈는 한 때 급진적 행동주의자였지만 현재는 관계적
틀 이론RFT: relational frame theory을 구축했다. 이 이론은 인간의 정서적
동요가 환경적 **맥락** 속에서 발생하고 그러한 동요의 주된 이유가 동
물과 달리 인간이 언어를 사용하기 때문이라는 행동주의 입장을 강
조한다. 언어 사용은 인간에게 많은 측면에서 대단한 이점을 주고,
그래서 우리는 언어를 버리지 않는 것이 더 낫다. 그러나 언어와 상
징적 과정은 종잡을 수 없고 실제로 존재하지 않는 정서적 공포를
조장하기도 한다. 실제 불행 – 무능, 가난, 거절과 같은 – 을 겪고
있는 우울한 사람이 죽음을 **경험**해 보지 않은 경우, 언어를 통해 천
국에서의 아름다운 미래를 **상상**할 것이다. 그 다음에 그는 자신을
더욱 우울한 상태로 몰고 가서는 우울한 감정을 **견딜 수 없다고** 스
스로에게 말한다. 게다가 자신의 열악한 조건과 초라한 느낌에 관해
**생각조차도 하지 말아야** 한다고 주장하고는, 모든 고통으로부터 자
신은 구원해 줄 수 있는 평화로운 사후 세계를 **만들어낼** 수도 있다,
그렇게 함으로써 그는 어떠한 현실적인 이유 없이 자살을 할 수 있

다. 이와 비슷한 상황에서 동물은 자살을 하지 않는다. 왜냐하면 동물에게는 언어가 없고 자살을 "돕는" 미래에 대한 상상력이 없기 때문이다.

자신의 관계적 틀 이론에 따라 헤이즈는 수용과 몰입 치료ACT: Acceptance and Commitment Therapy라는 특이한 형태의 치료를 창안했다 Hayes, Stroshal, & Wilson, 1999. 수용과 몰입 치료는 혼란스런 언어의 내용 – 예를 들면, "나는 지속적인 고통을 **절대로 겪지 말아야 한다!** 나는 이런 고통을 **참을 수 없다!** 이런 고통은 **끔찍하다.** 이 고통을 벗어나는 유일한 길은 자살해서 진정한 평화를 얻고 사후의 삶을 즐기는 것이다" – 을 반박하는 것에 알레르기 반응을 보인다. 합리적–정서적–행동 치료는 자살하려는 내담자에게 자신의 '해야만 한다는 것', 융통성 없는 사고, 좌절에 대한 낮은 인내력, 두렵게 만들기, 절망감, 인생의 고통에 대한 거부 등을 어떻게 반박하는지 보여주는 반면, 수용과 몰입 치료는 사고의 내용을 공략하는 것이 종종 더 큰 동요를 야기하고 고통에 대한 경험을 더 회피하게 만들며 더 두려워하게 만들 수 있다고 본다.

부분적으로는 헤이즈가 맞다. 합리적–정서적–행동 치료가 보여주는 것처럼, 종종 언어는 "나는 심각한 좌절을 겪어서는 안 된다!", "내 삶이 엉망일 때, 나는 우울해서는 안 된다!", "나는 좌절과 우울한 느낌을 견딜 수 없다", 나는 **아무리 해도** 행복할 수 없기 때문에 자살해야 한다!"와 같이 사람들의 과잉일반화를 도와준다. 그래서 언어는 때로 '해야만 한다는 것' 및 그러한 것들을 반드시 해야만 한다는 생각을 수반하기도 하고, 사람들이 문제에 대한 문제를 갖게 만들기도 한다. 그러나 합리적-정서적-행동 치료는 여러분이 현실적, 논리적, 실용적인 논쟁을 통해 - 자신의 생각에 대해 생각함으로써 - "해야 한다는 것"을 "선호하는 것"으로 바꿈으로써, 불행한 환경에 대한 정서적 문제를 보다 더 잘 해결하고, 또한 환경적 및 상황적 어려움을 줄일 수 있다고 가르친다.

수용과 몰입 치료는 인지행동치료와 유사하지만 "언어 그 자체의 속박을 풀어놓음으로써 내담자의 언어적 매듭을 풀려고 노력한다" (p.78). 수용과 몰입 치료는 다양한 인지적-정서적-행동적 방법, 특히 철학적 평가, 손익분석, 마음 챙김 훈련과 같은 다양한 기법을 도입하기도 하고, 그밖에도 합리적-정서적-행동 치료에서 말하는 역기능적 불합리한 신념을 적극적 및 직접적으로 공략하기보다는 은유를 강조함으로써 언어의 매듭을 푼다. 나는 최근에 헤이즈 출판중 의 수용과 몰입 치료와 관계적 틀 이론을 채택하였으며, 그러한 것들이 합리적-정서적-행동 치료와 병행할 수 있음을 밝혔다.

수용과 몰입 치료 워크숍을 개최하고 합리적-정서적-행동 치료를 해 온 시어로취, 롭 및 굿셀Ciarochi, Robb & Goodsell, 출판중 역시 이러한 병행 가능성을 보여주었다. 우리는 수용과 몰입 치료와 합리적-정서적-행동 치료를 통합할 수 있다고 생각하지만, 헤이즈 출판중 는 이의를 제기하고 있다.

내가 이 장에서 강조하고 싶은 핵심은 수용과 몰입 치료가 분명히 그 이름에 부응하고 있다는 점이다. 수용과 몰입 치료는 내담자의 무조건적 자기수용을 돕기 위한 인지행동치료의 혁신적인 한 형태이다. 수용과 몰입 치료는 "고통은 인생의 기본적인 특성이다"(p.1)라는 불교의 관점을 적극 지지한다. 그러나 본인이 고통을 줄이는 쪽을 선택하고 어떻게 스스로를 불안하게 만드는지 분석한다면, 사람들은 자신의 불안을 최소화할 수 있다. 수용과 몰입 치료기법을 통해 사람들은 자신의 파괴적인 언어 과정을 이해할 수 있고 "그것을 바꾸거나 개선하기 위해 노력할 수 있다."(p.12)

그 명칭이 분명하게 말해주듯이, 수용과 몰입 치료는 "진리는 항상 국부적이고 실용적"이라고 말하는 철학이다(p.19). 이 치료에서 "진리란 효력이 있는 것이다"라고 본다(p.20). 이 치료의 3가지 목표는 "해석, 예측 그리고 영향"이다(p.24). 수용과 몰입 치료는 사회적 규칙에 지나치게 순종하는 것과 같이 엄격하게 규칙의 지배를 받는 내담자를 공략한다. 수용과 몰입 치료는 내담자와 치료자 모두에게 인간의 산재한 고통에 대하여 무조건적 자기수용, 무조건적 타인수용, 무조건적 인생수용을 촉구한다. 이 치료는 이 3가지 형태의 수용이 바람직하다고 매우 단호하게 적극적으로 나서서 주장한다. 이런 이유 때문에 나는 합리적-정서적-행동 치료와 수용 및 몰입 치료가 여러 면에서 서로 병존하고 통합할 수 있다고 생각한다Ellis, 출판중.

무조건적 타인수용을 지지하는 수용과 몰입 치료의 좋은 예를 살펴보면, "흔쾌히 하는 행동 중에서 가장 우아한 형태 중 하나가 용서이다. … 그러나 용서라는 선물은 다른 누구를 위한 선물이 아니다. 특히, 지나간 것을 용서하는 것은 잘못한 사람을 위한 선물이 아니다. 그것은 자기를 위한 선물이다." 훌륭하다!

합리적-정서적-행동 치료처럼, 수용과 몰입 치료도 치료자와 내담자의 특별한 몰입을 요구한다. 수용과 몰입 치료는 인간의 정서적 동요가 생물학적 경향을 띠고 언어 지향적이며 어려운 환경적 상황과 맞물려 있다고 생각하기 때문에, 역기능적 행동을 쉽게 바꿀 수 없다고 주장한다. 또한 이 치료는 사람들의 가치관과 철학의 근본적인 변화 및 지속적 관찰과 수정을 요구하고, 실현가능한 변화를 정착시키기 위해 적응에 도움이 되는 새로운 경험의 학습을 요구한다. 합리적-정서적-행동 치료처럼, 수용과 몰입 치료는 정서적 건강을 위하여 적극적인 노력과 연습을 강조한다. 힘들다고 쉬면 안 된다!

『마음 챙김, 수용, 관계: 인지적, 행동적 전통의 확장Mindfulness, Acceptance, and Relationship: Expanding the Cognitive Behavioral Tradition』이라는 새로 나온 책에서 헤이즈Hayes, Follette & Linehan, 2004는 수많은 혁신적인 인지행동치료자들이 수용과 몰입의 요소를 지닌 다양한 기법들을 도입하고 있음을 인정하고 있다. 거기에는 - 친달 시걸Zindal Segal, 존 티스데일John Teasdale, 로버트 콜런버그Robert Kohlenberg, 보르코벡T. B. Borkevec, 터랜스 윌슨G. Terence Wilson, 앨런 말랫G. Alan Marlatt 같은 - 유명한 치료자들이 포함되어 있다.

이러한 치료자들과 그 동료들 모두는 대체로 헤이즈의 수용과 몰입 치료 절차와 관계적 틀 이론을 선호할 뿐만 아니라 새로운 개념과 치료기법을 추가하기도 한다. 그들과 헤이즈는 자신들의 혁신적인 방법이 수용과 몰입 치료와 통합할 수 있다고 본다. 그런데 그들이 다른 어느 치료법보다도 수용과 몰입 치료와 가까운 합리적-정서적-행동 치료가 그 치료와 통합할 수 없다고 보는 것은 이상한 일이다.

지면 부족으로 여기에서는 이런 저런 혁신적인 치료자들이 『마음 챙김, 수용, 관계』에서 무조건적 자기수용, 무조건적 타인수용 및 무조건적 인생수용의 중요한 측면들을 어떻게 지지하는지 소개할 수 없다. 직접 이 책을 읽어보라. 그러나 나는 오늘날의 인지행동치료가 이러한 측면에서 발전하고 있는 것을 보니 기쁘다. 머지않아 무조건적 자기수용, 무조건적 타인수용, 무조건적 인생수용이 인지행동치료의 이론과 훈련에 자연스럽게 포함될 것이다. 그런 시간이 정말로 다가오고 있다!

## 22장

**실존적 불안과 존재의 용기**

키에르케고르, 하이데거, 샤르트르 등 실존주의 철학자에 따르면, 모든 사람들은 종종 심각한 수준의 실존적 불안을 가지고 있다. 이 것이 사실인가? 사실이라면, 이런 불안을 특히 존재의 용기를 가짐 으로써 어떻게 최소화할 수 있는가?

그렇다. 실제로 우리 모두는 십중팔구 상당한 실존적 불안을 가지 고 있다. 종종 실존주의자들이 실존적 불안을 명백하게 설명하지 않 기 때문에, 내가 여러 가지 이유로 그것을 명료화해 보겠다. 이제 시 작해 보자!

우리 모두는 크게 갈등적이고 모순적인 경향성을 가지고 태어나서 길러진다.

1. 아기일 때, 우리는 자신을 돌볼 수 없고 선천적으로 여러 면에 서 수동적이며 아마도 신경학적으로 스스로를 더 수동적으로 만든다.

2. 발달함에 따라 우리는 많은 수동성을 보유하지만 능동성과 독

립성도 가진다.

3. 종종 우리의 종속적인 성향과 독립적인 성향은 서로 심각하게 대립하고 충돌한다.

4. 종종 우리는 엄청난 아마도 완벽한 종속성과 – 자율성, 수동성과 엄청난 아마도 완벽한 독립성을 모두 얻고자 노력한다. 갈등과 모순은 실재하지만 완벽한 해결책이 없다!

5. 우리는 **선호를 당위나 필요**로 전환하는 강력한 경향성을 가지고 태어나며 또한 그렇게 길러진다. 그래서 우리는 자신이 (a) 의존 즉, 돌봄을 받는 것을 선호하고 필요로 하며, (b) 자율, 자기지시 및 스스로 돌보는 것을 선호하고 필요로 한다고 확신한다. 갈등이 더 커진다!

6. 서로 모순적이고 갈등적인 욕망들은 매우 나쁘지만, 이러한 욕망을 긴급하게 필요한 것으로 빈번하게 확대시킬 때, 우리는 심한 좌절, 반발, 불안, 우울 및 분노를 겪는다. 아마도 자기 자신, 타인 및 세상에 대해서!

7. 우리는 종종 생득적이면서 사회적으로 학습된 강력한 **완벽주의** 경향성을 가지고 있다. 예를 들면, 우리는 **절대적인** 자율성과 **변치 않는** 사랑을 요구한다. 우리는 **완벽한** 만족과 좌절의 **절대적 부재**를 요구한다. 부분적으로 만족할 때 혹은 대부분은 만족할 때조차도, 우리는 더 많은 것을 갖고자 하고 그럴 수 없을까 봐 불안해 한다.

8. 달리 말하면, 우리는 종종 우리가 원하는 것을 지금 혹은 나중에 빼앗기지 않는다는 보장과 우리가 원치 않는 것을 강요받지 않

는다는 **보장을** 요구한다. 그렇다. 보장을 요구한다.

9. 우리는 우리가 원하는 것을 손쉽게 즉시 얻는 것을 필요로 한다!

10. 자신의 유아적이고 모순적이며 완벽주의적 요구 때문에 불안해하고 우울해하고 분노할 때, 우리는 종종 이러한 불편한 감정을 소름끼칠 정도로 무서워하고 그러한 감정이 절대로 존재하지 말아야 한다고 주장하면서, 자신이 불안해질까 불안해하고 우울해질까봐 우울해하며 분노하는 것에 대해 자기를 비난한다. 이중으로 타격을 가한다!

11. 세상의 문제는 말할 필요도 없고 비현실적이고 모순적인 자신의 요구에 유능하게 잘 대처해야 한다고 고집하기 때문에 그리고 모든 문제를 풀 수 있는 것은 아니기 때문에, 우리는 실제로 절망과 완벽한 희망 사이를 오가며 항상 고민한다. 일시적으로 자신 및 세상과 평화로운 관계를 유지할 때조차도, 우리는 항상 그러한 관계를 완벽하게 보장하라고 요구한다. 행운을 빈다!

12. 이런 – 그리고 많은 다른 – 방식으로 우리는 인간적으로 존재하지 않는 존재 완벽, 보장, 긴박하게 필요한 것들, 절대성, 갈등 없는 모순 를 계속 요청하고 종종 요구한다. 엉터리다!

철학자와 종교적 예언자들은 수세기 동안 이러한 문제에 직면해 왔으며, 마슬저 혹은 초자연적 해결책과 같은 몇 가지 해결책을 내놓았다. 우리가 해야 할 모든 것은 자신의 실존적 문제를 해결해 주는 친절한 신을 발명하고, 그 신이 우리의 문제를 해결해서 종결할 것이라고 헌신적으로 믿는 것이다. 이것은 있을 수 없는 "해결책"이지만, 여러분이 그 신을 헌신적으로 믿는다면 그것은 - 한 동안 - 도움이 될 것이다. 여러분은 자신의 문제 - 그리고 최고에 대한 희망을 - 를 신이 완벽하게 해결해줄 것이라고 절대적으로 확신한다. 유감스럽게도, 여러분은 그 신이 그럴 것이라고 확신하지 못하기 때문에 초초하게 그렇게 되기를 희망하는 것이다.

현자들이 내놓는 또 다른 "해결책"은 해탈Nirvana이다. 이것은 만족을 위해 자기 의지로 자신의 모든 욕망 - 필요를 차치하고라도 - 을 포기하고, "완벽한" 무욕의 삶을 향하여 자기를 연마하는 것이다. 여러분이 해탈의 상태에서 살고 있다면 - 약간 의심스럽지만 - 여러분은 어떠한 고통이나 어떠한 박탈 그리고 어떠한 즐거움 도 경험하지 않을 것이다. 꽤 지루하게 들릴 것이다.

어렵고 모순적인 인간의 실존에 대한 더 좋은 해결책은 좀 더 현실적인 것으로, 성 프랜시스 폴 틸리히, 레인골드 니버 그리고 합리적-정서적-행동 치료 등이 옹호한 소위 수용이라는 것이다. 수용에는 (1) 무조건적 자기수용, (2) 무조건적 타인수용, (3) 무조건적 인생수용이 있다.

이러한 무조건적 수용들을 획득하기 이전에 혹은 획득함에 따라, 여러분은 냉혹한 현실주의 혹은 칼 포퍼Karl Popper가 말하는 비판적 현실주의를 수용하는 게 좋다. 실존적 불안에 대해 앞에서 열거한 비현실적 해결책 대신에 다음과 같은 대안을 시도해 보자.

1. 여러분이 성인이라면, 유아적인 행동을 하지 말고 양육자에게 크게 의존하지 말며 양육자의 친절을 수동적으로 이용하지 마라. 대개는 – 완벽하게가 아니다! – 좀 더 능동적이고 좀 덜 수동적으로 스스로를 돌보려고 해라.

2. 여러분의 능동성과 독립성을 자연스럽게 의도적으로 **향유하려고** 노력해라.

3. 여러분의 독립적인 활동과 지나치게 의존적인 활동이 간간이 서로 갈등하고 부딪치는 것을 보라. 그리고 여러분이 원하는 바로 그것을 항상 가질 수 있는 것은 아님을 보라.

4. 여러분의 독립성과 지나친 의존성이 실제로 갈등할 때, 그런 현실적인 갈등을 수용하라.

5. 자율성과 의존성에 대한 자신의 **선호**를 서로 갈등적인 절박한 필요로 만들려는 여러분의 강력한 욕망을 인식하라.

6. 특히, 그것이 무엇이든 상관없이 어떤 것에 대한 결핍은 손쉽게 여러분을 불안하고 우울하고 분노하게 만든다는 사실을 인식하라.

7. 여러분의 완벽주의를 보라. 사랑, 만족, 성공에 대한 강력한 소망은 도움이 될 수 있다. 그러나 절대적인 사랑, 완벽한 만족에 대한 필요는 여러분을 불구로 만들 수 있다.

8. 소망하는 것은 좋지만, 여러분이 소망하는 것을 얻고 싫어하는 것을 피할 수 있도록 보장해달라고 요구하면 불안이 생긴다.

9. 자신이 원하는 것을 쉽게 노력 없이 얻어야 한다고 여러분이 생각하는지 그 때를 보라.

10. 스스로 불안하고 우울하고 분노할 때, 정서적으로 동요하는 자신에 대해 — 그래서는 안 **된다고 하듯이** — 불평하지 마라.

11. 자신이 유능하고 성취적이어야 한다고 고집하지 마라. 여러분이 할 수 있는 모든 것은 최선을 다하는 것이다.

12. 잘 하고자 혹은 매우 잘 하고자 노력하는 것은 좋지만, **극단적** 완벽주의, 필수화하기, 절대화하기 등은 오랜 시간에 걸쳐 제거해야 한다. 영원히 노력하라. 그러나 완벽하게 그럴 필요는 없다!

일단 **불**완전하게나마 어느 시기에 자신이 할 수 있는 것을 하고자 **노력**한다면, 여러분은 자기, 타인, 그리고 험난한 세상을 무조건적으로 수용할 수 있는 토대를 마련한 것이다. 내가 말해 온 주된 내용을 다음과 같이 요약할 수 있다.

여러분이 원하는 성공, 사랑, 예술 그리고 물질적인 것을 위해 그리고 여러분이 원하지 않는 것을 최소화하기 위해 계속해서 노력하라. 그러나 다음의 것들을 수용하라.

- 여러분이 더 이상 원치 않지만 줄일 수 없는 좌절, 역경, 고통, 혐오 및 우울을 **수용하라.**
- 타인의 불인정, 무시, 조롱, 원망, 질투 그리고 적대감을 **수용하라.** 그들의 비평과 의견에 상처 받지 마라.
- **좋아하지** 않더라도 자신의 실패와 무능을 **수용하라.** 그러나 노력하고 노력하라!

- 다른 사람들의 부당한 대우를 **수용하라.** 복수가 아닌 용서가 여러분이 앞으로 받을 대우를 바꾸어 놓을 것이다. 그러나 반드시 그렇게 되는 것은 아니다!

- 여러분의 자기, 존재, 생명을 **수용하라.** 그러나 자신의 부적합하고 부도덕한 행동을 바꾸려고 최선을 다하라.

- 자신의 파괴적인 방식을 **수용하라.** 타인에게 의존하지 말고 도움을 청하라. 그러나 자기만족에 빠지지 말고 자율적으로 생활하라.

- 삶의 의미와 목적을 **수용하고 자신이** 선택한 장기적이고 지속적으로 몰입할 수 있는 관심거리를 만들어라.

- 자신의 죽음을 **수용하고** 약속받은 사후 세계를 위해 자신의 생을 앞서 가지 마라.

- 마술이 당신의 문제를 해결해 주지 않으며, 열심히 일하고 노력하면 문제가 줄어들 것임을 **수용하라.**

- 여러분은 사회적 존재이며 타인의 호의와 협력 없이도 - 그러나 꽤 힘들 것이다 - 살 수 있다는 사실을 **수용하라.** 타인을 보호하고 즐기며 인류를 보존하는데 무조건적 타인수용이 도움이 될 것이다.

- 여러분 자신 그리고 타인 의 인간적인 약점을 **수용하라.** 자신의 부족함에 대한 자기비난이 자신 혹은 어느 누구든 을 더 훌륭하게 만들지는 않는다!

- 좋기나 니쁜 감정을 가질 수 있는 자신의 경향성을 **수용하라.** 여러분은 열심히 노력하고 숙고함으로써, 자기와 타인을 향한

파괴적인 감정을 개선할 수 있다. 그러나 감정이 약하면 생동감 역시 약할 것이다. 여러분의 파괴적인 감정을 들여다보고 수정하라. 그러나 당신을 살아있는 시체로 만들지는 마라!

- 여러분은 생각하고 느끼고 행동하는 사람이라는 사실을 **수용하라.** 순환적으로 여러분은 생각하고 행동하는 방식대로 느끼고, 생각하고 느끼는 방식대로 행동하고, 느끼고 행동하는 방식대로 생각한다. 사고, 감정, 행동 세 가지 모두 수정할 수 있다! 세 가지 모두를 – 다른 나머지 둘의 도움을 받아 – 바꿀 수 있다.

- 지속되는 감정, 사고, 행동을 **수용하라.** 여러분은 바로 지금 시작할 수 있다. 그러나 시간과 지속적인 훈련이 훌륭한 치료제이다!

- 자기통제는 여러분이 가지고 있는 가장 효과적인 통제라는 사실을 **수용하라.**

- 대개 수용은 자비 – 여러분과 여러분의 자기에 대한, 타인과 타인의 자기에 대한, 그리고 문제가 많은 세상과 그 세상 자체에 대한 자비 – 라는 것을 **수용하라.** 다시 말해서, 수용할 것은 모두 셋이다.

이것이 여러분이 수용해야 할 모든 것인가? 그렇다고 말할 수 있다. 그러나 나는 수용할 것이 더 많다고 생각한다.

# 제 23~27 장

# Albert Ellis

## 23장

# 무조건적 자기수용에 이르는 흔하지 않은 길

지금까지 나는 무조건적 자기수용USA이 무엇이고 그것이 자기효능감과 어떻게 다른지 특히, 조건적 자기존중과 어떻게 다른지 설명했다. 내가 제대로 설명했고 여러분도 조건적 자기존중의 단점과 무조건적 자기존중의 진정한 장점을 안다고 가정하자. 시간이 꽤 걸렸지만 우리는 해냈다. 이제 무엇을 해야 할까?

이제 "어떻게 하면 무조건적 자기수용에 도달할 수 있을까?"라는 간단한 질문에 대한 간단치 않은 답을 찾아보자. 많은 인지적, 정서적, 행동적 방식 중에서 두 가지 방식으로 답할 수 있는데, (1) 모든 장벽을 극복하고 무조건적 자기수용에 도달하기로 결심하고, (2) 여러분이 결심한 의지력을 기르기 위해 저돌적으로 노력하는 것이다.

첫째, 결심 관련해서 합리적-정서적-행동 치료의 이론과 실습에 따르면, 여러분은 선택할 수 있는 사람으로 무조건적 자기수용에 도달하겠다고 선택할 수 있는 생득적 및 후천적 능력을 가지고 있다. 여러분은 오래 동안 ─ 아마도 수십 년 동안 ─ 무조건적 자기수용을 이루지 못함으로써 고통을 겪어 왔다. 이 책이 여러분에게 준 도움

덕분에, 여러분은 자기효능감의 장점을 알게 되고 그 장점을 더 많이 원하게 된다. 그러나 대부분의 사람들처럼 여러분도 자기효능감을 조건적 자기존중과 쉽게 혼동하는데, 이제는 자기효능감이 매우 효과적이지는 않다는 것을 알게 된다. 때로 여러분은 수행성적을 높이고 중요한 타인으로부터 인정받기 위해 자신을 밀어붙인다. 그러나 자기효능감은 효과가 있을 때조차도 큰 한계점을 가지고 있다. 여러분은 성공을 위해 노력하는 동안은 효능감을 느끼겠지만 겉으로 혹은 속으로 불안해 한다. 여러분은 자기효능감을 보장할 수 없다는 사실을 알게 되고 그래서 자기를 깎아 내린다. 자기효능감은 정확하게 조건적 자기존중과 같다. 여러분은 **충분히** 잘하지 못하거나, **일시적으로만** 잘하거나, 처음에는 잘 하다가 나중에는 잘 못한다. 여러분은 곧 이 사실을 깨닫고 자신이 매우 조건적으로 자기를 존중 조건적 자기수용은 말할 것도 없이 한다는 사실을 알게 된다. 여러분은 그 이상을 원한다.

자신의 조건적 방식이 신뢰롭지 못하다는 - 속임수라는 - 사실을 알고 무조건적 자기수용을 달성할 수 있다고 적어도 생각만 해도, 여러분은 이것을 추구하게 된다. 여러분은 합리적-정서적-행동치료의 첫 번째 명제나 가정에서부터 시작할 수 있다. 즉, 여러분이 생각하고, 느끼고, 행하는 것이 무엇이든 간에 이 세 가지는 상호작용한다. 여러분은 생각하고 행하는 방식대로 느끼고, 느끼고 생각하는 방식으로 행동하고, 느끼고 행동하는 방식대로 생각한다. 셋 모두!

그래서 여러분은 "나는 내 사고, 감정, 행동 일부를 바꿔야한다고 생각한다. 사실은 상당한 정도로!"라고 약간은 마지못해 결심한다. 오, 좋은 출발이다. 그러나 아직 – 많이 느끼거나 행하지 않고 – 바꾸기로 결심만 한 것이다. 여러분은 의지를 갖고 있는데, 아마 결심은 했지만 아직 의지력이 없는 것 같다.

좋다. 그래서 여러분은 한동안 의지와 결심에 근거하여 노력해야 한다. 여러분은 조건적 자기수용의 많은 단점과 무조건적 자기수용의 잠재적 이점을 자신에게 상기시켜야 한다. 여러분은 조건적 자기수용의 단점뿐만 아니라 그렇게 나쁘지 않은 많은 장점 그리고 무조건적 자기수용의 더 많은 가능한 장점들을 개괄한 이 책의 7장을 다시 읽어볼 수도 있다. 여러분은 그러한 것들의 손실과 이득을 계산해 보고, 자신의 목표가 무조건적 수용이지만 이것을 자기효능감 및 조건적 자기존중과 쉽게 혼동한다는 것을 – 여러 번 – 알아야 한다. 너무나 쉽게 혼동한다! 왜냐하면 여러분들은 자연스럽게 이러한 것들을 다른 것으로 생각하고 느끼기 때문이고, 오래 동안 그렇게 생각하고 느끼도록 훈련받았기 때문이다.

그래서 여러분은 의지와 결심을 계속 유지해야 한다. 여러분은 관련 정보를 구하려고 노력하고, 의지와 결심도 지키기 어렵다는 것을 인식하고, 샛길로 빠지지 않도록 자신을 단속해야 한다.

여러분은 코르지프스키Korzybski의 글이나 일반 의미론에서 관련 정보를 구할 수 있다. 여러분이 **좋은 행동**을 했을 때 자신을 전체적으로 **좋은 사람**으로 평가하는 것은 잘못이다. 왜냐하면 여러분은 항상 잘혹은 잘못하는 **사람도** 아니며, 자신의 전체가 좋은 사람혹은 나쁜 사람은 결코 아니기 때문이다. 따라서 여러분이 조건적 자기존중으로 되돌아갈 때, - 예를 들면, 무조건적 자기수용을 위해 노력하기로 결심이라도 했으니 나는 좋은 사람이다 -, "그런 결심은 좋은 것이지만, 그것이 **나를** 좋은 사람으로 만들어 주지는 않는다"라고 자신에게 말해야 한다. 따라서 여러분은 변화하겠다고 결심한 자신에 대해 조건적 자기수용을 포기하고, 자신의 결심으로 되돌아가서 좋은 행위가 좋은 것이지 여러분이 좋거나 나쁜 것이 아니라는 사실을 강조해야 한다. 여러분은 **잘하고** 있을 뿐이다.

조건적 자시존중이 아니라 무조건적 자기수용으로 돌아가기 위해 노력하라. 계속 노력해야 하는데, 그것은 곧 행동하는 것을 의미한다. 그래서 여러분은 다시 무조건적 자기수용을 시도하라. "나는 내가 후퇴할 때에도 나 자신을 무조건 수용할 수 있다! 무조건적 자기수용을 하기로 선택하고 결심한 것을 지키기 위해 나는 무엇을 해야 하는가? 나의 일을 수용하는 것과 그 일을 한 **나를** 수용하는 것의 커다란 차이를 알아야 한다고 스스로에게 말해라."

여러분은 - 천천히 그러나 확실히 - 앞으로 나아가고 있다. 여러분은 자신이 뒤로 넘어진 것을 싫어하지만, 그랬기 때문에 자신을 싫어하는 것에는 저항하라. 의연하게! 바르게!

여러분은 앞만보고 쉼 없이 나아가야 한다. 조금씩 여러 번 - 그리고 크게 - 조건적 자기수용으로 후퇴할 것이다. 이러한 후퇴와 중단을 여러 번 반복한 후, 조건적 자기존중은 훨씬 줄어들고 무조건적 자기수용은 더 빈번해진다. 계속하라!

여러분이 무조건적 자기수용을 향해 나아간 때 다음의 주된 3가지 도구를 항상 사용해라:

1. **생각하고, 계획하고, 틀을 짜고, 상상하기.** "나는 무조건적 자기수용을 **할 수 있다.**" "내가 방금 되돌아간 조건적 자기존중은 나를 파괴한다!" "어리석게도 다시 후퇴했지만, 그것이 나를 멍청한 사람으로 만들 수는 없다 – 이것은 과잉일반화이다.

2. **느끼고 경험하기.** "나 자신에 관한 문제를 해결하기 위해 일하고 노력하는 것은 도전적이며 훌륭한 일이다." "이런 문제를 해결하기 위해 노력하는 것은 고상한 일이지만, 그렇다고 해서 내가 훌륭한 사람인 것은 아니다." "나는 변화를 **즐기지**만 변화가 나를 **특별한 사람**으로 만들지는 않는다."

3. **행동하고 변화하기.** "나는 이 문제를 해결하기 위해 열심히 노력할 수 있지만 또한 마음 편할 수도 있다." "내가 나 자신을 바꾸는 모험에 실패하더라도, 나는 이 실패를 통해 여전히 가치 있는 것을 배운다." "자신을 바꾸는 것이 너무 어려워 내가 그런 변화에 실패했다고 다른 사람들이 비난한다면, 이것은 매우 유감스러운 일이다. 그렇다고 해서 불명예스러운 것은 아니다."

상호작용하는 복잡한 이 세 가지 도구를 가지고 여러분은 계속적으로 결정하고, 결심하고, 새로운 정보를 얻고, 반추하고, 경험하고, 모험하고, 뒤로 후퇴하고, 그런 후퇴에서 벗어나고, 재결합하는 등을 한다. 힘들다고 쉬지 마라! 생각은 감정과 행동을 촉진한다. 감정은 생각과 행동을 촉진한다. 행동은 생각과 감정을 촉진한다.

부가적인 – 부가적인 훈련뿐만 아니라 – 보너스로서 무조건적 자기수용을 향한 여러분의 의식적인 추구는 목표를 추구하는 사람들의 불안에 따른 이차적 증상을 예방해 준다. 무조건적 자기수용을 위해 노력했음에도 뚜렷한 성과가 없을 때, 상당한 고통과 절망이 뒤따르기 때문에 여러분은 불안하고 좌절한다. 이때 여러분은 자신을 비난하지 말고, 불안해질까봐 불안해하지 말고, 우울해질까봐 우울해하지 말고, 열심히 노력한 것에 대해 초조해하지 말라. 너무 유감스러운 일이지만, **최악이거나 두려워할 일은** 아니다!

이 모든 말이 모호하게 들린다면, 이후에 계속되는 몇몇의 장에서 합리적-정서적-행동 치료와 인지행동치료의 인지적, 정서적, 행동적 기법들을 어떻게 사용하는지를 기술하고, 조건적 자기존중보다는 무조건적 자기수용을 위해 이런 기법들을 어떻게 사용할 수 있는지를 보여주겠다. 이제 이런 기법들을 상호교환적으로 어떻게 사용할 수 있는지 설명하겠다.

## 24장

무조건적 자기수용에
도달하기 위한 사고,
계획, 및 도식화 기법

수세기 동안 철학자, 종교 지도자, 상담자, 심리치료자들은 사람들의 걱정을 줄이고 행복을 늘리기 위해 정서-행동적 방법 외에도 많은 인지적 방법들을 사용해 왔다. 심리치료자들 – 피에르 자네Pierre Janet, 알프레드 아들러Alfred Adler, 폴 드브와Paul Dubois를 포함하여 – 은 많은 인지적 기법들을 채택하고 적용해 왔다. 1950년대에 이러한 방법들이 더 이상 사용되지 않기 시작했을 때, 조지 켈리George Kelly와 내가 1955년에 독자적으로 이 방법들을 복원했다. 얼마 후 아론 벡Aaron Beck, 도널드 마이첸바움Donald Meichenbaum, 데이비드 발로David Barlow, 윌리엄 글래서William Glasser 등이 1960년대와 1970년대에 다양한 인지-행동적 치료를 사용하면서 이러한 복원 작업을 계속했다.

이런 작업을 선도한 합리적-정서적-행동 치료는 1955년을 시작으로 정서와 행동을 사고방식과 통합했다. 합리적-정서적-행동 치료는 생각에 대한 생각을 특히 강조하며, 무조건적 자기수용, 무조건적 타인수용, 무조건적 인생수용이라는 특히 중요한 쟁점에 집중했다. 여러분은 합리적-정서적-행동 치료의 주된 기법인 사고-감정-행동 기법이 무조건적 자기수용에 도달하는 유용한 기법인지를 실험해볼 수 있다.

인지행동치료처럼, 합리적-정서적-행동 치료도 개인적 및 사회적 혼란을 가져오는 합리적인 신념$_{RBs}$과 불합리한 신념$_{IBs}$의 역할을 강조한다. 합리적-정서적-행동 치료의 ABC이론이 가정하는 바에 따르면, 인간은 몇몇 영역에서 승인과 성공을 강하게 바라지만, 역경(A)에 의해 좌절됨으로써 건강한 결과(C) 실망, 슬픔, 후회와 같은 혹은 건강치 못한 결과(C) 우울, 분노, 심한 불안과 같은 가 생긴다. 합리적인 신념은 "선호$_{preferences}$"의 형태를 취한다. 예를 들면, "네가 나를 사랑해주길 정말 바라지만, 네가 꼭 그래야만 하는 것은 아니다. 네가 나를 사랑하지 않는다 해도 내가 죽지는 않을 것이다." 불합리한 신념은 요구$_{demands}$의 형태를 취한다. 예를 들면, "너는 **절대적으로** 나를 사**랑해야 한다.** 그렇지 않으면, 끔찍한 일이다. 나는 결코 사랑받지 못할 것이며, 죽는 것이 더 나을 것이다!"

무가치하다는 자신의 불합리한 신념을 논박(D)하기 위해 여러분은 몇 가지 경로를 선택할 수 있다. 특히 다음과 같은 경로를 선택할 수 있다.

**현실적 논박:** "왜 너는 반드시 나를 사랑**해야만 하는가**? 왜 네가 나의 유일한 사랑이어야 하는가? 대답: "네가 나를 사랑하면 좋겠지만 반드시 그래야만 하는 것은 아니다. 분명히 너에게는 또 다른 사랑이 있을 수 있다."

**논리적 논박:** "내가 너의 사랑을 얻을 수 없다면, 그것이 나를 사랑받을 수 없는 가치 없는 사람으로 만드는가?" 대답: "아니다. 나는 단지 너의 사랑을 얻는데 실패한 사람일 뿐이다. 나는 사랑받을 수 없는 사람이 아니라, 이번에 사랑받지 못한 사람일 뿐이다. 다른 사람들은 나를 매우 사랑할 지도 모른다."

**실용적 논박:** "네가 나를 반드시 사랑해야 하는데도 불구하고 그러지 않는다면 그것은 끔찍하고 최악의 일인가?" 대답: 언제든 그런 일을 최악으로 만드는 것은 아무것도 없다. 다만 지금은 부족하고 불편할 뿐이다!"

합리적-정서적-행동 치료를 사용해서 여러분은 '**결코 ~ 않는,**' '**항상,**' '**최악의**'와 같은 절대적 사고와 과잉일반화를 반박하고 제거하라. 다음의 세 가지를 달성할 때까지 **강력하게 정서적으로** 계속 반박하라. 첫째, **실패**한 자신을 수용할 때까지 계속 반박하라. 둘째, 부적절하게 **행동**하는 타인을 수용하라. 셋째, **인생**을 수용하되 인생의 **고통**을 줄이기 위해 최선을 다하라. 여러분은 무의식적이고 자동적으로 무조건적 자기수용, 무조건적 타인수용 및 무조건적 인생수용을 성취할 때까지 **지속적으로** 이렇게 해야 한다.

능동적이고 열정적으로 자신의 불합리한 신념을 반박하는 동안, 여러분은 있을 수 있거나 실재하는 역경As에 대하여 현재 및 미래에 사용할 수 있는 합리적 대처 진술을 찾아내어 성찰할 수 있다. 예를 들면, "내가 분명히 원하는 것이 나에게 반드시 필요한 것은 아니다." "내가 결핍되어 있을 때, 그것은 **너무 유감스럽지만 최악은** 아니다." "나를 포함한 **어느 누구도** 쓸모없는 사람은 없다." "타인이 나를 불공정하게 대하더라도 그들이 결코 **나쁜 사람**은 아니다." "삶이 **때로는** 비참하지만 늘 그런 것은 아니다."

## 가능한 이차적 증상들 찾기

이차적 증상은 흔하기 때문에, 여러분도 증상에 대한 증상 – 이러한 증상은 자기비하를 유발하고, 여러분은 자기비하 하는 자신을 비난한다 – 을 지닐 수 있다고 생각해라. 혹은 여러분은 다른 사람을 욕하고, 그 다음 다른 사람을 욕한 자기를 욕할 수 있다. 혹은 여러분은 살면서 직면한 역경을 불평하고, 그 다음 아이처럼 우는 소리를 하는 자신을 가혹하게 비난할 수 있다. 수용하지 못한다고 자신을 비난하는 것은 여러분이 수용적인 사람이 되는 것을 방해할 수 있다. 따라서 여러분은 첫째, 자신의 불수용을 **인정**하고 둘째, 자신이 아니라 자신의 불수용이 실패라는 점을 수용하라. 셋째, 당신의 불**수용**을 비난하지 말고 개선하기 위해 열심히 노력하라.

## 무조건적 자기수용 · 타인수용 · 인생수용의 이득과 손실

앞에서 말했듯이, 여러분의 다양한 자기평가가 가져오는 이득과 손실을 인정하라. 가장 나쁜 형태인 조건적 자기존중도 장점이 있고, 가장 좋은 형태인 무조건적 자기수용도 단점 자기과시, 과대망상과 같이 있다. 자기평가의 이득과 손실을 계속 평가하라. "이 태도가 가치 있는가?"를 계속해서 자문하라. 그 태도가 가치가 없다면 스스로에게 입증해 보여라. 그런 태도가 얼마나 파괴적인지 보라. 그 태도가 자신에게 득보다는 해가 된다는 것을 입증하라.

이런 방식으로 여러분은 조건적 자기존중의 장점과 단점의 목록을 만들 수 있다. 이러한 항목들에게 0에서 10까지 점수를 매겨보라. 그 다음, 이득과 손실을 합해서 이득과 손실 중 어느 쪽이 더 큰지를 확인하라. 그리고 이러한 지식을 이용하라!

## 기분전환 기법

앞에서 열거한 방법들을 사용하는데 어려움이 있다면 특히, 잘 사용할 수 있을지 걱정이 된다면, 다양한 기분전환 기법 - 명상, 요가, 기타 이완기법과 같은 - 을 사용하여 자신을 진정시킬 수 있다. 이러한 방법들은 종종 일시적인 자구책 - 그러나 이러한 방법을 사용하는 동안, 더 나은 해결책을 찾고 다시 자신의 문제로 되돌아와 새롭게 마음을 가다듬을 수 있다 - 에 불과하다.

여러분이 자기를 실제 무조건적으로 수용하는지 아니면 조건적으로 존중하는지 혼란스럽다면, 다양한 기분전환법 - 제이콥슨Jacobson의 점진적 이완기법과 같은 - 으로 시간을 보내며 잠시 동안 신체 근육을 이완시킬 수 있다. 이것 자체가 여러분을 걱정으로부터 벗어나게 해 줄 수 있고 도움을 줄 수 있다. 혹은 여러분은 이 방법을 통해 생각할 시간을 충분히 가짐으로써 사려 깊은 결론에 도달할 수 있을 것이다.

## 모델링 기법

앨버트 반듀라1997를 비롯한 심리학자들은 아동과 성인에게 뭔가를 가르치기 위해 모델링을 사용해 왔고, 종종 합리적-정서적-행동치료와 인지행동치료자들도 이 기법의 성공적 사용법을 내담자에게 가르쳐 왔다J. Beck, 1995; Ellis, 2001a, 2001b, 2003a, 2003b. 여러분이 이 기법으로 자기효능감과 무조건적 자기수용을 습득하고자 한다면 다음과 같은 방법을 사용할 수 있다.

1. 여러분이 개인적으로 아는 사람들 중에서 무조건적 자기수용을 특히 잘 보여주는 사람을 찾아 그들과 대화를 나누고, 그들이 어떻게 그럴 수 있는지를 정확하게 관찰하고, 무조건적 자기수용과 관련된 그들의 사고, 감정, 행동을 모델로 사용하라. 예를 들면, 클라리사Clarissa는 준June이 상사의 심한 질책에도 불구하고 자신을 잘 수용하는 보기 드문 능력을 갖추고 있다고 감탄하고 있었다. 클라리사는 이에 대해 준에게 말을 했는데, 그녀는 준이 직장에서 야단을 맞을 때마다 상사의 말이 옳고 도움이 되는 이유를 열거하고 그 상사에게 감사해 하며 자신을 비하하지 않는다는 사실을 알게 되었다. 준은 자신의 실수로부터 배웠으며 그럴 수 있는 자신의 능력에 대해 자부심을 느꼈지만 자기 자신을 자부하지는 않았다. 준을 따라 클라리사도 상사의 타당한 비판을 찾아 시용하였으며 결점 때문에 자신을 비난하지 않게 되었다. 그 다음부터 클라리사는 좀 더 자기수용

적으로 변했다.

2. 여러분은 다른 사람들 특히, 유명인들 중에서 자기수용을 잘 하는 사람을 찾아 그들을 모델로 이용할 수 있다. 나는 노먼 Norman에게 로마의 한 노예인 에픽테투스Epictetus의 유명한 이야 기를 들려주었더니 그는 깜짝 놀랐다. 에픽테투스는 다리가 부 러질 것 같으니 족쇄를 꽉 조이지 말라고 주인에게 말했다. 그 주인은 그의 말을 무시하고 족쇄를 더 조였고 실제로 그의 다 리가 부러졌다. 그러자 고통과 분노의 감정 없이 에픽테투스는 차분하게 "보세요, 내 말이 맞았잖아요. 당신이 나의 다리를 부 러뜨렸어요."라고 말했다. 그 주인은 분노하지 않고 자기를 수 용하는 에픽테투스에게 강한 인상을 받아 그를 풀어주었다. 그 는 로마의 스토아 철학을 이끄는 선구자가 되었다. 노먼은 에픽 테투스의 훌륭한 행실을 본받아 분노하지 않고 자기를 수용했 다.

3. 여러분은 무조건적 자기수용의 또 다른 모델을 찾아 이야기를 나누거나 그들에 관한 책을 읽음으로써, 자신의 불수용과 기 타 정서적 행동적 문제에 도움을 받거나 그들의 장점을 이용할 수 있다.

## 자서전과 숙제 활용

내담자들이 합리적-정서적-행동 치료 철학과 훈련을 집에서 반 복할 것을 권장하기 위해, 합리적-정서적-행동 치료자와 인지행동치료자들은 다양한 인쇄물, 책, 녹음테이프, 합리적-정서적-행동 치료 양식Self-Help Form, 게임 등을 사용한다. 그들은 특히 자기를 비난하고 조건적으로 자기를 존중하는 사람들에게 합리적-정서적-행동 치료 양식을 정기적으로 작성하도록 권장한다.

캐롤Carol은 자신이 학교공부와 직장에서 실패한 것은 용서받을 수 있지만 거짓말과 변명을 한 10대 아들 헨리Henry를 잔인하게 야단친 것은 옳지 못하고, 해롭고, 용서받을 수 없다고 인식하는 힘겨운 시간을 보냈다. 내가 실제는 강제적으로 캐롤에게 합리적-정서적-행동 치료 양식을 작성하도록 시킨 후 그녀가 작성한 마지막 양식을 보면, 그녀는 정말로 자기수용을 획득하였으며, 헨리의 비행을 심하게 야단친 것과 함께 몇몇 측면에서 무조건적 자기수용을 일관적으로 실행하고 있었다.

## 친구와 친척에게 무조건적 자기수용 가르치기

1959년에 처음으로 합리적-정서적-행동 치료를 실험한 이후, 나는 많은 집단치료에서 이 기법을 사용해 왔다. 나는 내가 그럴 것이라고 생각한 것을 곧 발견하게 되었다. 즉, 사람들은 집단구성원들에게 자신의 문제를 이야기하면서 정화와 교육의 도움을 받았다. 그러나 더 중요한 것은 사람들이 완고한 비합리성에서 벗어나 사리에 맞게 다른 구성원에게 얘기를 할 때, 스스로에게도 똑같이 비합리성에서 벗어나 이치에 맞게 얘기한다는 점이다.

예를 들어, 조나단Jonathan은 어려운 수학문제를 풀었을 때 – 종종 그렇게 했고 수학을 전공하게 되었다 -, 그것은 자신이 매우 똑똑하다는 것을 증명하는 것이고, 그것 때문에 자신이 교수로부터 찬사를 받고 "우월한 사람"이 되었다고 스스로 확신했다. 그는 **가끔** 수학에서 우수했지 결코 우수한 - 그리고 실제로 "귀족적인" - 사람이 아니라는 집단구성원들의 논리를 받아들이려 하지 않았다. 그는 **항상** 수학을 잘 했고 그래서 자신이 우월하다는 사실에 고착되어 있었다.

조나단은 치료집단에서 자신의 판박이인 사촌 톰Tom을 만났다. 톰은 그림에서 탁월하고 **항상** 잘 그렸기 때문에 우수한 미술가 - 물론 우수한 사람 - 가 되었다고 주장했다. 자신이 미술반에 2등으로 들어와서 우수하지 않다고 생각하고 우울해 하기 전까지, 톰은 그렇게 주장할 만한 확고한 근거를 가지고 있었다. 그 집단은 조나단에게 하루 저녁동안 톰을 만나 계속 이야기해서 그가 뛰어난 사람이라는 느낌에서 벗어나도록 하라는 숙제를 냈다. 조나단은 그렇게 했고 - 처음에는 톰을 조금만 공격했다 -, 톰으로 하여금 자신이 몇 가지 형식의 그림을 잘 그린다고 해서 (a) 전적으로 뛰어난 미술가가 될 수 없으며, (b) 매우 우월한 사람도 될 수 없음을 깨닫도록 만들었다. 조나단은 톰에게 몰두해 있었지만, 수학을 비롯한 모든 것에서 "우수한 사람"이 돼야 한다는 자신의 콤플렉스를 대체로 포기했다.

## 그 밖의 인지-정서적 기법들

많은 합리적-정서적-행동 치료자들은 무조건적 자기수용에 도달하기 위한 구체적인 정서-인지적 훈련을 고안해 왔다. 이런 훈련들은

『치료자를 위한 합리적-정서적-행동 치료 기법들REBT Resources Book for
Practitioners. Bernard & Wolfe, 2000』에 수록되어 있다. 여러분이 사용할 수
있는 몇 가지 좋은 제안은 다음과 같다.

## 폴 헉의 자기평가의 심리

1. 열등감을 극복하는 3가지 방법이 있는데,

    a) 자기를 결코 평가하지 마라.

    b) 수행에 대한 자신감을 개발해라.

    c) 사람들이 여러분을 존경하게 만들어라.

2. 이 중에서 첫 번째가 최상이고 항상 효과적인 유일한 방법이다.

3. 자기평가는 한두 가지 유형의 극단적인 감정을 유발한다.

    a) 열등감, 죄책감, 낮은 자기존중감 혹은 우울감.

    b) 우월감, 자만심, 허영심.

4. 죄책감, 자의식, 낮은 "자기존중감", 사람에 대한 두려움, 실패
    에 대한 두려움의 핵심에 열등감이 있다.

5. "자기"는 여러분의 특성과 행동에 대한 모든 좋은 판단과 나쁜
    판단의 합이다. 모두 수백만 가지는 될 것이다. 따라서 하나의
    실체entity로서 여러분을 결코 평가할 수 없다. 단지 여러분에 관
    한 무수히 많은 사실들을 평가할 수 있을 뿐이다.

6. 그 사람의 행동, 소유물, 직위, 혹은 성격 특성에 대한 평가와
    그 사람에 대한 평가를 항상 구분해야 한다.

7. 여러분 자신을 평가하는 것은 네 개의 일반적인 걱정을 야기한다.

a) 당혹감.

b) 창피.

c) 수치심.

d) 모욕.

8. 여러분이 이러한 자기평가를 거부하면 정서를 다시는 느끼지 않을 것이다.

9. 당혹감은 자신의 기대에 약간 못 미쳤을 때 느낀다 예, 여러분이 결혼식에 늦게 도착했다.

10. 창피는 자신의 기대에 중간 정도로 못 미쳤을 때 느낀다 예, 여러분이 결혼식에서 술에 취해 있었다.

11. 수치심은 자신의 기대에 많이 못 미쳤을 때 느낀다 예, 여러분이 신랑에게 구토를 했다.

12. 여러분이 모욕감을 느낀다면, 결과적으로 여러분이 못났다는 의미의 무례한 말을 스스로 인정하는 것이다. 어느 누구도 여러분의 허락 없이 여러분을 모욕할 수 없다.

13. "자기사랑"과 "자기존중"이라는 아이디어를 포기하라. 이 둘은 자기평가에서 파생된 것이다.

14. 여러분은 자기를 어떻게 평가해야 하는가? 하지 마라! 그 대신에 자기를 수용하라. 이것이 최선이다.

더 많은 도움을 원한다면 폴 헉의 『평가라는 게임을 극복하는 방법』이라는 책을 참조하라.

## 빌 보르체트Bill Borcherdt의 자기수용을 촉진하는 생각들

1. 내가 나쁜 행동을 할 때, 내가 나쁜 사람은 아니다. 나는 나쁜 행동을 한 사람이다.

2. 내가 잘 행동하고 뭔가를 성취할 때, 내가 좋은 사람은 아니다. 나는 잘 행동하고 뭔가를 성취한 사람이다.

3. 내가 이기든, 지든, 기권을 하든 상관없이 나는 내 자신을 수용할 수 있다.

4. 나의 행동, 타인의 의견 혹은 태양 아래 나 이외의 그 무엇으로 내 자신 전체를 정의하는 것은 좋지 않다.

5. 나는 내 자신을 증명하려고 노력할 필요 없이 나 자신일 수 있다.

6. 내가 어리석게 행동한다고 해서 바보는 아니다. 내가 바보라면 내 실수로부터 결코 배우지 못할 것이다.

7. 내가 고집스럽게 행동한다고 해서 내가 고집쟁이는 아니다.

8. 나는 많은 결점을 가지고 있는 나 자신을 질책하거나 비난하거나 저주하지 않으면서 그러한 결점을 고칠 수 있다.

9. 수정은 좋다! 비난은 안 된다!

10. 나는 내 자신이 좋은 사람인지 나쁜 사람인지 증명할 수 없다. 내가 할 수 있는 가장 현명한 일은 단순히 나를 수용하는 것이다.

11. 내가 빌레져럼 행동힌디고 에서 벌레는 아니디.

12. 나는 인간의 가치나 무가치를 증명할 수 없다. 그런 불가능한

일을 하지 않으려고 노력하는 것이 더 낫다.

13. 나 자신을 인간으로서 수용하는 것이 자신이 초인임을 증명하거나 나를 열등한 인간으로 평가하는 것보다 낫다.

14. 나는 나의 약점, 단점 및 실패를 열거하면서도 그것을 가지고 내 자신을 평가하거나 정의하지 않을 수 있다.

15. 자기존중이나 자기가치의 추구는 자기평가를 유발하고 궁극적으로는 자기질책을 야기한다. 자기수용을 통해 이러한 자기평가를 피할 수 있다.

16. 내가 어리석게 행동한다고 해서 어리석은 사람은 아니다. 오히려 나는 간간이 바보처럼 행동하는, 어리석지 않은 사람이다.

17. 나는 나 자신을 책망하지 않으면서 내 행동을 책망할 수 있다.

18. 나는 나 자신을 칭찬하지 않으면서 나의 행동을 칭찬할 수 있다.

19. 여러분의 행동을 점검하라! 여러분 자신을 점검하지 마라!

20. 나는 나의 실수를 인정하고 그러한 실수를 - 실수를 했다는 이유로 자신을 비난하지 않으면서 - 설명할 수 있다.

21. 다른 사람에게 좋은 인상을 주고, 그들의 인정을 받고, 그리고 일을 잘하느냐에 따라 자신을 긍정적으로 판단하는 것은 어리석은 일이다.

22. 마찬가지로, 다른 사람에게 좋은 인상을 주고, 그들의 인정을 받고, 그리고 일을 잘하느냐에 따라 자신을 부정적으로 판단하는 것 또한 어리석은 일이다.

23. 내가 무지하게 행동한다고 해서 무지한 사람은 아니다.

24. 내가 어리석게도 나 자신을 비하할 때, 자기를 비하하는 그 이유 때문에 자기를 비하할 필요는 없다.

25. 상황에 따라서는 내가 타인을 수용하지 않아도 된다.

26. 나는 타인의 검토 대상이 아니며 나에 대한 그들의 평가와 상관없이 나 자신을 수용할 수 있다.

27. 나는 때로 실질적 문제로 다른 사람들에게 의존할 필요는 있다. 그러나 나 자신을 수용하기 위해서 다른 사람에게 정서적으로 의존할 필요는 없다. **실용적** 의존은 사실이다! **정서적** 의존은 허구다!

28. 내가 나를 수용하기 위해서 어떠한 사물이나 사람에게도 얽매이지 않는다.

29. 성공하는 것이 더 좋겠지만, 성공이 나를 더 나은 사람으로 만들지는 않는다.

30. 실패하는 것은 더 나쁘겠지만, 실패가 나를 더 나쁜 사람으로 만들지는 않는다.

### 자네 울프Janet Wolfe의 주별 자기수용 일지

이번 주 내가 **자기파괴적으로 행동** 내 자신과 나의 인생을 잘 돌보지 못한 것 한 방식들.

자신을 나쁜 감정에 사로잡히게 하거나 자신의 목표를 벗어나게 하는 인지적, 정서적, 행동적 측면을 표관해라.

_____

_____

_____

_____

_____

_____

이번 주에 내 자신과 내 인생을 잘 돌보았던 방식들.

자신이 나쁜 감정에서 벗어나거나 목표를 이탈하지 않는데 도움이 된 인지적, 정서적, 행동적 측면을 포괄해라.


이번 주 치료에서 내가 다루고 싶은 것:

_____

_____

_____

_____

_____


**마이클 버나드의 자기수용 훈련**

지시문: 여러분이 무엇을 실패했거나 누군가 여러분을 비판하거

나 거부할 때, 자신을 완전히 희망 없는 실패자라고 믿는 여러분을 바꾸는데 도움을 주는 것이 이 훈련의 목적이다.

낮은 자기수용을 야기하는 여러분의 불합리한 사고를 극복하기 위해, 동그라미의 위쪽 반원 중에서 직장이나 학교에서 잘 한 일에 해당하는 영역을 +로 표시하고 못한 일에 해당하는 영역이 있다면 −를 표시하시오. 그런 다음, 동그라미의 아래쪽 반원에 여러분이 잘못한 것, 자신에 대해서 좋아하지 않는 것과 함께 여러분이 잘한 것, 자신에 대해서 좋아하는 것을 기록하시오.

일이 잘되지 않을 때 자기비하의 경향성을 반격하기 위해서 다음과 같은 질문을 자신에게 하시오.


- 이와 같은 나쁜 상황 실수, 실패, 거절, 비판 이 나의 좋은 특성을 제거하는가?
- 나에게 발생한 한두 가지 부정적인 일 때문에 "나는 전체적으로 희망이 없어"라고 결론을 내리는 것이 말이 되는가?

## 25장

무조건적 자기수용을 위한
정서-연상 및 경험 훈련

로저스학파, 실존주의, 게슈탈트 및 또 다른 치료자들을 포함한 심리치료자들은 무조건적 자기수용에 도움이 될 만한 많은 정서-유발적 및 경험적 기법을 오래 동안 개발했다. 합리적-정서적-행동 치료와 인지행동치료는 이러한 기법을 사용해 왔으며 자체적으로도 많은 경험적 기법들을 개발했다. 여러분이 이러한 관점에서 선택할 수 있는 다양한 훈련기법이 있다. 내담자들의 불안과 우울을 줄이고 특히, 무조건적 자기수용을 성취하는데 도움을 주기 위해 내가 오래 동안 사용해온 기법들 몇몇을 기술하겠다. 여러분도 이들을 실험적으로 시도해 볼 수 있다.

### 합리적·정서적 심상법

『저항 극복: 합리적-정서적-치료의 통합적 접근Overcoming Resistance: An Integrated Rational Emotive Therapy Approach』의 개정판에서 나는 합리적·정서적 심상법을 기술했다. 그 내용을 여기에 옮겨보겠다.

앞에서 언급한 것처럼, 심상을 사용하는 것도 크게는 하나의 인지적 형태이지만 그 외에도 매우 정서적이고 극적인 특징을 가지고 있으며, 많은 심리치료자들로부터 지지를 받고 있다Lazarus, 1997. 1960년대에 나와 함께 공부한 바 있는 맥시 몰츠비Maxie Maultsby Jr., 1971가 합리적·정서적 심상법을 창안한 이래로, 나를 비롯한 많은 다른 합리적-정서적-행동 치료자들이 이 기법을 사용하고 있다. 이 기법은 인지, 느낌, 행동을 사용하여 이 셋을 매우 성공적으로 조합하는 기법이다. 나는 종종 워크숍에서 이 심상법을 사용하는데, 워크숍의 시범치료에 자원한 많은 사람들은 자신들의 강력한 역기능적 감정에 접근 - 그리고 변화 - 하는데 심상법이 유용했다고 보고하고 있다.

사람들이 역경에 직면했을 때 느끼는 부정적인 감정이 슬픔, 실망, 좌절, 짜증, 불쾌라면, 이러한 부정적 감정은 거의 언제나 건강하고 적절하다는 것이 합리적-정서적-행동 치료의 기본 개념 중 하나이다. 합리적·정서적 심상법은 이 개념을 생생하게 체험하는데 유용하다. 역경이 발생했을 때 행복이나 중립적인 감정을 느끼는 것이 오히려 이상하다. 기본적으로, 부정적 감정은 불쾌한 현실에 대처하고 변화의 동기를 유발하는데 도움이 된다. 문제는 절망이나 후회와 같은 건강한 부정적 감정을 불안, 우울, 분노, 자기연민과 같은 건강치 못한 감정으로 변질시키는 경향성을 모든 인류가 가지고 있다는 것이다. 모든 정서는 합당하다는 의미에서 변질된 정서도 합당하다. 그러나 변질된 정서는 대체로 사람을 돕기보다는 파괴한다.

따라서 합리적·정서적 심상법을 이용하여 자신이 불쾌하게 여기는 것에 대해 생각해 보고, 자신이 자주 경험하는 일종의 건강치 못한 부정적인 감정을 강하게 느껴보는 것이 좋다. 그러면 여러분은 부정적인 감정과 접촉하고 그러한 감정을 강하게 느낄 수 있으며, 그 다음에는 똑같이 불행한 상황에서 건강치 못한 부정적인 감정을 건강한 부정적인 감정으로 바꿀 수 있다. 자신의 감정을 건강한 부정적인 감정으로 바꾸었을 때, 여러분은 30일 동안 적어도 하루에 한번 정도 훈련을 반복해서, 역경을 상상할 때나 역경이 실제로 발생했을 때 건강한 부정적인 감정을 자동적이고 무의식적으로 경험할 수 있어야 한다. 여러분은 건강한 부정적인 감정을 대개 2~3분 내에 이끌어낼 수 있고, 몇 주 내에 그러한 감정을 자동적으로 이끌어낼 수 있을 것이다.

수백 명의 상담자와 심리치료자가 청중으로 참석한 영국의 워크숍에서, 나는 자원한 한 명의 내담자를 대상으로 합리적·정서적 심상법의 효과를 보여주었다. 그 내담자가 어린 아이였을 때, 그의 어머니는 그를 잘 돌봐주**었어야 함에도 불구하고** 그렇지 않았고, 사소한 일로 그를 심하게 비난**하지 말았어야 함에도 불구하고** 일생동안 그렇게 했다. 이런 이유로 그는 20년 동안 어머니에 대한 분노를 품고 살았다. 어머니는 그의 여동생에게는 늘 친절했지만 그 외의 사람들에게는 비열하고 성가신 존재였다. 그의 아버지를 포함하여 사람들은 어머니에게 부당한 대우를 받았다는 그의 의견에 동의했다. 그래서 그는 확신하기를, (1) 어머니는 분명히 잘못했고, (2) 어머니에 대한 자신의 분노는 정당하고, (3) 어머니의 잘못된 행동이 직접적으로 자신의 분노를 유발했고, 아마도 남은 일생동안 계속 그럴 것이다. 다른 한편, 그는 자신의 분노가 스스로를 무력화시킨다는 것을 알게 되었다. 특히, 의사는 그것 때문에 그에게 신경계와 심장기능에 이상이 생겼다고 말했다. 그의 부인은 그가 스스로를 너무 화나게 만든다고 계속 불평했으며, 그 분노 때문에 자기를 소홀히 한다고 말했다. 따라서 그의 변화를 유인하는 몇몇 요소들이 있었다.

십중팔구 어머니에게 지금의 방식을 바꾸라고 요구함으로써 내담자 자신은 분노할 것이고, 어머니가 죽을 때까지 아마도 계속 그럴 것임을 그 내담자에게 보여주었다. 그는 이에 대해 약간 동의했지만, 어머니가 얼마나 잘못했고 자기를 비롯한 다른 사람들에게 얼마나 많은 상처를 주었는지 그 증거를 갖고 있기 때문에, 자신이 어머니에게 계속 화를 내는 것은 당연하다고 주장했다. 매우 이상하게도, 어머니는 행동을 바꿀 수 있고 그런 어머니가 행동을 바꿀 때까지 그녀에게 화를 내는 자신의 행동은 바뀔 수 없다고 그 내담자가 믿고 있는 것 같다.

그래서 나는 그 내담자에게 눈을 감으라는 지시를 시작으로 합리적·정서적 심상법을 적용했다. "최악의 상황을 상상해 보세요. 즉, 평소처럼 당신은 크리스마스를 부모와 함께 보내기 위해 그들의 집을 방문합니다. 그러면 어머니는 항상 그랬듯이 당신을 못살게 굽니다. 어머니는 실제로 살인을 포함한 당신의 모든 것을 비난하고 당신은 좋은 사람이 아니라고 말합니다. 그리고 당신이 자신의 방식을 바꾸지 않으면 영원히 곤경에 처할 것이라고 말합니다. 또한, 어머니는 당신의 사소한 범법 사실을 물고 늘어지며 계속 부정적으로 읊어댑니다. 당신은 이 일을 생생하게 상상할 수 있습니까?"

나의 내담자는 즉시 대답하기를, "나는 확실하게 할 수 있어요! 이

것이 바로 어머니의 전형적인 모습이에요." 그래서 나는 "좋아요. 어머니가 당신에게 고함치며 욕하는 모습에 계속 초점을 맞추고 … 그 경험에 머물러 있어요. 기분이 어떻죠?"라고 말했다. 그는 대답하면서 "죽을 것 같아요"라고 말했다. 나는 "좋아요. 그 감정을 유지하면서 느끼세요. 강하게 느껴보세요. 분노하고 겁에 질리고 죽을 것 같은 — 할 수 있는 한 분노의 — 감정을 느껴보세요. 정말로 그런 감정을 유지하고 느껴보세요"라고 말했다.

나의 내담자는 "오, 느껴져요, 느낄 수 있어요"라고 말했다. 그리고 나는 "그러나 정말로 철저하게 느껴야 해요. 당신이 할 수 있는 한 가장 크게 분노하고, 당신의 목구멍과 심장에 걸려있는 분노가 느껴지도록 당신의 분노에 머물러서 느끼세요"라고 말했다. 그리고 그는 "나는 분노를 강하게 — 마치 어머니가 방에 있는 것처럼 — 느끼고 있어요"라고 말했다.

그래서 나는 "좋아요. 당신이 그 감정을 정말로 느끼고, 경험하고, 그 감정이 어떤 느낌인지를 알았으니까, 어머니가 그런 식으로 행동할 때 그녀에게 분노하는 대신 속상하고 섭섭한 감정을 갖도록 노력하세요. 분노가 아닌 속상함, 실망감, 섭섭함을 느껴보세요"라고 말했다. 그는 "이렇게 하는 것이 나에겐 매우 힘든 시간이에요"라고 말했다. 그리고 나는 "그럴 수 있어요. 당신이 이런 것을 생각할 때 혹은 실제로 이런 일이 일어났을 때 분노하도록 오래 동안 스스로를 훈련시켜 왔기 때문이에요. 그렇지만 이제는 속상함, 실망감, 섭섭함을 느끼도록 — 당신은 이렇게 할 수 있다 — 스스로 노력해 보세요"라고 말했다.

이 내담자는 잠깐 침묵했다. 다른 시범 사례와 마찬가지로, 나는 이 내담자를 이전에 만나거나 라포Rapport를 형성한 적이 없다. 그러나 다른 사례에서처럼, 나는 그에게 합리적·정서적 심상법을 적용하기 전에 자신의 분노를 유발하도록 했고, 이러한 분노를 유발하고 유지시키는 그의 '해야 한다musts, shoulds, oughts'를 수정할 수 있으면 분명히 분노도 수정할 수 있다고 그에게 말했다.

그러자 나의 내담자는 마침내 "글쎄요, 나는 지금 속상하고 섭섭한 기분이지만 분노는 크게 줄었어요"라고 말했다. 그래서 나는 "좋아요, 어떻게 감정을 바꿀 수 있었나요? 무엇이 분노라는 건강치 못한 감정을 실망, 섭섭함이라는 건강한 감정으로 바꾸어 놓았나요?"라고 물었다.

이 기법을 창안한 맥시 멀츠비Maxie Maultsby는 이 시점에서 감정을 확실히 바꾸기 위해 어떤 합리적 신념을 사용했는지 내담자에게 질문한다. 그러나 나는 내담자가 자신의 분노를 어떻게 줄였는지 스스로 인식하기를 원하기 때문에, "자신에게 무슨 말을 했어요?" – 이 질문이 그의 문제에 대한 해답을 날려버릴 수도 있고, 혹은 그 내담자가 진실로 믿지 않는 "옳은 답"을 내게 제시할 수 있기 때문에 – 라는 질문을 절대 하지 않는다. 나의 목표는 내담자가 불건전한 부정적 정서를 스스로 바꾸고 자신의 감정에 정말로 책임지는 것을 보는 것이다. 건강한 부정적 감정을 유발하기 위해 스스로에게 무슨 말을 해야 하는지를 내담자에게 말해주기보다는, 단지 "변화를 위해 당신은 무엇을 했나요?"라고 묻는다. 이 내담자는 말하길, "글쎄요, 나는 내 자신에게 '어머니는 정말로 이상한 사람이고 항상 그런 식이고,

277

어머니가 그런 것이 매우 슬프고 실망스럽지만, 어머니가 **그렇게 해서는 안 될** 이유는 없다 – 그리고 사실은 엄마가 그렇게 해야 하는 많은 이유가 있다 –'고 말했어요."

나는 말하길, "그것 참 좋군요. 당신이 그 방법을 효과적으로 사용할 수 있을 거라고 생각해요. 기법을 더 연마하기 위해 앞으로 30일 동안 당신이 방금 한 것을 똑같이 하면 좋겠네요. 즉, 당신을 쫓아다니며 당신의 머리통을 말로 박살내는 어머니의 모습을 생생하게 상상하세요. 당신의 기분 – 분노를 포함하여 – 을 느껴보고, 그 다음 당신이 방금 한 것처럼 자신에게 도움이 되는 대처 진술문을 사용하여 극단적인 분노를 수정하세요."

그 내담자는 "어떤 진술문이 대처하는데 도움이 되죠?"라고 물었다. 나는 대답하기를, "당신에게는 몇 가지 대안이 있어요. 즉, '어머니가 그렇게 행동하는 것은 너무 나쁘다. 그렇지만 어머니는 그렇게 하고 있고 그것이 어머니의 본성인 것 같다.' 혹은 '어머니가 나를 비난하고 온갖 욕을 하는 것을 – 이것이 나를 죽이지는 않을 것이다 – 나는 결코 좋아하지 않지만 분명히 참을 수는 있다. 어머니가 그렇게 해도 나는 행복한 삶을 영위할 수 있다. 나는 어머니가 그렇게 하는 것을 좋아하지 않지만, 겁에 질리거나 공포에 사로잡히지는 않으면서 단지 속상하고 섭섭함을 느낄 수 있는 힘을 갖고 있다." 내담자는 "아 그렇군요!"라고 말했다. 그리고 나는 "이걸 하루에 한 번씩 하기로 나와 약속할 수 있어요? 지금은 몇 분 정도 걸릴 거예요. 그러나 얼마 후에는 그 시간이 훨씬 더 단축될 거예요"라고 말했다.

그는 30일간의 계획에 동의했다. 나는 "좋아요. 확실히 하기 위해

– 혹은 거의 확실히 하기 위해 – 당신이 연습한 것에 보상을 주기로 하지요"라고 말했다. 그는 "그게 뭐지요?"라고 물었다. 내가 "글쎄요, 일 년 동안 거의 매일 – 즐기기 위해 – 무엇을 하고 싶은가요?"라고 물었더니 그는 "보상으로 골프를 치겠어요"라고 말했다. 그래서 나는 "좋아요, 매우 좋습니다. 당신은 합리적·정서적 심상을 떠올리고 감정을 수정한 **다음에**만 골프를 치는 겁니다. 심상법의 보상으로 골프를 치세요. 그런 다음에 일단 심상법을 실천하면, 당신이 원한다면 특히 주말에 하루 종일 골프를 칠 수도 있어요. 힘들기 때문에 회피하고 하기 싫은 일이 무엇이죠?"

많은 내담자들이 그렇듯이 이 내담자도 "집안 대청소"라고 대답했다.

나는 그에게 충고하기를, "앞으로 한 달 동안 심상법을 연습하지 않은 날은 잠잘 시간에 잠을 자지 말고 한 시간 동안 집안 대청소해야 합니다. 만일 당신의 집이 너무 깨끗하다면 대신 옆집 청소를 해야 합니다."

"좋아요."

"정말로 심상법을 연습할 겁니까?"

"예."

내담자는 두 달 후 영국에서 나에게 편시를 보냈다. 그는 합리적·정서적 심상법을 훈련하고 있으며 앞으로 보름 정도만 더 연습하면 어머니의 행동에 대해 분노하지 않고 속상해하거나 실망하는 감정을 자동적으로 느낄 수 있을 것 같다고 말했다.

합리적·정서적 심상법을 다양한 방식으로 사용할 수 있다. 그러나 이 기법의 정서-연상-경험의 요소를 강조하기 위해, 보통 나는 앞에서 말한 식으로 이 기법을 사용한다. 나는 또한 내담자들이 심상법을 자기만의 방식으로 사용하기를 바라는데, 건강치 못한 감정을 만들어내는 자신의 생각을 수정함으로써 감정을 수정하라고 내가 내담자들에게 가르쳤기 때문은 아니다.

대체로 합리적·정서적 심상법은 몇몇 다른 합리적-정서적-행동 치료기법을 함께 사용하기 때문에, 심상법의 효과를 알아보기 위해 특별히 심상법만을 사용한 연구는 몇 개 정도밖에 안 된다. 그러나 임상장면에서 자신의 분노와 스트레스를 가라앉히기 위해 심상법을 열심히 사용하는 많은 사람들이 좋은 결과를 얻는 것을 나는 많이 보았다. 그들은 - 특히 심각한 성격 장애를 가지고 있다면 - 여전히 그런 상태로 되돌아갈 수 있지만, 심상법은 분노, 우울, 죄책감, 수치심과 같은 역기능적 감정을 줄이는데 큰 도움이 된다.

무조건적 자기수용의 획득과 관련해서, 여러분은 자신의 "문제" 행동 - 예를 들어, 여러분을 돕기 위해 열 일 젖히고 달려온 자신의 친구를 비롯한 몇몇 사람들이 여러분을 찾아 구해 주었는데, 여러분은 바로 그 친구를 "수치스럽게도" 배신했다. 여러분이 배신한 것을 안 사람들은 여러분을 혹독하게 비난했다 - 을 생생하게 상상하는 데 합리적·정서적 심상법을 사용할 수 있다. 수치스런 사건을 정말로 생생하게 상상하고, 창피하고 당황스러우며 자기를 비난하는 감정을 느껴보라. 자신의 단순한 배신행위가 아닌 한 사람으로서 자신이 무가치함을 느껴보라. 느껴라, 철저하게 느껴라! 그런 다음에 - 자신의 심상을 붙잡아라! - 자신의 수치심과 당혹감을 자기비난이 아닌 진정한 슬픔, 후회 같은 건강한 부정적 감정으로 바꾸어라.

자신의 감정을 바꾸었을 때, - 여러분이 이 일을 하는데 단지 몇 분정도 밖에 안 걸린다 - 그 감정을 바꾸기 위해 여러분이 무엇을 했는지 보라. 즉, 여러분은 불합리한 신념IBs - "나는 내 친구를 배신해서는 안 된다! 나는 친구를 배신했기 때문에 욕을 먹을 수밖에 없다!" - 을 합리적인 신념RBs - "나의 배신은 비열했다. 그러나 나는 비열한 행동을 한 사람이지만 결코 썩어빠진 사람은 아니다! - 으로 어떻게 바꾸었는지를 보라.

여러분이 30일 동안 계속해서 합리적·정서적 심상법을 실천한다면, 배신에 대해서 여전히 불편한 감정을 강하게 느낄 수 있겠지만 자기를 충분히 수용할 수 있을 것이다. 더욱이 여러분은 앞으로 자동적이고 무의식적으로 무조건적 자기수용을 더 많이 하도록 스스로 연습할 것이다. 그리고 아마도 덜 배신할 것이다!

## 수치심 공격법

합리적-정서적-행동 치료기법에서 유명한 하나의 행동적·정서적 연상 훈련이 수치심 공격법이다. 10대와 20대 때에 나는 내가 한 많은 일들을 창피해 했으며, 친구들 앞에서 촌스럽게 행동한 경우 내 자신을 손쉽게 비하했다. 내가 약하거나 멍청하거나 어리석을 때, 나는 - 중류층의 브롱스Bronx 지역에 사는 나의 친구들이나 동료들도 그랬듯이 - 재빨리 내 자신을 약하거나 멍청하거나 어리석은 **사람**으로 생각했다. 우리의 자기존중은 낮았고, 사회적으로 실수를 한 다음에는 자기존중이 **없어졌다.**

이러한 경향성이 나의 경우는 더 심했는데, 왜냐하면 나는 19살 때부터 정치적으로 급진적이었고 무신론자였으며 내 자신의 독립적 사고에 대단한 자부심을 갖고 있었기 때문이다. 그래서 자신이 어떤 면에서는 사회적으로 동조하면서 동시에 타인의 승인을 필요로 하지 않는 독립적인 사람이 되고자 한다는 사실을 깨달았을 때, 나는 어리석게도 자신에 대한 견해가 서로 모순적이라는 것을 알게 되었다. 나는 자신이 바보 같은 동조자이면서 동시에 나약한 반란자라는 점을 끔찍하게 수치스러워 했고, 수치심 그 자체를 수치스러워 했다. 나는 신경증적 증상을 가지고 있었으며 이 증상 때문에 자기를 비하 - 자기를 몹시 무시함 - 했다. 증상 때문에 자기를 비하하고 자기 비하 때문에 증상이 나타났다.

나는 수치스러워하는 자신을 수용하고자 했지만 전적으로 성공하지는 못했다. 그 당시 나의 합리적-정서적-행동 치료에는 무조건적 자기수용 - 단지 이 개념을 약하게 인식하고 있었다. - 개념이 없었다. 그래서 나는 나의 수치심 - 내가 생각하기에 어리석은 것 - 을 줄이려고 최선을 다했으나 여전히 사라지지 않았다.

그 후, 나는 24세의 나이에 수치심 공격법을 고안했다. 나는 일련의 "수치스런" 행동들 - 식당에서 물을 얻어 마신 다음에 아무것도 주문하지 않고는 얼굴색하나 변하지 않고 그냥 나왔다. - 을 해보았고, 점원이 나에게 야유하는 소리를 들었다.

나는 즐기면서 몇 달 동안 그런 짓 - 학교에 가거나 파티에 갈 때 어울리지 않는 옷을 입고 가는 것과 같은 다양한 수치심 공격 훈련을 했다 - 을 했으며, 그것이 매우 효과적임을 발견했다. 실제로 나를 주목하거나 비난하는 사람들은 거의 없었다. 사람들이 나를 비난했을 때, 나는 그들을 곧바로 저주하지 않게 되었다. 실제로 종종 나는 나를 욕하는 사람들을 기분 나쁘게 만드는 것을 즐겼다.

10년 후에 나는 치료자가 되어 조건적 자기존중의 문제를 안고 있는 – 실제로 거의 모든 내담자가 이런 문제를 갖고 있었다 – 수십 명의 내담자를 만났다. 이런 내담자에게 무조건적 자기 철학을 가르치는 동안에, 나는 수치심 공격 훈련이 경험적으로 수행할 최상의 과제 중 하나라는 것을 알았다. 나 자신뿐만 아니라 나에게서 합리적-정서적-행동 치료의 훈련을 받은 치료자들은 현재 전 세계의 수많은 사람들에게 이 기법을 사용하고 있고, 종종 놀라운 효과를 내고 있다.

자기비하나 무조건적 자기수용의 결여를 극복하기 위해 여러분은 앞 장에서 기술한 어떠한 철학도 사용할 수 있으며, 매우 다양한 수치심 공격법을 가지고 정서적 및 행동적으로 그러한 철학을 직접 지원할 수 있다. 내가 나의 책 『분노: 분노와 함께 혹은 분노 없이 살아가는 방법Anger: How to Live with It and without It』에서 추천한 바에 따르면, "여러분 및 대부분의 사람들 눈에 어리석게 보이는 행동을 생각하라. 그리고 이 '수치스럽고' '당혹스런' 행동을 대중들 앞에서 고의적으로 해 보라. 거리에서 목청껏 소리 지르며 노래를 불러 보라. 개나 고양이가 반질반질한 곳에서 미끄러지듯이 바나나를 밟아 미끄러져 보라. 노란 큰 깃털이 달린 머리띠를 하고 다녀 보라. 약간 나이든 할머니에게 말을 걸어 여러분이 길 건너는 것을 도와줄 수 있는지 물어보라."

이러한 수치심 공격법은 도움이 될 수 있다! 뉴욕에 있는 앨버트 엘리스 심리 클리닉에서는 무조건적 자기수용을 기르는데 가장 유용한 두 가지 방법으로, "기차나 버스를 타고 정거장 밖으로 소리 지르는 것"과 "길이나 호텔 로비에서 낯선 사람에게 다가가 '나는 방금 전에 정신병원에서 나왔어요. 지금이 몇 월이죠?'라고 말하는 것"을 추천한다. 이것을 사용해 보라. 수치심 없이 자기를 수용하는 것이 가능해질 것이다!

## 강력한 대처 진술문 사용하기

나는 앞 장에서 여러분이 어떻게 불합리한 신념을 반박하고 합리적인 대처 진술문을 획득할 수 있는지를 보여주었다. 좋은 인지적 활동이다! 여러분은 강력하고 정서적이며 설득적인 진술문을 만듦으로써, 이러한 진술문이 여러분에게 큰 영향을 줄 수 있다. 따라서 이런 진술문을 여러분의 머리와 가슴에 깊이 새기기 위해 스스로에게 반복적으로 확신을 심어주어야 한다.

- 내가 무조건적 자기수용을 위해 일을 잘하거나 타인의 인정을 받을 필요는 **결코, 결코** 없다! 내가 일을 잘하고 남에게 인정받는 것은 나를 좀 더 효과적으로 만들겠지만, 더 좋은 사람으로 만들지는 **않는다.**
- 직장, 학교 및 스포츠에서 성공하는 것은 나에게 기쁨을 주겠지만, 인간으로서의 가치를 나에게 주는 것은 아니다. 결코 아

니다!

- 무조건적 자기수용을 위해 내가 해야 할 모든 것은 그렇게 하겠다고 선택하고, 선택하고, 선택하는 것이다!
- 돈은 나로 하여금 일을 더 잘**하고** 더 잘 살 수 있게 하지만, 천국에 들어가게 하지는 않는다!
- 나는 쉽게 실패할 수 있지만, 내게 총체적 **실패**란 결코 있을 수 없다!
- 살아있는 그 자체만으로도 매우 즐겁고 값진 것이다.
- 나는 실수할 수 있는 내 자신과 다른 사람들을 항상 용서할 수 있다!
- 어떠한 것도 **최악은** 아니다. 단지 불편할 뿐이다!

## "위험한" 역할 놀이하기

여러분은 친구, 친척 혹은 집단상담 구성원들과 함께 위험한 역할을 연기해 볼 수 있다. 예를 들어, 여러분은 유능한 팀이나 대학원에 지원해서 "진땀나는" 면접을 치를 수 있다. 역할놀이에서 면접관은 여러분을 괴롭히고, 여러분은 그 면접을 통과하려고 애쓸 것이다. 다른 사람에게 여러분을 비판해 보도록 하라. 그런 과정을 반복하라. 면접 동안 여러분이 불안을 느낀다면, 자신을 불안하고 겁나게 만드는 불합리한 신념 – **해야 한다**shoulds, oughts, musts – 이 있는지를 여러분과 면접관은 찾아봐야 한다. 불합리한 신념을 반박하고 건강치 못하게 불안해하지 말고 건강하게 걱정하라. 여러분의 목표 달성이 보장되지 않을 때, 목표를 향해 효과적으로 나아가기 위해 역할놀이를 열심히 해보라.

## 강력한 반박 녹음테이프 만들기

"나는 내가 얼마나 효과적인지를 다른 사람들에게 항상 보여주어야 하고, 내가 얼마나 가치 있는 사람인지를 나 자신과 다른 사람들에게 증명해야 한다"와 같은 불합리한 신념을 녹음해 보라. 동일한 녹음테이프 상에서 이러한 신념을 현실적이고 논리적이며 실용적으로 반박해 보라. 여러분이 할 수 있는 가장 강력하게 감정적으로 반박하라. 비판적인 친구들과 함께 여러분의 반박이 얼마나 강력한지 그 테이프를 들어보라. 정말로 확신이 설 때까지 계속해라. 포기하지 마라!

## 합리적 신념 반박하기

조건적 자기존중CSE에 대한 자신의 불합리한 신념IBs을 반박하는 동안, 여러분은 그러한 신념이 불합리하다는 점을 **약하게나마** 납득할 것이다. 이제 되돌아가서 합리적인 신념 – 그렇다, 여러분의 합리적인 신념들을 – 을 다시 반박해 보라. 자신의 합리적 신념이 타당하다는 것을 확고하게 확신할 때까지 합리적인 신념을 반박하는 윈디 드라이든Windy Dryden: Dryden & Neean, 2004의 기법을 사용해 보라.

## 분노를 유발하는 신념을 적극적으로 강력하게 반박하기

『심리치료자를 위한 합리적-정서적-행동 치료 자료집REBT Resource Book for Practitioners』에 수록한 논문에서, 몇몇 치료자들은 다른 사람을 비난하는 여러분 자신의 신념에 어떻게 대항하고, 그들에 대한 자신의 분노를 어떻게 줄일 수 있는지를 다루고 있다. 이와 관련하여 마이클 버나드Michael Bernard와 마이클 브로더Michael Broder, 폴 헉Paul Hauck, 제프 휴즈Jeff Hughes, 조언 밀러Joan Miller, 레이 디기세프Ray DiGiuseppe는 다음과 같이 제안했다.

- 여러분을 화나게 만든다는 이유로 타인을 책망하지 마라. 여러분은 그들의 기여를 크게 증가시킬 수 있다.
- 여러분의 호의에 타인들이 보답하기를 좋아하더라도 기대하지는 마라.
- 어느 누구도 여러분을 사랑하겠다고 보장해 주지는 않는다.
- 여러분은 거절과 거부를 견딜 수 있다.
- 다른 사람이 나를 성가시게 하는 것이 아니다. 내가 그렇게 하는 것이다. 내가 그들을 너무 심각하게 받아들이기 때문이다.
- 여러분이 나에게서 뭔가를 박탈한다고 해서 그것이 최악의 상황은 아니다. 단지 불편할 뿐이다.
- 여러분은 나를 쉽게 좌절시킬 수 있고, 나는 여러분의 그러한 행동에 대해 불평할 수 있을 뿐이다.
- 나 자신을 실현하기 위해 여러분이 - 여러분이 나를 실현시켜

주면 더 좋겠지만 – 꼭 필요한 것은 아니다.

- 나를 좌절시킨 사람들이 나쁜 행동을 하더라도 그들이 결코 나쁜 사람들은 아니다!
- 종종 타인에 대한 분노는 내가 원하는 것을 가로막는 장애물이다.
- 정말로 타인들이 나를 더 잘 대해주기를 원하지만, 그들이 분명히 그렇게 해야만 하는 것은 아니다.
- 여러분이 나를 잘 대해주기를 요구하는 것은 그러한 대우를 좋아하는 것과는 다르다.
- 사람들은 반드시 시간을 지켜야 한다는 특이한 아이디어는 어디에서 온 것일까?
- 자신의 부적절한 행동 —항상 그런 것도 아니다— 과 여러분 자신이 동일한 것은 아니다.
- 나는 정말로 여러분이 더 잘하기를 바라지만, 내가 바라는 대로 행동할 필요는 없다.
- 여러분이 나에게 절대적으로 공정해야 한다면 여러분은 항상 그래야 한다. 행운을 빈다!
- 분노만큼 문제를 꼬이게 만드는 것은 없다!
- 내가 타인의 행동에 분노하면, 나는 내가 싫어하는 사람들의 행동에 강박적으로 사로잡힌다. 완전히 낭비다!
- 분노만큼 관계를 망가뜨리는 것은 없다.
- 분노는 정력제가 아니다.
- 이것이 내일, 다음 주, 심지어는 2년 후에 문제가 되지는 않을까?

- 나의 분노를 제거하기 위해 내가 나에게 어떤 말을 할 수 있을까?
- 분노에 사로잡혀 있는 이점은 무엇인가? 분노를 사라지게 하는 것의 이점은 무엇인가?

## 26장

무조건적 자기수용을 위한
행동적 훈련

주제에서 벗어나지 않기 위해 다시 얘기하면, 1955년에 합리적-정
서적-행동 치료는 "인간의 사고, 감정 및 행동은 통합되어 있고 서로
의 중요한 측면들을 항상 내포하고 있다"는 선구적인 말을 했다. 왜
그런가? 그 이유는 중요한 자극에 대한 사람들의 반응이 본질적으
로 그렇기 때문이다. 반응의 이러한 측면들을 분리해 보자!

무조건적 자기수용USA을 위해 여러분이 사용할 수 있는 인지적 기
법과 정서적 기법은 서로 중첩된다. 예를 들면, 합리적-정서적-행동
치료의 그 유명한 수치심 공격법에서, 여러분은 무조건적 자기수용
의 철학을 습득하고자 노력한다. 여러분은 이러한 특이한 관점에 방
해가 되는 모든 불합리한 신념IBs을 탐색한다. 여러분은 현실적이고
논리적이며 실용적으로 이러한 신념들을 반박한다. 여러분은 무조건
적 자기수용을 획득하고 유지시켜주는 적응적이고 합리적인 강력한
진술문을 만들어낸다. 여러분은 무조건적 자기수용이 자신에게 왜
그리고 어떻게 도움이 되는지를 몇 가지 인지적 방법을 통해 스스로
에게 보여준다.

이런 인지적 기법을 사용하는 동시에, 여러분은 정서적으로 개입하여 특정 행동을 지속적으로 수행한다. 몇 가지 수치심 공격법을 연습하기 위해 여러분은 일상적인 삶을 일시적으로 중단한다. 여러분은 몇 가지 특이한 행동을 생생하고 극적으로 수행하고, 자신의 인습적인 모습을 과감하게 공격한다. 여러분은 용감하고 적절하게 수치심 공격법을 지속적으로 사용한다. 여러분은 회피 경향성에 저항하고 변명과 방어에 맞서 싸우며 몇몇 방식으로 자신에게 힘든 시간을 부여한다. 도망치지 마라! 여러분이 원래 계획한 것보다 더 격렬하고 더 기꺼이 해 보라. 스스로 부끄러워 하라!

그래서 여러분이 사용한 수치심 공격법에는 사고, 감정, 행동적 측면이 합해져 있다. 이 외에도 여러분이 고안해서 실행할 수 있는 거의 모든 것이 들어 있다. 분명히 수치심 공격법은 행동적이다. 그리고 이 방법을 좀 더 능동적이고 직접적인 것으로 만들기 위해서, 여러분은 합리적-정서적-행동 치료의 다양한 행동적 기법들을 사용할 수 있다. 그리고 여러분이 원한다면 다른 형태의 치료에서도 여러 기법을 빌려올 수 있다. 이제 그렇게 사용할 수 있는 몇 가지 가능한 기법들을 제안하고자 한다.

### 위험 감수 기법Risk-Taking Methods

수치심 공격법은 본질적으로 모험적인데, 왜냐하면 여러분은 **자기 자신**yourself과 자아ego를 한계 상황에 놓기 때문이고 사회적 지위를 상실할 수도 있기 때문이다. 그러나 여러분은 돈, 직업, 친구, 스포츠 및 기타 여러 가지 것들이나 즐거움을 잃는 위험을 택할 수도 있다. 너무 많은 모험은 하지 마라! 내가 바라건대, 여러분의 목표가 자신을 파괴하는 것은 아니다. 왜냐하면, 일반적으로 여러분도 획득할 때 기뻐하기 때문이다. 그러나 상실은 인생의 일부이기도 하며, 여러분이 계속 노력한다 해도 상실은 불가피하게 일어난다. 여러분이 모든 것을 얻을 수 있는 것은 아니다!

## 신체에 대한 느낌을 수용하기

『심리치료자를 위한 합리적-정서적-행동 치료 자료집Bernard & Wolfe, 2000』에서, 제프리 브렌즈마Jeffrey Brandsma는 합리적인 자기수용을 가르치기 위해 전신 거울 앞에서 벌거벗은 자신의 신체를 모든 각도에서 정직하게 탐색하는 방법을 제안하고 있다. 여러분은 신체의 모든 부정적 측면이나 경멸스런 측면 특히, 자신이 가장 싫어하는 측면을 **차분히** 수용하도록 집중한다. 그 다음 여러분은 자신의 신체에서 바꾸고 싶은 측면 - 뚱뚱한 것과 같은 - 을 파악하고, 효과적으로 바꾸기 위한 계획을 적극적으로 세운다. 그러나 결국 여러분은 신체를 바꾸는데 한계가 있음을 인정하고, 자신의 그러한 측면을 좋아하지는 않지만 충분히 수용하겠다고 인정하고, 이러한 바람직하지 못한 신체적 부분을 **가지고** 가능한 한 잘 잘 살겠다고 인정한다. 여러분이 자신의 신체적 결점과 동일한 것은 아니다!

## 수행 불안에 대한 둔감화

여러분은 시험, 면접, 연설, 운동 혹은 그 밖의 활동을 수행할 때 두려움을 느낄 수 있다. 대개 이것은 잘못할까봐 특히, 대중 앞에서 잘못할까봐 두려워하기 때문이다. 또한, 이런 사람은 실제로 잘하지 못했을 때 자신의 수행뿐만 아니라 자기 자신을 폄하한다. 이것은 오래된 자기비하다!

다양한 치료법 중에서 행동치료, 합리적-정서적-행동 치료, 인지행동 치료가 해답을 준다. 즉, 두려운 일을 감행해 보라! 여러분이 두려워하는 것을 하라. 실패한 자신을 수용하라! 이 일을 계속하라! 그러나 이것을 두 배의 기회로 활용하라. 모험하고, 실패하고, 자신의 무능을 다른 사람에게 알리는 동안, 여러분은 이 기회를 이용하여 자기 자신이 자신의 수행과는 동일하지 않고, 자신의 수행이 자신의 **상표**brand가 아니라는 사실을 인식하라. 그렇다. 여러분이 삼진아웃이 되거나 공을 놓치는 것은 여러분 자신의 실수이며 (비)행동이다. 그러나 여러분에게는 - 자살하지 않는다면 - 더 많은 기회가 있다. 계속 노력하라.

여러분이 삼진아웃을 당하거나 공을 놓쳤을 때, 자기수용을 위해 다음과 같은 혼잣말을 해보자, "이번에 실수 했어, 아마 앞으로 더 많은 실수가 있을 거야. 이번에는 잘 잡지 못했어! 다음에는 조심하자! 문제가 아니야!" 여러분은 날지 못하는 새가 결코 아니다. 단지 **이번에만** 서툴렀을 뿐이다. 여러분은 공을 놓쳤지만 개선하고 수행 불안을 줄일 수 있는 기회를 갖고 있는 사람이다. 훌륭하다!

## 의지력 강화

자신의 관심에 따라 행동하겠다고 결심하거나 자기주장을 잘 못하고 자기를 억압하는 성격을 극복하겠다고 결심하는 것은 쉽다. – 금연을 하겠다는 결심과 함께 그렇게 하겠다고 수백 번 결심했을 것이다. 여러분의 결심을 실행하는 것이 더 어렵다! 결심을 "현실"로 바꾸기 위해, 의지력을 키우기 위해 힘든 발걸음을 내딛도록 자신을 밀어부처라. (1) "자기주장을 못하고 자기를 억압하는 것이 나에게 손해라면, 나는 그렇게 하지 않겠다"라고 분명하게 **결심하라.** (2) 자기를 주장하는 것이 어렵지만 그렇게 하겠다고 정서적으로 결심하라. "맞는 말이다! 그래서 나는 자주 거절당했다. 정말 힘들다!" (3) 자기주장을 할 수 있는 "최선"의 길을 찾아보라. "내가 원하는 것을 다른 사람들에게 요청하고, 그들이 원하는 것을 들어주려고 노력하는 것은 어떨까?" "당신이 내가 좋아하는 영화를 함께 관람해주면, 그 다음 차는 내가 살게요." (4) 여러분의 주장에 대한 반응이 어떻든 상관없다. "좋다, 당신이 이 영화를 정말 싫어한다면, 다른 영화를 보자. 어서 가자!" (5) 계속 결심하고, 결정하고, 자기주장의 방법을 계속 탐색하라. 밀어붙여라. 힘들다고 쉬지 마라.

이 모든 것과 함께 **이득**을 기억하라. 여러분은 원하는 것 모험 과 원하지 않는 것 자신의 삶을 억압하는 것 을 추구하는 것만은 아니다. 여러분은 자신의 **미래의 소망** – 특히 **자유**로워지고 싶은 강한 소망 – 을 가슴속에 간직하고 있다. 자신을 완전히 수용하기 위해 이전에는 여러분이 감히 요청하지 못한 뭔가를 찾아내야 한다. 한마디로, 자기를 억압하지 않는 것이다.

## 도전, 어려운 목표 및 어려운 사람을 환영하기

안전추구는 인간의 주된 목표이다 — 쉽게 얻을 수 있는 목표, 친구, 친척, 스포츠, 일을 고수함으로써, 여러분은 익숙한 자신의 길에서 벗어날 필요가 없다. 얼마나 제한적인가 — 그리고 종종 얼마나 지루한가! 여러분이 일하고 놀 수 있는 시간은 제한되어 있다. 그런데 여러분은 제한된 그 시간을 왜 **더** 제한하는가?

다시 말하면, 수행에 대한 그리고 불편함에 대한 불안을 직면하라. 이 두 종류의 불안에는 종종 자기비하가 들어 있다. 수행불안의 경우에 "중요한 과제를 잘하지 못하면 나는 나쁜 사람이다." 불편함에 대한 불안에서는 "내가 원하는 목표를 추구하는 것이 너무 어렵다. 그 목표를 달성하기에 나는 너무 부족하다."

역공격에는 "나의 수행성적이 보잘 것 없을 때조차도 나는 괜찮다." "내 게임이 엉망이라 하더라도 나는 즐기러 외출한다." "다른 사람들은 내가 잘 못한다고 생각할 수 있지만, 내가 다른 사람의 평가를 지나치게 진지하게 받아들일 필요는 없다." "그렇다. 지금은 잘 못하지만 나는 계속 연습할 것이다."

어려운 목표를 추구하고 있다면, 여러분은 더 많이 실패하겠지만 잠정적 자기비하를 수정할 수 있는 기회를 갖게 된다. 어려운 사람들과 같이 있다면, 여러분은 자신이 동의하지 않는 비판을 그들로부터 받을 위험을 안고 있다. 혹은 그들이 여러분의 결점을 불평할 수도 있고, 그러한 불평이 부분적으로는 맞을 수도 있다. 그러나 그렇다 하더라도 여러분의 결점이 한사람으로서 여러분의 가치를 반영하는 것은 아니다. 여러분에 대한 타인들의 비판이 곧 여러분 자신과 같은 것은 아니다. 이러한 사실을 더 많이 깨달을수록, 여러분은 자신을 더 많이 수용하도록 스스로를 훈련할 것이다. 거부를 견딜 수 있도록 자신을 단련하는 것은 인생의 좌절을 잘 견디게 만든다. 문제는 자신의 실수와 한계를 인정하고 앞으로 나아가는 것이다. 그러면 여러분은 덜 어려운 사람들을 만나 종종 노력하지 않아도 된다.

### 강화

프레드 스키너Fred Skinner와 요셉 울프Joseph Wolfe의 강화기법은 자기수용 훈련에 적용할 수 있는 거의 모든 행동적 방법에 쓸 수 있다. 따라서 스스로에게 약속한 수치심 공격 과제를 하지 않음으로써 자신의 수치심을 실제로 강화한다면, 여러분은 자신에게 할당한 숙제를 **한 후에만** 쉽고 유쾌한 일 – 음악을 듣거나 친구를 만나는 것과 같은 – 로 자기를 강화할 수 있다.

그러나 여러분의 목표가 첫째, 수치심을 공격하고 그러한 공격을 더 쉽게 거의 일상적인 수준으로 하는 것이며, 둘째, 여러분이 수치심 공격을 할 때, 그러한 공격이 어떻게 자기수용에 도움이 되는지 철학적으로 생각해 보면 더 좋다는 것을 기억하라. 비판적이고 까다로운 사람이 여러분을 지켜보고 있을 때, 자신의 수치심을 공격한다면 더 좋다! 여러분은 자신이 만든 수치심뿐만 아니라 그들이 만들어 준 수치심과도 싸워야 한다!

## 처벌

자신에게 부여한 수치심 공격과 또 다른 귀찮은 숙제를 여러분이 하지 않았을 때, 프레드 스키너는 여러분의 자기처벌을 반대했다. 그렇다 하더라도, 내 개인적인 생각은 처벌이 매우 실용적이며 때로는 여러분이 하기 싫어하는 것을 하도록 강력하게 촉구할 뿐만 아니라 도와줄 수 있는 유일한 방법이다.

잭Jack이 그 좋은 예인데, 그는 기말시험에서 부정행위로 어려운 통계학 과목을 통과한 사실을 가장 친한 친구 발Val에게 아직 말하지 않았다 - 그는 몇 번 시도했지만 자신의 부정행위를 솔직하게 고백하지 않았다. 그런데 그는 자신이 부정행위를 한 것 - 그리고 창피해서 부정행위한 것을 발에게 말하지 못한 것 - 에 수치심을 느꼈다. 그는 이것 때문에 고민을 했고, 30일 안에 발에게 말하지 못하면 그 다음부터는 매일 50달러 지폐를 한 장 씩 태우기로 마음먹었다. 30일이 지났을 때, 그는 실제로 250달러를 태운 다음에야 역겨운 일을 멈추고 발에게 자신의 부정행위를 말했다. 그는 고백하고 안도했으며 발의 비난을 **기꺼이 받아들였다.** 그 때 그는 부정행위가 부도덕하지만 그렇게 큰 문제는 아니며 자신이 **썩어빠진 사람이** 아닌 것도 알게 되었다. 수치심 공격을 거부했을 때까지 그는 고백하지 않은 부정행위뿐만 아니라 자신에 대해서도 나쁜 감정을 느꼈다

보통은 자신에게 부과한 과제를 하지 않았을 때 자신을 처벌할

필요는 없을 것 같다. 왜냐하면 과제를 하지 않은 것이 과제수행의 중요성을 일깨워주기 때문이다. 잭은 자신의 부정행위를 친구 발에게 계속 말하지 않는 동안 고백을 통해 얻을 수 있는 더 큰 이점을 발견했다. 그럼으로써, 그는 이러한 회피가 자신의 전체적인 가치를 매우 위험에 처하게 만든다는 것을 알았고, 고백할 때까지 자신이 매우 큰 죄책감을 가지고 있어야 한다는 것을 깨달았다. 그래서 그는 수치심 공격에 따른 고백을 결정적이라고 인식하고, 처음에는 매우 불편했지만 스스로 고백을 했다. 그는 고백 후에도 여전히 부정행위는 부도덕하다고 생각했다 ― 그럼에도 불구하고 이런 점을 지니고도 살아갈 수 있다고 생각했다.

## 기술 훈련

합리적-정서적-행동 치료는 전문적으로 ― 1943년 성과 사랑 치료를 시작한 이래로 ― 기술 훈련을 과제로 내준다. 그 전에는 그렇지 않았는데, 왜냐하면 임상심리학으로 학위를 받기 위해 대학원에 진학하기 전까지 나는 내 친구와 비공식적으로 이 치료 기법을 사용했기 때문이다. 처음부터 내가 깨달은 것은 성적으로 무능한 내담자들이 성적으로 유능해지기 위해서는 무엇을 해야 하는지 배워야 한다는 것이다 ―그리고 배운 다음에는 연습, 연습, 연습해야 한다는 것이다. 나 또한 그렇게 했다. 그 때 나는 성에 관한 좋은 책의 도움으로 발기하고 그 발기를 유지하는 법을 연습해야만 했다.

사랑도 그럴까? 그렇다. 나의 첫 번째 부인 카일Karyl이 나와 미치도록 사랑했을 때, 나는 질투하지 않도록 - 그리고 그렇고 그런 다양한 것들도 - 스스로 훈련해야만 했다.

그래서 나는 미숙한 내담자들에게 성, 사랑, 소통, 자기주장을 비롯한 다양한 기술을 가능한 한 최선을 다해 가르쳤다. 그리고 그 대가로 나는 그들로부터 많은 것을 배웠다. 예를 들면, 나의 첫 번째 내담자 중 한 사람은 자신의 임신 사실을 알 경우 부모가 가할 무서운 처벌을 온전히 직면할 수 있다면, 자신의 18살 연인과 항문 성교를 즐길 수 있다는 것을 내게 말해 주었다. 나는 이것도 꽤 현명한 선택이라는데 - AIDS가 문제가 되기 이전에 - 동의했다.

어쨌든, 나는 내담자의 적극적인 동의를 얻어 많은 기술 훈련을 치료에 사용해 왔고, 많은 내담자에게 성전문자가 될 것을 제안해 왔다. 수줍어서 도망치는 사람은 거의 없었다! 많은 사람들이 나의 단순한 제안을 수락했고 재능을 발휘했다. 분명히 여러분은 친구, 치료자, 책, 녹음테이프, 정체를 알 수 없는 것들을 통하여 사회적-성적 관계에 대한 기술을 배울 수 있다.

무조건적으로 자기를 수용하면서 이러한 기술을 사용하면, 여러분은 다음과 같은 중요한 방식으로 자신의 기술을 발전시킬 수 있다. (1) 부끄러워하지 말고 자신의 무지를 인정하라. 자신도 모르는 것들이 여러분을 해칠 수 있다. (2) 파트너에게 여러분 자신의 무지를 고백하라. 자신이 아는 것보다 더 많이 아는 체 하지 마라. 여러분과 여러분의 파트너 둘 다 무지하다면 좋다! 여러분은 서로에게 잘 맞는 방법을 배울 수 있다. (3) 여러분 파트너의 성과 사랑의 역사에 대해 알아야 한다. 그리고 장애물이 있다면 그것이 무엇인지 찾아보

라. (4) 파트너에게 가장 효과적인 것이 무엇인지를 찾아내어 그것을 시도하라. 인생은 실험이고 섹스도 마찬가지이다. 무엇이 효과적이고 무엇이 그렇지 않은지를 보라. (5) 계속 시도하고 계속 실험하라. (6) 책이나 녹음테이프 혹은 성-사랑 치료자에게 관련 정보를 구하라. (7) 계속 실험하라! (8) 때로는 새로운 것을 시도하라. 그러나 어쨌든 예전의 것이 효과적이라면 그것을 계속 사용하라.

## 재발방지

모든 성과 사랑이 항상 모든 사람에게 효과적인 것은 아니다. 때때로 여러분은 과거의 상태로 되돌아가는데, 왜냐하면 여러분이 새로운 것을 더 이상 찾지 않고, 지금까지 해 온 일들을 더 이상 하지 않기 때문이고, 때로는 오래 동안 해 온 방식에 싫증을 느끼기 때문이다. 후자의 경우라면 처음으로 돌아가라! 지루하다면 새로운 뭔가를 시도하라. 다양한 시도 - 심지어 새로운 파트너를 포함하여 - 를 하라. 그러나 모든 것이 다 그렇듯이, 무엇이든 장점과 단점을 가지고 있다. 대개의 경우 문제는 "시도할 만한 가치가 있는 멋지고 다른 무언가가 있는가?"이다. 시도해 보지 않고 어떻게 알겠는가?

그러나 완벽주의는 아니다! 여러분과 여러분의 파트너가 엄청나게 이상적인 연인일 필요는 없다. 여러분은 특히 침대에서의 성공으로 자신의 가치를 입증할 필요는 없다. 자기 자신을 즐기고 파트너가 즐거워하는 것을 즐겨라. 그것으로 충분하다! 사랑과 성에서 상 - 특히 타인의 인정을 받는 상 - 을 탈 그리고 세금 내는 것도 필요는 없다!

재발방지로 – 대체로 좌절에 대한 낮은 인내력LFT을 포함한다 – 돌아가자. 합리적–정서적–행동 치료와 행동치료에서 재발방지의 문제는 좌절에 대한 여러분의 낮은 인내력을 어떻게 다룰 것인가의 문제이다.

1. 자신의 재발을 인정하고, 무엇보다도 재발하는 자신을 수용하라. 그렇다. 여러분은 자신이 앞으로 나아가도록 밀어붙이지 않고 있다가 뒤로 넘어진 것일 수도 있다. 유감이지만 아주 나쁘지는 않다. 여러분은 게으른 사람이 아니라 후퇴한 사람이다.
2. 과오를 지닌 자신과 자신의 존재를 철저하게 수용하라.
3. 자신의 재발에 영향을 준 불합리한 신념을 찾아라. "타인의 인정에 대한 나의 욕구와 영원히 계속 싸워야만 할 것 같다! 그것은 너무 어렵다! 내가 정말로 타인의 인정을 필요로 할 때는 특히 어렵다!"
4. 여러분의 불합리한 신념을 열심히 지속적으로 반박하라. "왜 나는 나의 가치를 인정받아야만 하는가? 그것이 왜 필수적인가? 인정받으면 내가 좋은 사람이 되는가? 인정받는 것이 꼭 필요하다고 내가 확신한다면, 어디서 그런 인정을 얻을 수 있는가? 그것이 내가 사랑받고 인정받는데 도움이 되는가?"
5. 여러분이 얻을 수 있는 또 다른 즐거움을 생각해 보고 그 즐거움을 만끽하려고 차분하게 노력하라. 다양한 가능성이 열려 있다. 찾아보고 시도하라!

## 유머

합리적-정서적-행동 치료는 조건적 자기존중CSE을 반박하고 그것을 무조건적 자기수용으로 대체하기 위해 많은 인지적, 정서적, 및 행동적 기법들을 사용하는데, 그 중에서도 유머를 많이 사용한다. 왜냐하면, 사람들이 유머 감각을 잃고 너무 진지할 때 자기와 타인을 파괴하기 때문이다. 합리적-정서적-행동 치료는 종종 사람들에게 마음을 가볍게 하고 일을 진지하게 - 너무 진지하게는 말고 - 대하라고 촉구한다. 이러한 점은 합리적이고 유머가 있는 노래에서 특히 두드러진다. 나는 이 기법을 1976년 워싱턴에서 열린 미국심리학회 연차학술대회에서 처음으로 사용했다. 그 이후로 우리는 개인치료, 집단치료, 온갖 종류의 합리적-정서적-행동 치료 워크숍 및 집중과정에서 이 기법을 권장해 왔다.

너무 진지해지려는 자신과 싸워야 할 때나 무조건적 자기수용 대신에 조건적 자기존중을 위해 노력하는 자신과 싸워야 할 때 여러분이 사용할 수 있는 노래를 소개하겠다.

### 완벽한 합리성

*(곡: Funiculi, Funicula, by Luigi Denza)*

어떤 사람은 이 세상이 올바른 방향으로 나아가야 한다고 생각한다네.
나도 그렇게 생각하지! 나도 그렇게 생각하지!

어떤 사람은 약간이라도 완벽하지 않으면 그냥 지나칠 수 없다네.

나도 그렇지!

왜냐하면 나는 내가 슈퍼맨임을 그리고 다른 사람들보다 훨씬 더 훌륭하다는 것을 증명해야 하기 때문이지!

나에게 기적 같은 재능이 있고 내가 위대한 사람에 속한다는 것을 보여주어야 하기 때문이지!

완벽한, 완벽한 합리성

물론 그것이 나에게 유일한 것이지!

내가 어떻게 자유로울 수 있고, 내가 어떻게 바보같이 존재할 수 있겠는가?

합리성은 나에게 완벽한 것임에 틀림없지!


**사랑해 줘, 오 나를 사랑해 줘, 나만을 사랑해 줘!**

*(곡: Yankee Doole Dandy, by George M Cohan)*


사랑해 줘, 오 나를 사랑해 줘, 나만을 사랑해 줘, 당신이 없으면 나는 죽을 거야!

오, 당신을 의심하지 않도록 당신의 사랑을 보증해 줘요!

나를 사랑해 줘, 나를 사랑해 줘 완전히 ─ 정말 그런 사랑을 해 봐요. 내 사랑아.

그러나 당신도 사랑을 요구한다면 나는 죽을 때까지 당신을 미워할 거야, 내 사랑아!

사랑해 줘, 오 항상 나를 사랑해 줘, 완전히 전체적으로!

당신이 나만을 사랑하지 않는다면 나의 모든 삶은 진흙탕이 될 거야!

'만약에' '그러나' 이런 말 하지 말고 정말 다정하게 나를 사랑해 줘요, 내 사랑아!

당신이 나를 조금만 사랑한다면 나는 망할 놈의 당신을 미워할 거야, 내 사랑아!

## 나를 위한 당신 그리고 나를 위한 나

*(곡: Tea for Two, by Vincent Youmans)*

내 무릎위에 있는 당신을 그려봐요.

오직 나를 위한 당신 그리고 나를 위한 나!

그 때 당신은 볼 거예요 내가 얼마나 행복한지를!

비록 당신이 내게 애원을 한다 해도 당신은 결코 내게 다가오지 못할 거예요.

정말로 마술처럼 나는 자폐적이기 때문이지요.

나는 오직 훌륭한 나 자신만을 상대한다오, 내 사랑아!

당신이 감히 나를 돌보려고 한다 해도 나를 오래 돌볼 수 없다는 것을 당신은 알게 될 거예요.

나는 짝이 될 수 없고 함께 나눌 줄 모르기 때문이지요!

당신이 가정을 원한다면 내가 당신의 아기라는 것을 우리 둘은 알게 될 거예요.

그 때 당신은 내가 얼마나 행복한지를 볼 거예요!

## 영광 영광 할렐루야!

*(곡: Battle Hymm of the Republic, by Julia Ward Howe)*

사랑의 열정이 다가올 때 그리고 사라질 때
영광스런 관계가 빛을 발하고 난 뒤 길가에서 비틀거리는 것을 나
의 눈은 보았어요!
오, 나는 식을 줄 모르는 열렬한 연애사건을 들었어요.
그러나 나는 의심해요!
영광, 영광 할렐루야!
사람들은 당신을 사랑해요 성관계를 맺을 때까지.
당신이 그들의 사랑을 약화시켰다 하더라도
그들은 안 그럴 거라고 기대하지 마세요!
영광, 영광 할렐루야!
그들은 당신을 치켜세우고 그 다음에는 놀려대요!
당신이 그들의 사랑을 약화시켰다 하더라도
그들은 안 그럴 거라고 기대하지 마세요!


## 나도 내가 미치지 않길 바랐어요!

*(곡: Dixie, by Dan Emmett)*

나도 정말 통합된 하나이기를 바랐어요.
가죽처럼 매끄럽고 곱게!
오, 천성적으로 침착하다면 얼마나 좋을까요!

그러나 내가 이상해질 수밖에 없는 운명이라는 게 두려워요.
내가 엄마와 아빠처럼 미친다는 것이 너무나 슬퍼요!

오, 나도 내가 미치지 않길 바랐어요! 만세! 만세!
나는 내 정신이 몽롱해지지 않기를 바랐어요.
당신도 알다시피, 나도 내가 약간은 온전하다고 생각할 수는 있어요.
그러나 슬프게도 나는 너무나도 게을러요!

# 27장 요약 및 결론

나는 조건적 자기존중 및 그것의 문제점, 무조건적 자기수용 및 그것의 놀라운 이점, 그리고 이 둘 중에서 어떤 것을 선택해야 할 지에 관해서 충분히 말했다고 생각한다. 그러나 합리적-정서적-행동치료의 통합이라는 주제를 한 번 더 강조하지 않는다면 중요한 것을 놓칠 수 있다.

하이데거, 샤르트르를 비롯한 실존주의자들이 강조했듯이, 종합적으로 인간에 대해 세 가지 결론을 내릴 수 있다. 즉, (1) 우리는 개별적으로 살아 있고 독특한 사람으로서 - 한 동안 그리고 기억 속에서 - 활동하고 있다. (2) 우리는 서로 주고받는 사회적 맥락 속에서 다른 사람과 함께하는 존재이기도 하다. (3) 우리는 끊임없이 상호작용하는 생물과 무생물의 세상 속에 존재한다. 우리는 자기, 타인, 그리고 세상에 - 통합적으로 - 영향을 준다.

때로 우리는 자신의 개별성, 사회성, 세계성이 서로 상호작용한다는 사실을 망각한 채 그러한 것들을 강조하도록 강력한 유혹을 받는다. 나는 이 책에서 "독특한" 자기가 되려는 용기를 - 사회적이고 세계적으로 존재하려는 용기와 함께 - 특히 강조한다. 이 셋을 함께 묶으려는 용기를 가지고 있지 않다면 우리는 분열될 것이다. 길은 험난하고 위험이 도사리고 있다!

기본으로 돌아가자. 자기 자신이 될 수 있는 만큼, 여러분은 그것이 어떤 것인지를 실험적으로 살펴보고 결국 그것이 어떻게 판명 나는가를 지켜보는 게 좋다. 다행스럽게도 여러분은 자신의 복잡한 자기self를 항상 수정할 수 있다. 그렇게 하라!

여러분이 변화무쌍한 사람이 되려고 일 - 그렇다, 일이다 - 하는 동안, 자신의 이웃을 잊지 마라. 그들도 자기 자신 - 부분적으로 자기 자신이 될 - 이 될 권리를 갖고 있다. 이웃에 대한 여러분의 무조건적 수용은 무조건적 자기수용과 병행한다. 나는 여러분이 이 둘을 통합하기를 희망한다.

동시에, 여러분은 - 좋아하든 그렇지 않든 상관없이 - 매우 복잡하게 얽혀있는 세계 속에서 살고 있다. 그렇게 하겠다고 선택만 하면, 여러분은 자신이 싫어하는 것을 - 한편에서는 자신이 좋아하는 것을 여전히 즐기면서 - 우아하게 통합할 수 있다. 그렇게 하면 여러분은 무조건적 인생수용을 할 수 있다.

여러분은 세 가지 - 무조건적 자기수용, 무조건적 타인수용, 무조건적 인생수용 - 선택지를 가지고 있다. 인색하게 굴지 마라. 셋 다 선택하라!

지금까지 이 책에서 우리는 조건적 자기존중과 무조건적 자기수용의 주요 측면을 상세하게 살펴보았고, 합리적-정서적-행동 치료와 몇몇 유명한 철학자들이 적어도 때때로 조건적 자기존중보다는 무조건적 자기수용을 어떻게 더 지지했는지 살펴보았다. 또한, 무조건적 자기수용이 무엇이고, 그것의 이점에는 어떤 것들이 있는지, 합리적-정서적-행동 치료 및 다른 형태의 인지행동치료에서 흔히 사용하는 주요 인지적, 정서적, 행동적 치료 기법을 통해 무조건적 자기수용을 획득하는 방법을 살펴보았다. 나는 이런 점에서 이 책이 독자들에게 유용할 것이라고 확신한다!

아직까지 충분히 답하지 못한 중요한 질문이 남아 있다. 내가 계속 보여준 것처럼, 합리적-정서적-행동 치료는 기타 많은 치료법과는 다른 점들이 있다. 합리적-정서적-행동 치료는 자신이 원하는 것을 얻지 못하거나 원치 않는 것을 얻었을 때 느끼는 좌절, 걱정, 슬픔, 후회, 실망과 같은 건강한 부정적 감정과 심한 불안, 우울, 분노와 같은 건강하지 못한 부정적 감정을 분명하게 구분한다. 합리적-정서적-행동 치료는 또한 건강한 행동 — 지속적인 자기 훈련과 같은 — 을 역기능적인 행동 — 질질 끌거나 과식하는 것과 같은 — 이나 해로운 것에 건강치 못하게 탐닉하는 행동 예, 미적거리기, 과식 과 구분한다.

여전히 남아 있는 문제는 건강한 부정적 감정 — 특히 역경에 의한 좌절이나 슬픔 — 역시 부정석이고 즐겁지 않다는 점이다. 여러분이 친척이나 친구의 죽음을 건강하게 슬퍼하는 것은 스스로를 우울하게 만드는 것보다 훨씬 더 낫다. 그러나 여러분의 슬픔은 즐겁거나 "좋은" 것은 아니다. 그렇다면 여러분은 이러한 건강한 감정을 어떻게 완화시킬 수 있는가? 여러분은 여전히 행복할 수 있는가?

나의 일반적인 대답은 다음과 같다. 즉, 여러분은 그러한 슬픔을 제거하지 않는 편이 더 낫다. 왜냐하면 인생의 불행한 사건에 대한 슬픔이나 후회를 충분히 느끼지 않으면, 그런 일을 예방하려는 노력 예, 여러분의 친구나 친척들이 생존하도록 돕는 것 을 하지 않을 것이고, 새로운 관계를 찾지 않을 것이며, 대리 만족을 찾는데 개의치 않을 것이기 때문이다. 그래서 박탈당했을 때 여러분이 느끼는 건강한 부정적 감정은 미래의 좋은 결과를 위한 밑거름이다. 따라서 건강한 부정적 감정을 제거하지 말고 느끼며 살아가는 것이 더 좋다.

그래서 심각한 상실을 겪거나 소망을 성취하지 못했을 때, 여러분이 불건전하게 우울해하고 불안해하며 분노하는 대신에 건강하게 슬퍼해야 할 충분한 이유가 있다. 그러나 지금 나는 자기 자신, 타인, 세계를 무조건적으로 수용하는 것이 건강한 슬픔이나 후회보다 더 좋은 결과를 가져온다고 생각한다. "인생은 고해"라는 불교 개념을 인정하기 시작한 최근에야 나는 이 사실을 깨달았다.

거의 우리 모두가 자주 고통을 겪는다는 것은 – 그렇다 우리가 즐거움을 추구할 때조차도 – 논란의 여지가 없는 사실임을 나는 깨달았다. 우리가 결혼 생활과 가족과의 삶을 즐긴다면, 거기에도 많은 제약 예, 시댁 혹은 처가 식구를 받아들이는 것 과 수고 예, 자녀를 키우는 것 가 있다. 우리가 자신의 일을 정말로 좋아한다 해도, 때로는 비열한 상사, 감독관 혹은 동료를 만나기도 한다. 운동을 좋아하지만 종종 같은 팀원이나 심판을 싫어할 수도 있고, 운동 전 운동 기구의 설치를 싫어할 수도 한다. 무대에 공연을 올리기 위해 연습하고 있다면, 지루한 연기, 무능한 감독, 서툰 공연, 비싼 티켓을 참아야만 한다. 무엇을 하든지 간에 힘들다고 쉴 수는 없다! 역경은 많다!

가장 즐거운 일에도 상당한 정도의 고통, 비용, 지루함, 좌절이 따른다면, 우리는 그러한 일에 대한 건강한 부정적 감정과 어려움을 어떻게 피할 수 있을까? 결코 피할 수 없다! 일상적인 삶은 즐거움, 기쁨, 환희 – 그리고 고통 – 를 포함하고 있다.

그러나 우리의 건강치 못한 감정과 행동을 해결하기 위한 매우 좋은 – 거의 완벽하지 않은 – 방법이 있다. 그것은 이 책에서 지지하는 바, 우리가 무조건적 수용을 선택하는 것이다.

여러분이 무조건적 수용을 지속적으로 선택하고 실행한다고 가정해보자. 즉, 여러분은 단점과 실수를 지닌 자기 자신을 대체로 수용한다. 여러분은 또한 어리석거나 부당한 타인을 수용한다. 여러분은 비효율적이고 부조리하며 문제점이 많은 세상의 조건들을 수용한다. 무슨 일이 일어날까?

분명하게 입증할 수는 없지만, 나의 이론에 따르면 다음과 같은 일이 생길 것이다. 즉, (1) 여러분은 원망하지 않고 평화롭게 자신과 타인과 세상을 수용할 것이다. (2) 여러분은 심오한 수용의 철학과 습관을 가질 것이다. (3) 여러분은 자기 자신, 타인, 공동체의 파괴적인 사고, 감정, 행동을 전적으로 인정한다 하더라도 용서하지는 않을 것이다. (4) 여러분은 이러한 악에 반대하고 적극적으로 대항하는 길을 선택할 것이다. (5) 여러분은 심각한 불안, 우울, 분노의 저변에 깔려있는 철학, 예컨대 "내가 가치 있는 사람이 되기 위해서는 잘해야 하고 중요한 타인으로부터 사랑을 받아야 한다"는 생각을 최소화하거나 제거할 것이다

다시 말해, 수용하지 않으면 공포, 파국, 분노, 극도의 흥분이 발

생하고, 자기, 타인, 세상에 대해 분노하게 된다. 이러한 분노를 지닌 사람은 마음이 불안할 뿐만 아니라, 자기, 타인 및 세상 사람들의 행동을 이전보다 더 악화시킨다. 분노는 논쟁, 싸움, 원한, 사기, 테러, 전쟁, 대량학살을 야기한다. 썩 좋은 건 아니다! 분노는 또한 즐거움, 만족, 건설, 창조, 진보를 방해한다. 슬프다! 대개 분노는 분노, 원한 및 복수를 낳는다. 옛말대로, 사랑은 사랑을 낳고 분노는 분노를 낳는다. 가장 "올바른" 분노조차도 대개는 우울한 결과를 가져온다.

내가 과잉일반화하는 건지는 모르겠지만, 분노와 공격성은 심각한 불안, 우울, 무가치감, 절망감에 그 뿌리를 두고 있다. 그래서 자신의 실수나 부도덕성에 대한 분노는 그것을 줄이고 수정하는데 도움이 된다. "나는 내 어리석음이 싫어!"는 자신의 어리석음을 탐색하고 수정하는데 도움이 된다. 그러나 어리석게 행동했다는 이유로 자기 **자신을** 증오할 때, 여러분은 "나는 쓸모없고 희망이 없는 바보!"라고 생각하는 경향이 있다. 그 결과, 자기를 비난하고, 잘못을 수정할 수 없게 되며, 어리석음은 더 커지게 된다.

사회적 편견, 고집, 증오도 마찬가지다. 타인의 생각, 느낌, 행동을 증오할 때, 여러분은 그들에게 다르게 행동하도록 가르치고자 한다. 여러분은 그들 – 순교자에게도 – 에게 더 좋은 기준, 관습, 행동을 보여줄 수 있다. 그러나 "잘못된 행동"을 했다는 이유로 그들을 증오하면, 대개 여러분은 역으로 증오, 저항, 의도적인 보복성과 같은 "악행"에 직면하게 된다. 여러분이 그들에게 더 나아지기 위해서는 방식을 바꿔야한다고 강력하게 주장함으로써 때로 그들을 더 나쁘게 행동하도록 만든다. 역설적인가? 그렇다. 그러나 때로 사실이다.

마지막으로, 여러분의 지역사회와 세상이 직면하고 있는 어려움들, 문제들, 비효율성을 싫어할 때, 여러분은 그러한 것들을 개혁하고 개선하고자 할 것이다. 여러분은 건설적으로 그런 것들을 개선할 수 있다. 그러나 여러분이 터무니없고 지겨운 세상 그 자체에 분노한다면, 여러분은 낙담하고, 희망과 목적을 잃고, 심하게 우울해질 수 있다. 이러한 혹독한 감정 때문에, 심지어 여러분은 광분하고, 파괴적으로 반항하고, 잔혹해질 수도 있다. 자살 테러리스트가 — 극단적이긴 하지만 — 좋은 예이다.

적대, 증오, 싸움, 전쟁은 — 그 자체만으로도 그렇고, 이러한 것들이 심한 불안이나 우울과 연결되어 있다는 점에서도 — 중요한 쟁점이다. 이러한 병리적인 감정들은 늘 그런 것은 아니지만 때때로 함께 생긴다. 앞서 말했듯이, 증오는 수용과 상극이다. 여러분이 결점을 지닌 자기와 오류를 지닌 타인 및 역경이 있는 세상을 무조건적으로 수용하기 위해 지속적으로 열심히 노력한다면, 증오와 분노가 생기기 어렵고 특히, 지속되기는 더욱 어렵다. 실질적으로 내가 보장하건대, 여러분은 여전히 자기, 타인, 세상의 행태에 좌절하고 실망하겠지만 그렇다고 분노하거나 난폭하지는 않을 것이다.

그 다음은 무엇인가? 그 다음에는 살아가면서 할 수 있는 좋은 선택 그리고 심지어 훌륭한 선택을 하라. 거의 100% 사람들이 때때로 자기, 타인, 세상을 비난함으로써 스스로를 혼란스럽게 만드는 것을 볼 때, 이런 경향성은 부분적으로 생물학적이며 생득적이다. 그러나 이 책에서 내가 계속 강조한 것처럼, 이것도 **선택**이다. 여러분이 증오할 필요는 없다. 여러분은 증오를 거부하기로 **결심**할 수 있다. 인지적, 정서적, 행동적으로 꾸준히 열심히 **노력하고 훈련**하면, 여러분은 자기, 타인, 인생을 무조건 수용할 수 있다.

내 생각에 여러분은 매우 가치 있는 무조건적 자기수용, 무조건적 타인수용 및 무조건적 인생수용을 획득할 수 있다. 내가 틀릴 수도 있지만, 무조건적 자기수용, 무조건적 타인수용 및 무조건적 인생수용을 획득하면, 여러분은 모든 사람들에게 특히 자신에게 더 이상 화내지 않게 되고, 많은 다른 즐거운 일에 몰두할 수 있는 토대를 마련하게 된다.

왜냐하면 여러분은 고뇌하는 강력한 경향성과 함께 창조적 즐거움을 추구하는 뚜렷한 경향성도 함께 가지고 있기 때문이다. 여러분이 즐거움을 추구하지 않은 경우가 있다 하더라도 매우 드물 것이다. 여러분은 무수히 많은 신체적 과정 미각적, 후각적, 시각적, 청각적, 체감각적 반응 을 즐길 수 있다 - 그리고 대체로 열심히 즐긴다. 여러분은 사고, 감정, 행동과 함께 감각을 통해서 적당하게 혹은 열광적으로 예술, 음악, 연극, 건축, 과학, 철학, 스포츠 등의 많은 것들을 즐길 수 있다. 다양하게 즐길 수 있다!

여러분이 무조건적으로 수용한다면, 자기, 타인 및 세상을 확고하게 무조건으로 수용한다면, 그래서 분노, 우울, 심한 불안의 상당 부분이 줄어든다면, 합리적-정서적-행동 치료가 권장하는 것처럼, 여러분은 자유롭게 자아실현을 추구할 수 있다Ellis, 2001a, 2001b; Ellis & Becker, 1983. 자아실현은 자신이 정말로 좋아하는 것, 더 좋아하는 것, 여전히 더 좋아하는 것을 찾고자 실험하는 것을 의미한다. 여러분은 실험을 통해 선택하기 위해 많은 모험을 해야 하고, 그러한 모험을 즐길 수 있는 단 한 번의 매우 짧은 인생이 있을 뿐이다. 여러분은 실험을 통해 정말로 즐거운 – 즐겁지 않은 – 것을 찾아라. 마음을 열고 타인에게 배워라. 자기비난을 버리고 자기를 발견하라.

이것이 수용의 진정한 미덕 중 하나이다. 수용은 본래 즐거움을 보장해주지 않는다. 대신에 수용은 어쩔 수 없는 불행에 대한 여러분의 슬픔을 어느 정도 덜어줄 뿐이다. 분노하거나 무서워하지 말고 슬퍼해라. 그러면 고통으로부터 자유로운 건강한 슬픔을 통해, 여러분은 불완전하고 제한된 존재 속에서 자신이 시도할 수 있는 매우 즐거운 자아실현적인 삶을 추구할 수 있다.

불교에서 말하듯이, 나는 인생이 만족과 즐거움뿐만 아니라 불가피한 고통과 좌절을 포괄한다고 생각한다. 인생을 접근할 때, 여러분이 할 수 있는 것을 즐기기 위해 현실적이고 성숙하게 생각하고, 느끼고, 노력하라. 여러분이 바꿀 수 없는 것을 분노하거나 불평하지 말고 좋아하는 것은 아니지만 수용하라. 그리고 그 차이를 아는 그리고 수용하는 지혜를 가져라. 여러분은 많은 즐거운 것들에 대해 자신을 개방할 수 있다. 불가피한 고통을 수용하는 것은 불쾌하지만, 그러한 수용은 자아실현을 가져온다. 여러분은 어떤 선택을 하겠는가!

# 부록

Albert Ellis

# 부록 1  초심자를 위한
# 합리적-정서적-행동 치료

1953-1955년에 나는 1947년부터 해오던 정신분석 훈련을 포기하고 최초의 근대적인 인지행동치료CBTs인 합리적-정서적-행동 치료REBT를 개발하였다. 나는 지그문트 프로이트의 정신분석이라는 고전적 이론과 치료에 회의적이었으며, 1950년에 『정신분석의 과학적 원리 입문An Introduction to the Scientific Principles of Psychoanalysis』이라는 논문을 출판한 바 있다.

따라서 나는 캐런 호니Karen Horney, 에리히 프롬Erich Fromm 및 개혁적인 정신분석학자들을 계승한 신프로이트학파 - 신 아들러neo-Adlerian 학파라고 하는 것이 더 나을 듯 - 의 일원이었다. 나는 또한 정신분석에 관한 실습을 지도해 준 리차드 헐벡richard Hulbeck 박사로부터 인본주의적이고 실존주의적인 가르침을 받았다. 1953년에 나는 정신분석 실습을 포기하고, 이전보다 더 적극적이고 지시적이며 행동적인 치료자가 되기로 결심했다. 그래서 나는 그 당시 치료자들이 사용한 200가지 이상의 심리치료를 검토하고, 1955년에 『심리치료 기법에 대한 새로운 접근New Approaches to Psychotherapy Techniques』이라는 논문을 내놓았으며, 합리적-정서적-행동 치료를 개발하기 전에 고대와 근대의 많은 철학자의 글을 다시 읽었다. 철학에 대한 공부는 15세 때 대학에 진학할 무렵인 1928년으로 거슬러 올라간다. 나는 정서적 인 문제 — 대체로 수행 불안 — 를 갖고 있었으며, 이것에 대한 답을 고대와 근대 철학자의 합리적인 사고에서 찾을 수 있다고 생각했다.

10대 때 나는 아시아, 그리스, 로마 철학, 특히 공자, 노자, 석가, 소크라테스Socrates, 에피쿠르스Epicurus, 마르크스 아우렐리우스Marcus Aurelius의 철학을 탐독했으며, 내 나름의 합리적 원리를 구상하기 시 작했다. 애석하게도 내가 받은 정신분석 훈련은 나에게 좀 방해가 되 었다. 그래서 좀 더 인지적이고 행동적인 기법을 개발하기 위해 정신 분석의 상당부분을 포기했을 때, 나는 많은 철학서를 다시 읽었으며 행동주의와 철학을 결합한 합리적-정서적-행동 치료를 내놓았다.

1960년대 중반에 인지행동치료는 아론 벡, 윌리엄 글래서, 도널드 미켄바움, 앨버트 반듀라 등의 저작물을 내놓으면서 나의 입장을 따 라오기 시작했다. 그 당시 인지행동치료는 인지적 정보처리와 실습용 과제로 이루어져 있었다. 반면에 합리적-정서적-행동 치료는 이러한 방법들을 포괄하고 있으면서도 항상 매우 철학적이었다. 그 밖에도 1956년 합리적-정서적-행동 치료에 관한 나의 첫 번째 논문에서 사 고가 행동과 정서를 포함하고 정서가 사고와 행동을 포함하고 행동 이 사고와 감정을 포함한다고 강조한 이래로, 합리적-정서적-행동 치료는 늘 매우 설득적이면서 정서적인 방법을 포함하게 되었다. 우 리는 종종 사고, 감정, 행동을 분리된 과정으로 보지만 사실은 그렇 지 않다. 실제로 이 세 과정은 통합되어 있으며 서로 강력한 영향을 주고받는다. 사람이 정서적인 역기능을 최소화하고 행복하게 살려면 이 세 과정 모두가 변해야 한다. 최근에 와서 인지행동치료가 사고-감정-행동의 통합적 접근을 채택하기 시작했지만, 합리적-정서적-행동 치료는 수 십 년 전부터 그렇게 해왔다.

합리적-정서적-행동 치료는 사고, 정서 및 행동을 강조하는데, 이것은 내가 열심히 탐독한 불교의 가르침으로부터 영향을 받은 것 같다. 불교는 자신과 자신의 역기능에 대해 의식적으로 생각하는 참선이나 깨달음을 우선시한다. 동시에 불교는 정서적으로, 강력하게 그리고 의연하게 자기변화에 몰입할 것을 촉구하고 그렇게 할 수 있도록 연상적-경험적evocative-experiential 훈련을 강조한다. 또한 불교는 자기 스승이나 선생을 따르고 보좌하며 믿을 것을 권장한다. 마지막으로, 불교는 자신의 수동적인 경향성에 대항하고, 열심히 훈련하고 재훈련하며, 뜸들이기보다는 행동하라고 가르친다. 그래서 불교는 반습관적이며 매우 행동적이다. 불교는 건강하게 기능하는 인간의 세 과정 - 인지, 정서, 행동 - 모두를 적극적이고 직접적으로 사용한다. 비활동적 방법 - 조용한 명상과 같은 - 을 사용할 때조차도 불교는 마음챙김mindfulness 명상과 같은 능동적인 요소를 권장한다. 명상하는 동안 사람들은 자기를 적극적으로 들여다 볼 수 있다. 사람들은 종종 매우 감정적인 상태에 도달할 수 있다. 물론, 합리적-정서적-행동 치료와 불교는 지각도 강조한다. 사람들은 현실을 바꾸기 위해 "현실"을 지각해야 한다.

불교의 특정 교파 - 극단적인 선불교와 같은 - 는 나의 현실주의에 비하면 너무 신비적이고 낭만적이지만, 불교의 주된 원리는 합리적-정서적-행동 치료의 기본 철학과 상당히 겹친다. 나는 특히 티베트 불교와 합리적-정서적-행동 치료의 유사성에서 이러한 사실을 최근에 깨닫게 되었다. 1980년대 이래 14대 달라이 라마 텐진 갸초 Tensin Gyatso는 불교의 주요 가설을 검증하고 그 타당성을 증명하기 위해 심리학자, 생리학자, 사회학자와 함께 일했다. 그는 불교와 서구 과학을 통합하기 위해 심리치료자 하워드 커틀러Haward Cutler, 심리학자 다니엘 골만Daniel Goleman을 비롯한 많은 과학자들과 지속적으로 함께 일했다.

유사하게, 심리치료자 론 라이퍼Ron Leifer와 물리학자 존 코벳-진 Jon Kabat-Zinn을 비롯한 몇몇 서구 과학자들은 티베트의 마음챙김 명상을 자기네 삶 속에서 꾸준히 사용했으며, 이름난 불교 수도승을 연구하고, 서구의 심리치료와 과학을 불교와 통합했다. 매우 훌륭한 일이다 – 그러나 인간이 지닌 편견에 영향을 받을 수 있다. 어떤 종교나 철학을 따르는 추종자들이 다른 시스템으로 – 유태인으로 성장했으나 예수의 기독교로 개종한 폴Paul처럼 – 개종했을 때, 대체로 새로운 시스템을 지나치게 좋게 보고 열광하면서 그 시스템의 문제점을 보지 못한다. 그래서 서구의 개종자들이 불교의 시적이고 낭만적인 원리와 훈련을 선호하고 14대 달라이 라마와 불교 수도승을 경외하는 것을 약간 회의적인 관점에서 바라봐야 한다.

나는 – 내 희망이지만 – 좀 더 공정한 관점에서 불교를 좋아한다. 나는 분명히 불교신자가 아니다. 나는 위빠사나Vipashyana 혹은 마음챙김 명상이 아니 이와 형태의 명상을 조금 훈련 받았을 뿐이다 게다가 나는 정신분석, 스키너B. F. Skinner와 요셉 울프Joseph Wolpe의 순수한 행동 치료, 프리츠 펄스Fritz Perls의 게슈탈트 치료, 로저스의 심리치료, 극단적인 포스트모던 치료, 심지어는 급진적인 구성주의 치료에 대해서도 오래 동안 회의적이었다. 나는 이 모든 치료에서 어떤 요소를 따다 쓰기는 했지만, 이러한 치료법과 훈련에 매달리지는 않았다. 나는 회의적이고 관대한 사람으로 태어났으며 그렇게 길러졌다고 생각한다. 나는 또한 합리적-정서적-행동 치료가 모든 사람을 위한 완전한 치료법도 아니며 독특한 한계점을 갖고 있다고 생각하기 때문에, 내 자신이 합리적-정서적-행동 치료를 맹신하지 않기를 바란다.

나는 50여 권의 책과 500여 편의 논문에서 합리적-정서적-행동 치료가 무엇인지를 지겹도록 설명했기 때문에 이제는 주된 측면만을 간략하게 기술하겠다. 좀 더 상세한 것을 원한다면 『파괴적인 신념, 감정, 행동의 극복: 더 좋게 느끼고, 더 나아지고, 더 나은 상태에 머무르기Destructive Beliefs, Feelings, and Behaviors: Feeling Better, Getting Better, and Staying Better』, 『관용에 이르는 길The Road to Tolerance』을 보라. 여러분이 이런 책을 읽지 않았다고 가정하고 합리적-정서적-행동 치료가 무엇인지 간략하게 요약하겠다.

### '해야 한다shoulds, musts'라는 폭군

나는 에픽테투스Epictetus의 스토아 철학과 캐런 호니의 이상화된 이미지idealized image라는 개념을 조합해서 사람들이 스스로 정서적 혼란과 역기능을 만들어가는 과정을 설명하는 하나의 근본적인 아이디어를 만들었다. 에픽테투스가 그리스 노예로 자신의 로마 주인을 섬기다가 해방된 후 스토아학파를 만든 시기는 기원 1세기였다. 이 때 그는 사람들에게 들려줄 많은 지혜를 갖고 있었다. 나는 특히 "우리의 마음을 어지럽게 만드는 것은 발생한 사건이 아니라 그 사건에 대한 우리의 관점이다"라는 그의 말에 강한 인상을 받았다. 그래서 나는 1947년부터 1953년까지 정신분석에 종사하면서도 어린 시절의 사건과 경험이 그 사람을 불안, 우울 및 분노하게 만든다는 프로이트 이론을 전혀 강조하지 않았다. 어린 시절의 그리고 그 이후의 사건에 대한 여러분의 관점이 자신을 혼란스럽게 만들고, 성인으로서 여러분은 그러한 관점을 수정할 수 있다고 에픽테투스는 강력하게 주장했다. 그래서 에픽테투스는 최초의 구성주의자 중 한 사람이다.

대부분 사람들은 자신에 대한 이상적인 이미지나 모습을 만들어 놓고, "해야 한다"라는 폭군으로 스스로를 괴롭힌다는 캐런 호니의 아이디어를 나는 1950년에 읽었다. 나는 "맞다!"라고 내 자신에게 말했다. 그리고 프로이트, 왓슨 그리고 스키너의 조건형성을 더 이상 신뢰하지 않게 되었다. 내가 말했듯이, 호니는 에픽테투스 - 우리 인간은 자신의 신경증 중 상당 부분을 만들고 해체하고 재건할 수 있다 - 와 의견을 같이 했다. 어떻게? 우리가 자신의 신경증을 어떻게 만드는지 현실적이고 논리적으로 다시 생각하고, 고치기로 **굳게** 정서적으로 결심하고, 강력하게 지속적으로 대항하는 **행동**을 함으로써 그렇게 할 수 있다.

이것이 합리적-정서적-행동 치료의 첫 번째 핵심이다 그래서 나는 정신건강에 대한 합리적-정서적-행동 치료의 이러한 관점을 내담자들에게 – 그들의 정서적 문제에 대한 정신분석적 해석 그리고 그런 통찰을 통해 문제를 해결할 수 있다는 말을 줄여나가면서 – 가르치기 시작했다. 나는 또한 – 1943년부터 1947년까지 나는 적극적, 지시적 및 절충식 치료자였기 때문에 – 이전의 몇몇 절충적인 기법을 나의 급진적인 – 매우 급진적인 – 정신분석적 설명과 통합했다.

마지막으로, 심한 성격장애를 겪고 있는 내담자들이 자신의 습관적인 사고, 감정, 행동에 대항하기 위한 어떤 조치 – 생리적 둔감화와 같은 – 를 취하기로 결심하지 않으면 세상의 어떤 말도 소용이 없다는 것을 나는 1953년 말에 깨달았다. 그래서 나는 정신분석적 훈련을 중단하고 사고, 감정, 행동을 통합하는 방법을 개발하기 시작했고, 이것이 나중에 합리적-정서적-행동 치료가 되었다.

## 소망과 "해야 한다"의 큰 차이

절대적인 '해야 한다'는 폭군이며 이것이 내담자를 자기파괴적인 행동으로 몰고 간다는 것을 알기 시작했을 때, 나는 또한 그들이 지닌 강한 소망을 없앨 수 없다는 것도 알았다. 왜냐하면, 내담자들은 음식, 옷, 안식처, 사랑, 섹스 등을 소망하고 때로는 강력하게 소망함으로써 살아 있을 수 있고 스스로를 실현할 수 있기 때문이다. 그래서 이러한 소망이 없다면, 그들은 거의 생존할 수도 없고 행복할 수도 없다. 이에 나는 건강한 소망desires과 선호preferences는 유용하지만, 파괴적이고 강박적인 소망은 쉽게 문제를 일으킨다는 합리적-정서적-행동 치료의 전제를 구축했다. 건강한 소망 속에는 "나는 섹스와 사랑 같은 것을 분명히 원하고 강력하게 바란다. 내가 이런 것들을 박탈당한다면 좌절하고 괴롭겠지만, 죽을 지경은 아닐 것이다"도 들어 있다. 따라서 욕망의 좌절은 대체로 불안, 우울, 분노와 같은 건강치 못한 감정이 아니라 좌절과 후회와 같은 건강한 감정을 야기한다. "내가 섹스와 사랑을 원하기 때문에 그것을 절대적으로 획득해야만 한다"는 신념은 종종 불안, 우울, 분노를 유발한다.

심지어 극단적으로 건강한 소망 – 누군가 자기만을 영원히 사랑해 주기를 바라는 것과 같은 – 조차도 위험한데, 왜냐하면 그러한 욕구가 충족되지 않았을 때 쉽게 좌절하여 본인에게 큰 슬픔을 안겨주기 때문이다. 그래서 불교의 어떤 교파는 강한 소망을 우매한 것으로 본다. 그러나 합리적-정서적-행동 치료는 그러한 소망이 위험할지라도 여러분이 그 위험을 기꺼이 감수한다면 괜찮다고 본다. 그러나 극단적인 **요구**demands – 예를 들면, "이전에 나를 사랑한 어느 누구보다도 그대는 나를 더 많이 사랑해야 해요" – 는 **너무** 위험하며 여러분을 우울하게 만들지 모른다.

극단적인 소망을 요구와 구분 짓는 경계선을 정확히 긋기는 어렵다. 그러나 요구가 강박적이고 충동적 성격을 띤다는 점을 인식하면, 여러분은 극단적인 소망과 요구를 구분할 수 있다. 따라서 여러분이 이미 백만장자가 된 후에도 즐겁게 더 많은 돈을 번다면, 여러분은 건강한 소망을 추구하고 있다고 말할 수 있다. 백만장자인 여러분이 얼마 되지 않는 돈 때문에 여전히 사람들과 싸우고 인생에서 돈을 모으는 것 이외에 다른 관심이 없다면, 우리는 여러분이 필사적으로 게걸스럽게 돈을 모은다고 말할 수 있다. 여러분은 소망을 광적이고 강박적인 **필요**needs와 **집착**insistences으로 변질시켰다. 합리적-정서적-행동 치료는 강력한 소망일지라도 강박적이지 않다면 건강한 것으로 본다. 실제로 "위대한 미국 소설을 쓰고", "가난한 사람들을 돕고", "테니스 챔피언이 되려는" 강력한 소망은 여러분에게 몰두할 수 있는 생생한 관심거리를 제공해 줌으로써 건강한 즐거움을 가져다 줄 것이다. 그리고 여러분의 소망이 강박적이지 않다면, 여러분이 이등이 되었을 때에도 우울하거나 불안하지 않을 것이다.

그런데 불교의 어떤 종파처럼, 합리적-정서적-행동 치료는 여러분에게 과장되고 절박한 필요가 아닌 소망을 권장한다. 에피쿠르스처럼, 합리적-정서적-행동 치료는 행복과 즐거움뿐만 아니라, 미래의 목표 달성을 위해 필요한 절제와 장기적 안목에서의 쾌락주의를 선호한다. 적절하게 먹고 마시는 것은 여러분의 인생에 보탬이 되겠지만, 음식과 술에 빠지는 것은 종종 여러분을 파괴할 것이다.

### 행동에 대한 평가와 자기에 대한 평가의 심오한 차이

처음부터 합리적-정서적-행동 치료는 합리적 판단을 선호했으며 불합리한 평가나 한 개인 전체에 대한 평가를 강력하게 반대했다. 그 이유는? 20세에 대학을 졸업하기 전 나는 몇몇 철학자 - 버트런드 러셀과 길버트 레일과 같은 - 에게서 범주화의 오류를 범하지 말라고 배웠기 때문이다. 사회적인 과업을 잘 수행하지 못하는 것이 나를 나쁜 사람으로 만들지는 않으며, 일에서의 실패가 나를 완전한 실패자로 만드는 것도 아니다. 이러한 생각은 내가 20대 때 스튜어트 체이스Stuart Chase의 『언어 폭력Tyranny of Words』과 알프레드 코르지프스키 Alfred Korzybski의 『과학과 건강한 정신Science and Sanity』을 읽으면서 더 확고해졌다. 또한 12세경부터 시작된 나의 비종교적 관점은 인간의 영혼은 존재하지도 않고 신격화될 수도 없으며 저주받을 수도 없다는 생각을 하게 만들었다.

그러나 일단 여러분이 인간의 사고, 감정, 행동을 평가하겠다는 목표를 설정하면 분명히 그렇게 할 수 있다. 여러분의 목표가 안락한 삶이라면, 여러분은 생산적인 일이 그 목표를 달성하는데 "좋다"고 평가하는 게 낫다. 여러분의 목표가 다른 사람과 더불어 잘 사는 것이라면, 여러분은 사람들에게 어느 정도 친절해야 할 것이다. 그래서 여러분은 자신의 생산성과 친절을 좋은 특성으로 평가하고 게으름이나 심술궂음을 나쁜 특성으로 평가할 것이다. 이런 평가는 자신의 목표 달성에 도움이 된다.

그러나 나 또한 어린 시절부터 – 학교, 운동 및 사회적 삶에서 – 내 수행성적에 따라 나의 자기, 나의 존재, 나의 전체를 평가해 왔다. 어떤 아이가 그렇게 하지 않겠나? 나는 공부와 운동과 대인관계에서 잘하기를 **원했을**wanted뿐만 아니라 **필요하다**needed고 생각했다. 그 결과 잘하지 못할 때 나는 종종 불안해하고 때로는 우울해 했다. 안 그런 사람이 누가 있겠는가? "나는 **항상** 잘해야 한다"고 스스로에게 말할 때 특히 그랬다. 불안한 아이인 나는 종종 그랬다. 그래서 때때로 나는 "좋아, 이번에는 잘하지 못했지만 다음번에는 잘할거야"라고 스스로에게 말함으로써 불안감을 줄였다.

24세 때 나는 19세의 환상적인 여자 친구 카일Karyl을 미친 듯이 사랑하면서 내 불안을 거의 없앴다. 나에 대한 그녀의 사랑은 변덕 스러웠고, 그 변덕 때문에 나는 종종 공황상태에 빠졌고 우울해졌다. 어느 날 한밤 중에 나는 브롱스 식물원에서 내가 사랑하는 그녀의 변덕에 대해 곰곰이 생각해보았다. 나는 그 때 내가 그녀의 사랑을 강렬하게 바라는 것뿐만이 아니라는 사실을 불현듯 깨달았다. 나는 그녀의 사랑이 내게 절대 필요하다고 생각했었다. 얼마나 바보 같은가! 내가 원하는 것이 나에게 필요한 것은 분명 아니었다. 나는 그런 사랑 없이도 심지어는 행복하게 잘 살 수 있었다. 그렇다, 그렇다!

이 놀라운 통찰은 나의 삶을 크게 바꾸어 놓았다. 그리고 그로부터 15년 후에 심리치료자가 되었을 때, 나는 이 통찰을 좀 더 자세히 발전시켜 합리적-정서적-행동 치료의 기본 원리로 꽃피웠다. 나를 비롯해서 사람들이 원하는 것이 정말 **필요한 것**은 아니다. 우리는 어리석게도 우리가 원하는 것이 우리에게 필요하다고 **생각하고 느낄** 뿐이다! 얼마나 바보 같은가! 얼마나 비현실적인가!

처음부터 합리적-정서적-행동 치료는 다음과 같은 상호 관련된 명제를 가르쳐 왔다. (1) 거의 모든 사람들은 살면서 합리적이고 행복한 존재가 되려는 목표를 가지고 있다. (2) 그래서 사람들은 중요한 일들을 잘 수행하고, 다른 사람들과 관계를 잘 맺고, 목표 달성에 도움이 되는 일을 하려는 몇몇 욕망을 가지고 있다. (3) 사람들이 어떤 것에 대한 성취나 회피를 강하게 원할 때, 그들은 종종 그러한 소망을 격상시켜 **욕구** 혹은 **필수품**이라고 주장한다. (4) 자기가 **원하는 것은 필요한 것이다**원하지 않는 것은 피해야 한다는 생각과 함께, 사람들은 종종그리고 그릇되게 "내가 생각하고 느끼고 행하는 것이 곧 나

328

다. 내가 만족스럽게 수행하면 나는 좋은 사람이고, 내가 잘 수행하지 못하면 나는 나쁜 사람이다"라고 확신한다. (5) 자기 전체를 좋게 혹은 나쁘게 평가하는 것 이외에도, 사람들은 타인의 행동을 좋게 혹은 나쁘게 평가하고, 그 사람을 훌륭하거나 혹은 비난받아야 하는 사람으로 평가한다. (6) 사람들은 세상사를 좋게 혹은 나쁘게 평가하고, 전체로서의 세상 혹은 인생을 포괄적으로 좋게 혹은 나쁘게 평가한다.

이처럼 부정확한 방식으로 생각하고 느끼고 행동함으로써, 사람들은 때로 중요한 목적과 목표를 건강하게 달성하지만, 또 다른 한편으로는 동일한 목표와 목적을 달성하지 못해 불필요하게 건강하지 않은 정서적, 행동적 문제, 특히 심한 불안, 우울 및 분노를 겪는다고 합리적-정서적-행동 치료는 가정한다.

모든 사람들은 자신의 수행과 자기를 평가하려는 경향성을 어느 정도 가지고 있는 것 같은데, 사람들이 그러한 경향성을 가지고 있는 한 그 저변에는 불안이 깔려 있다. 때로는 이것을 실존적 불안이라고 한다. 실존적 불안이라 부르는 이유는 현재 존재하고 계속 존재하기를 원함으로써 사람들은 자신들이 한 것을 현명하게 평가하지만, 자신들이 한 것 때문에 자기를 부정확하게 평가하기 때문이다.

## 건설적으로 그리고 파괴적으로 행동하려는
## 사람들의 경향성

사람들은 생득적으로 그리고 사회적 양육을 통해서 자신의 삶을 영위하는 방식을 어느 정도 선택할 수 있다고 소위 자유의지 혹은 자기결정 합리적-정서적-행동 치료는 가정한다. 사람들은 자신을 제약하는 생물학적 경향성을 가지고 있기 때문에 그들의 선택이나 결정은 거의 완벽할 수 없다. 사람들의 수명은 한정되어 있고, 사람들은 질병과 장애를 겪을 유전적 성향도 가지고 있다. 사람들은 스스로를 제한하고 또한 그렇게 하도록 가르치는 가족, 집단, 지역사회, 국가에서 살고 있다. 그럼에도 불구하고, 사람들은 자신이 할 것과 하지 않을 것을 어느 정도 선택하거나 결정할 수 있고, 어느 정도의 노력으로 자신을 많이 바꿀 수도 있다. 일단 어떤 식으로 행동하면 계속 그런 식으로 행동하는 습관이 생긴다. 그러나 사람들은 스스로 습관을 고칠 수도 있고 다른 식으로 행동하는 경향성을 만들어내기도 한다. 사람들은 거의 항상 계속 변화하고 있으며 그러한 변화에 어느 정도 습관화되기도 한다. 그래서 사람의 "자유의지"는 완벽한 것과는 거리가 멀다!

자유의지 때문에 사람들은 변화하고자 스스로 압력을 가하거나 동기화할 수 있고, 다른 동물보다 더 많이 그럴 수 있다. 고도로 발달한 언어체계를 갖고 있기 때문에, 사람들은 생각하고, 생각을 생각할 수 있고, 생각에 대한 생각을 생각할 수 있다. 사람들의 사고, 감정 및 행동은 종종 분리되어 있는 것처럼 보이지만, 실제로 이 셋은 서로 중요한 영향을 주고받기 때문에 순수한 상태는 드물다. 사람들은 생각할 때 느끼고 행동하고, 느낄 때 생각하고 행동하며, 행동할 때 생각하고 느낀다. 그래서 사람들은 달리 생각하고 느끼고 행동하라고 스스로를 밀어붙이는 능력을 갖고 있다.

결과적으로, 합리적-정서적-행동 치료는 사람들에게 자신의 역기능적 행동을 점검하고 수정하기 위한 다양한 인지적, 정서적, 그리고 행동적 기법을 가르친다. 합리적-정서적-행동 치료는 방법상 다차원적multimodal이다. 또한 합리적-정서적-행동 치료는 파괴적인 성향과 행동을 수정하고 원하는 변화를 유지하는데 꾸준한 노력과 훈련이 필요하다고 주장한다. 합리적-정서적-행동 치료는 통찰, 이성, 논리를 강조하지만, 강력한 정서와 행동이 없는 "이성적" 요소만으로는 불충분하다고 주장한다.

합리적-정서적-행동 치료는 매우 교육적이며, 그 이론과 실습을 직접적이고 강의 중심적으로 가르치는 것이 때로는 효과적이라고 믿는다. 그래서 합리적-정서적-행동 치료는 내담자와 함께 그들의 불합리한 신념을 반박하고 논쟁하고 대화한다. 또한 합리적-정서적-행동 치료는 논문, 책, 강의, 워크숍, 녹음테이프, 비디오테이프와 같은 또 다른 교육적 자료를 사용한다. 그러나 합리적-정서적-행동 치료는 간접적인 교육 방법이 많은 사람들에게 가장 효과적이라는 점을 인정하기 때문에, 소크라테스 대화법, 이야기, 우화, 연극, 시, 비유, 및 다른 소통의 형태도 사용한다. 모든 사람들은 개별적 존재로서 각자에게 독특하고 가장 적합한 교육방법을 가질 수 있음을 합리적-정서적-행동 치료는 특히 인정한다.

## 합리적-정서적-행동 치료의 다차원적 측면

앞에서 언급한 것처럼, 합리적-정서적-행동 치료는 내담자 그리고 다른 사람 가 가지고 있는 정서적이고 실질적인 문제의 인지적, 정서적, 행동적 측면에 관심을 기울인다. 그래서 아널드 라자루스Arnold Lazarus 가 효과적인 치료를 위해 추천한 것처럼, 합리적-정서적-행동 치료 는 교육적인 측면에서 다차원적이다. 또한 합리적-정서적-행동 치료 는 인본주의치료, 실존치료, 교류분석, 정신분석, 게슈탈트치료 같은 치료에서 많은 방법들을 도입하여 정기적으로 사용한다.

가장 간단한 형태로, 합리적-정서적-행동 치료는 사람들에게 이 치료의 ABCDE 절차를 가르치는 것이다. 어떤 불행한 사건 혹은 역경A: Adversity의 발생이나 결과C: Consequences 단계에서 사람들이 역기능적으로 느끼고 행동할 때마다, 합리적-정서적-행동 치료는 그들에게 A가 C에게 중요한 영향을 주었지만 A가 C의 직접적인 원인은 아니라는 점을 보여준다. 그 대신에 그들의 정서적 문제(C)는 신념체계 B: Belief System 때문이기도 하다는 점을 보여준다. 따라서 A 더하기 B 가 C의 원인이거나 A 곱하기 B가 C의 원인이다. B는 대체로 신념이고 이 신념에는 사고+감정+행동이 포함되어 있다. 왜? 앞서 지적했듯이, 생각, 느낌, 행동은 서로 얽혀있기 때문이다.

신념체계에는 기능적 혹은 합리적인 신념RBs과 역기능적 혹은 불합리한 신념IRBs이 들어 있으며, 그러한 신념은 정서적으로 강력하고 행동적으로도 활동적이다. 앞에서 언급했듯이, 합리적 신념은 **선호** 혹은 **소망**이 되는 경향 "나는 잘 수행하기를 바라고 중요한 타인에게 승인받기를 바란다. 그렇지 않으면 나의 행동은 잘못된 것이다." 이 있다. 불합리한 신념은 절대적으로 '해야 한다'와 '요구' "나는 잘 수행해야만 하고 중요한 타인에게 승인받아야만 한다. 그렇지 않으면 나는 무가치하다!" 를 포함하는 경향이 있다.

합리적-정서적-행동 치료는 ABC를 사용해서 내담자의 불합리한 신념을 논의하고 반박함(D)으로써, 그들이 불합리한 신념과 합리적인 신념을 구분하고, 자신이 선호하는 것을 유지하면서도 "해야 한다"라는 신념을 수정하도록 가르친다.

(1) **현실적 반박:** "왜 내가 잘해야만 하는가?" 내가 중요한 타인에게 인정받아야 한다는 말은 어디에 쓰여 있는가?" 답변: "내가 잘해야만 한다는 증거는 없다. 그러나 내가 잘하면 매우 좋을 것이다."

(2) **논리적 반박:** "내가 잘하지 못하고 중요한 타인으로부터 인정받지 못하면, 나는 **부적절한 사람**이 되는가?" 대답: "아니다. 나의 행동만 부적절한 것이 된다. 나의 수행이 곧 **나**me 혹은 **인간으로서의 전체적인 나**와 같은 것은 아니다."

(3) **실용적 반박:** "내가 절대적으로 잘해야 하고 항상 중요한 타인에게 인정받아야 한다고 믿는다면 나에게 어떤 결과가 발생할까?" 대답: "나는 스스로를 불안하고 우울하게 만들 것이다.""나는 이러한 결과를 바라는가?" 대답: "아니다!"

합리저인 신념을 끈기 있게 간직하고 불합리한 신념을 반박할 때 그리고 불합리한 신념에 강력하게 정서적으로 대항할 때, 내담자들은 효과적인 새로운 철학ENP: Effective New Philosophies을 담고 있는 해답을 찾는 경향이 있다. 예컨대, "잘하는 것이 나에게 정말 필요한 것은 아니지만, 나는 잘하는 것을 매우 좋아하고 잘하려고 최선을 다할 것이다.""내가 아무리 잘못하고 어리석게 행동하더라도 나는 결코 나쁜 사람이 아니다. 단지 이번에 어리석은 행동을 한 사람일 뿐이다."
"내 인생에서 어떤 조건이 지금은 불행하지만, 그렇다고 해서 그것이
세상이 나쁘거나 내 전체 인생이 썩었다는 것을 의미하는 것은 아니
다!"

이 때, 내담자들은 건강한 선호를 즐기고 역기능적 요구를 포기하
는데 유용한 합리적이고 적응적인 적합한 진술문을 만들어낸다. 그
들은 또한 자신의 역기능적인 행동을 반격하기 위한 인지적, 경험적
및 활동적 과제를 하겠다고 치료자와 합의한다. 내담자들이 하는 주
된 인지적 과제 중 하나는 자기치료 양식을 정기적으로 작성하는 것
이다. 이 양식이 그림 1과 2에 나와 있다.

책가게 점원으로 나이가 40인 레이첼Rachel은 자신이 합당하다고
생각하는 임금인상이 이루어지지 않아 사장에게 화가 났고, 자신의
"끔찍하게 곤란한 상황"에 대해 공감해 주지 않는다는 이유로 남편
짐Jim에게 화가 났다. 그녀는 이 두 가지가 자신을 화나게 만들었다고
주장하며, 그런 이유가 아니라 사장과 남편에 대한 자신의 요구 때
문에 화가 났을 수도 있다는 합리적-정서적-행동 치료 입장을 받아
들이려 하지 않았다. 그녀와 나는 몇 번의 치료회기 동안 이것에 대
해 논의했고 내가 당연히! 거의 이겼다. 그러나 그녀는 분노에서 벗어
나지 못했다.

최종적으로 나는 레이첼에게 합리적-정서적-행동 치료의 자기치
료 양식 몇 개를 작성하도록 했으며, 그녀가 작성한 것이 정확하지
않을 때 계속 수정해 나갔다. 마지막으로, 4주 후에 그녀는 7번째 양
식을 정확하게 작성하고 무엇이 "옳은지"를 깨달았다. 그녀는 기쁜

마음으로 "오, 이제 알았어요! 남편과 사장이 나를 지지해 주었으면 좋겠다는 나의 소망이 지속적인 나의 요구로 바뀜으로써 나는 화가 났던 거예요. 물론 다음부터 나는 애기처럼 요구하는 것을 중단할 거예요"라고 말했다.

레이첼의 7번째 합리적-정서적-행동 치료 자기치료 양식은 [그림 1, 2]와 같다.

[그림 1]

# 합리적-정서적-행동 치료 자기치료 양식

A(발생사건 혹은 역경)

```



```

당신의 곤란한 상황을 요약하시오.
(카메라로 찍는다면 무엇이 찍힐까요?)
A는 내적 혹은 외적, 실제 혹은 상상이다.
A는 과거, 현재, 미래의 사건일 수 있다.

C(결과)

```
건강하지 못한 주요 부정적 정서:


자기파괴적 주요 행동:
```

당신의 곤란한 상황을 요약하시오.
(카메라로 찍는다면 무엇이 찍힐까요?)
A는 내적 혹은 외적, 실제 혹은 상상이다.
A는 과거, 현재, 미래의 사건일 수 있다.

| IBs(불합리한 신념) | D(IBs에 대한 )반박 |
| --- | --- |
|  |  |

IBs를 확인하기 위해 찾아야 할 것들:

- 독단적 요구(해야 한다)
- 파국으로 이끌기(최악이다, 형편없다)
- 좌절에 대한 낮은 인내력
- 자기/타인 평가 (나, 그녀, 그는 나쁘다, 쓸모없다)

반박하기 위해 자신에게 물어볼 것:

- 무엇 때문에 이 신념은 나를 떠나지 않는 것일까? 이것은 도움이 될까? 자멸적일까?
- 나의 불합리한 신념을 지지해 주는 증거는 어디에 있는가? 사회적 현실과 일치하는가?
- 나의 신념은 논리적인가? 나의 기호를 따르는가?
- 정말로 끔찍한?(최악인가?)
- 내가 정말로 견딜 수 없는가?

| E(효과적인 새로운 철학) | E(효과적인 정서와 행동) |
| --- | --- |
| | |

| 좀 더 합리적으로 생각하기 위해 노력해야 할 것들: | 건강한 부정적 정서: |
| --- | --- |
| • 독단적이지 않은 기호(소망, 바람, 욕망) | • 실망 |
| • 나쁜 것에 대한 평가 (나쁘다, 불행하다) | • 노여움 |
| • 좌절에 대한 높은 인내력 (나는 그것을 싫어하지만 견딜 수 있어) | • 슬픔 |
| | • 후회 |
| • 자기/타인을 포괄적으로 평가하지 않기 (나와 타인들은 어리석은 인간들이다) | • 좌절 |

[그림 2]

## 합리적-정서적-행동 치료 자기치료 양식

A(발생사건 혹은 역경)

> 내 사장은 내가 당연하다고 생각한 월급을 올려주지 않았다.
>
> 나의 남편은 내 마음을 공감해 주지 않았다.

당신의 곤란한 상황을 요약하시오.
(카메라로 찍는다면 무엇이 찍힐까요?)
A는 내적 혹은 외적, 실제 혹은 상상이다.
A는 과거, 현재, 미래의 사건일 수 있다.

C(결과)

> 건강하지 못한 주요 부정적 정서: 사장과 남편에 대한 분노.
>
> 자기파괴적 주요 행동: 그들에게 소리 지름.

당신의 곤란한 상황을 요약하시오.
(카메라로 찍는다면 무엇이 찍힐까요?)
A는 내적 혹은 외적, 실제 혹은 상상이다.
A는 과거, 현재, 미래의 사건일 수 있다.

| IBs(불합리한 신념) | D(IBs에 대한 )반박 |
|---|---|
| 나의 사장은 나에게 불공정하다. 그는 절대로 그렇게 하면 안 된다.<br><br>나의 남편은 예전에도 종종 그랬지만 – 기생충 같다 – 나를 공감해 주지 않는다. | 왜 나의 사장이 공정해야만 하는가?<br><br>얼마나 순진한 생각인가? 누가 나의 남편에게 공감하라고 말해줄 것인가? 그것은 놀라운 변화였을 것이다! |

IBs를 확인하기 위해 찾아야 할 것들:
- 독단적 요구(해야 한다)
- 파국으로 이끌기(최악이다, 형편없다)
- 좌절에 대한 낮은 인내력
- 자기/타인 평가 (나, 그녀, 그는 나쁘다, 쓸모없다)

반박하기 위해 자신에게 물어볼 것:
- 무엇 때문에 이 신념은 나를 떠나지 않는 것일까? 이것은 도움이 될까? 자멸적일까?
- 나의 불합리한 신념을 지지해 주는 증거는 어디에 있는가? 사회적 현실과 일치하는가?
- 나의 신념은 논리적인가? 나의 기호를 따르는가?
- 정말로 끔찍한?(최악인가?)
- 내가 정말로 견딜 수 없는가?

| E(효과적인 새로운 철학) | E(효과적인 정서와 행동) |
|---|---|
| 사장들은 종종 불공정하지만 나의 사장은 부분적으로만 불공정하다.<br><br>남편은 종종 공감하지 못한다. 그러나 나의 남편은 공감이 부족할 수도 있는 권리를 갖고 있다. 그는 기생충처럼 행동하지만 기생충같은 사람은 아니다. | 새로운 건강한 부정적인 정서:<br><br>좌절<br>실망<br><br>새로운 건설적인 행동:<br><br>차분해짐.<br><br>나의 사장과 남편에게 내가 얼마나 실망했는지 묵시적으로 말한다. |

**좀 더 합리적으로 생각하기 위해 노력해야 할 것들:**

- 독단적이지 않은 기호(소망, 바람, 욕망)
- 나쁜 것에 대한 평가 (나쁘다, 불행하다)
- 좌절에 대한 높은 인내력 (나는 그것을 싫어하지만 견딜 수 있어)
- 자기/타인을 포괄적으로 평가하지 않기 (나와 타인들은 어리석은 인간들이다)

**건강한 부정적 정서:**

- 실망
- 노여움
- 슬픔
- 후회
- 좌절

## 합리적-정서적-행동 치료의 정서-연상 및 행동 훈련

앞에서 언급한 것처럼, 합리적-정서적-행동 치료에는 몇 가지 정서-연상 및 행동 훈련이 포함되어 있다. 이러한 훈련 중 잘 알려진 것이 수치심 공격법이다. 이것은 내가 나를 위해 개발한 것이다. 23세 때 나는 친구와 카페에서 식사를 하고 나오면서 돈이 없어서 점원에게 계산서만 내밀었을 때 창피했다. 나는 철학 서적을 통해 수치심은 스스로 만들어내는 것이지 필수적인 것은 아니라는 사실을 알게 있었다. 그 점원이 나를 못마땅하게 생각하겠지만 나를 체포하거나 죽이지는 않을 것이기 때문이다. 그래서 점원이 나를 어떻게 생각하던지 간에 나는 벌레가 아니라고 스스로에게 납득시키고자 열심히 노력했다. 그리고 나는 뉴욕의 여러 카페를 돌아다니면서 물만 한 컵 마시고 나오면서 점원에게 빈 계산서를 내밀었다. 수치심 공격법은 나의 수치심을 수주일 안에 상당부분 없애주었다. 그래서 몇 년 후에 나는 내담자들에게 이 방법을 사용해 보라고 자주 권했다.

예를 들어, 나의 내담자 엘리스Alice는 대중들 앞에서 말을 잘 못하고 매우 불안해하는 자신을 창피해했다. 그래서 나는 그녀에게 몇 가지 창피한 일을 해보고 그 일에 대해 다른 사람들이 그녀를 비난할 때 본인은 자기비하를 거부하도록 권고했다. 그녀는 합리적-정서적-행동 치료의 수치심 공격법 중에서 두 가지를 실습했다. (1) 지하철을 타고 가면서 몇몇 정거장에서 소리를 질러라. (2) 거리에서 전혀 모르는 사람에게 말을 걸어 "나는 방금 정신병원에서 나왔어요. 지금이 몇 월이죠?"라고 말해보라. 그녀는 이런 "위험한" 훈련을 몇 번

했다. 사람들이 그녀를 미쳤다고 생각하는 것을 잘 견뎌내어 그녀는 더 이상 창피함을 느끼지 않게 되었다.

나는 또한 합리적-정서적-행동 치료를 사용하여 불안을 극복하는데 도움이 되는 여러 가지 위험한 훈련 – 어려운 직무 면접, 대중 앞에서 못 추는 춤을 추는 것, 준비가 안 된 주제에 대해 연설하는 것, 어려운 사람에게 자기주장을 하는 것 – 을 해보도록 내담자에게 권장했다. 내담자들은 이런 훈련을 통하여 자기의 행동이 실제로 어색하지만 그렇게 치명적이지는 않다는 사실을 깨달음으로써 스스로를 비판에 둔감하도록 만들었다.

1971년에 맥시 멀츠비Maxie Maultsby가 합리적·정서적 심상법Rational Emotive Imagery을 창안한 것처럼, 합리적-정서적-행동 치료도 다양한 정서-연상 훈련을 개발했다. 맥시가 그 심상법을 창안한 직후, 나는 내담자 롭Rob에게 그 기법을 사용했다. 발기가 안 되고 발기를 유지하기 어려워, 롭은 여자들로부터 거부당할까봐 새로운 여자와 관계하는 것을 두려워했다. 나는 정기적인 합리적-정서적-행동 치료를 이용해서 롭이 자신에게 "같이 자는 모든 여자들을 위해 항상 절대적으로 완벽하게 발기해야 하고, 발기를 유지할 수 없다면 나는 완전한 패배자이다!"라고 말하고 있다는 사실을 깨닫게 했다. 그가 이러한 생각을 "나는 모든 여자를 위해 충분히 발기하기를 바라지만 반드시 그래야만 하는 것은 아니다"라는 생각으로 바꾸었을 때, 섹스에 대한 실패에 대해 덜 불안해했다. 그럼에도 그는 여전히 실패를 두려워했다.

그래서 나는 정서적-경험적 기법인 합리적-정서적 심상법을 롭에게 실시했다. 그에게 눈을 감게 하고 새로운 여자와 성관계를 시도하다가 발기가 안 되자 그 여자가 자기에게 가망성이 없는 멍텅구리라고 소리 지르는 장면을 상상하도록 했다. 그는 "너는 섹스를 포기하고 수도원에 들어가는 것이 더 낫겠다!"라고 자기에게 말하는 여자를 상상했다.

"당신을 비난하는 여자를 생생하게 상상했을 때, 당신은 솔직히 어떤 느낌이 들었습니까?"라고 나는 롭에게 물었다.

"몹시 우울하고 거의 죽고 싶은 심정이에요."

"좋아요! 당신은 합리적—정서적 심상법을 잘 사용하고 있습니다. 좋아요. 스스로를 매우 우울하게 만들어 보세요. 그 상태를 가능한 한 강하게 느껴 보세요. 매우 우울하고 죽고 싶은 심정을 느껴 보세요. 당신의 감정과 충분히 접촉 하세요. 억누르지 말고 느껴 보세요."

"오 느껴져요. 정말로 느껴져요."

"좋아요, 이제, 여자가 당신을 비난하는 모습을 똑같이 생생하게 떠올리세요. 그리고 건강하지 못한 우울하거나 죽고 싶은 감정이 아니라, 건강한 부정적 감정인 후회와 좌절감을 느껴 보세요. 우울과 죽고 싶은 감정이 아닌 건강한 후회와 좌절만을 느껴 봐요."

"나는 당신이 말한 대로 하려고 노력하고 있어요. 그러나 그렇게 할 수 없어요. 할 수 없어요!"

"당신은 **할 수** 있어요! 어느 누구도 자기의 감정을 바꿀 수 있어요. 자신의 감정은 스스로 만들어내는 것이기 때문에, 당신은 감정을 변화시키겠다고 언제든지 결정할 수 있어요. 자 이제 해봐요. 당신은 할 수 있어요!"

롭은 그렇게 했고, 내가 예측했듯이 우울이나 죽고 싶은 느낌이 아닌 후회와 좌절의 감정을 스스로 만들어 냈다.

나는 "훌륭해요! 어떻게 당신의 감정을 바꾸었나요? 무엇 때문에 당신의 감정을 바꿀 수 있었나요?"라고 물었다.

"처음에, 나는 속으로 '집어치워라! 그 여자는 너무 적대적이다'라고 말했어요. 그 다음에 '그것은 **그녀의** 생각이다. 나는 내가 발기되지 않더라도 나에게 성적으로 만족할 수 있는 다른 여자를 찾을 것이다! 이것이 정말로 나의 적대감과 불안감을 없애 주었어요. 단지 속상하고 실망스러울 뿐이에요."

"훌륭합니다! 당신이 할 수 있을 거라고 내가 말했죠"라고 나는 말했다.

어느 누구든 자신의 불합리한 '해야 한다'를 현실적인 '선호'로 바꿀 수만 있다면 건강하지 못한 감정을 건강한 감정으로 바꿀 수 있다.

대개 그렇듯이, 여자와 함께 잘 때 발기되면 **좋겠지만** 그것이 꼭 **필요**한 것은 아니며, **발기실패** 때문에 여자가 자기를 비난하더라도 **스스로를** 수용할 수 있다는 신념이 롭에게 아직 약하기 때문에, 나는 그에게 자신의 새로운 철학을 확고하게 믿고 느낄 때까지 합리적·정서적 심상법을 하루에 30분씩 30일 동안 실습하도록 권장했다. 그는 그렇게 했고 그 방법을 사용한 지 20일 후에 새로운 여자와 잠자는 것을 두려워하지 않게 되었다.

나는 이 심상법 외에도 불안, 우울, 분노를 가지고 있는 내담자에게 – 역할놀이와 같은 – 몇 가지 다른 좋은 방법을 사용한다. 내담자들은 중요한 면접의 역할놀이를 통해 면접의 결과에 대한 불안을 느껴보고, 역할놀이를 잠시 중단한 채 자신을 불안하게 만들기 위해 스스로에게 무슨 말을 하는지 알아보고, 불안을 유발하는 **"해야 한다"**라는 생각을 수정하고 그 다음에 역할놀이를 계속한다.

다시 말해, 합리적-정서적-행동 치료는 많은 행동적 훈련과 정서-연상 훈련을 사용하지만, 동시에 문제를 일으킨 절대적으로 "해야 한다"라는 인지를 발견하고 그것을 적극적이고 지속적으로 반박함으로써, 사고, 감정 및 행동을 **조합하여** 문제를 최소화하도록 돕는다. 다시 말해 모두 셋이다!

## 무조건적 자기수용/타인수용/인생수용의
## 기본 철학 가르치기

내담자들 그리고 다른 사람들 이 무조건적 자기수용, 무조건적 타인수용 및 무조건적 인생수용이라는 합리적-정서적-행동 치료의 기본 철학을 습득하도록 돕기 위해, 나는 이 책에서 언급한 인지적, 정서적, 행동적 치료법을 모두 사용한다. 그러나 나는 그들이 위험한 자기평가, 타인평가 및 인생평가에 쉽게 빠질 수 있음을 끊임없이 상기시킴으로써, 그들은 매우 역기능적으로 사고하고 느끼고 행동하는 습관을 고칠 수 있을 것이다. 내가 합리적-정서적-행동 치료의 추종자들에 대해 회의적인 것처럼, 불교 역시 불교를 고수하는 사람들에 대해서 회의적인 것처럼 보인다. 불교는 4가지 기본 진리를 수용하고 건강하게 수년간 사용해온 사람들도 그 진리를 매우 쉽게 다시 경시할 수 있다는 점을 잊지 말라고 경고한다.

이 점을 생각하면서 나는 문득 그렇기 때문에 모든 주요 종교는 수도적인 측면을 가지고 있는 것이 아닐까라는 생각을 했다. 그래서 유대교에는 랍비, 탈무드 학자, 탈무드 성인 데이비드David와 야곱Job 같은 이 있고, 기독교에는 교주, 목사, 성자 성 어거스틴St. Augustine 과 잔다르크 Joan of Arc 와 같은 가 있다. 이슬람교에는 교주, 예언자, 진정한 신자, 모하메드가 있다. 기본 교리를 독실하게 지키지 못하는 평신도들이 타락하지 않기 위해 훌륭한 모델을 떠올려야 할 때, 이처럼 사람들이 숭배하는 성스러운 스승들은 좋은 귀감이 된다.

다시 말해, 사람들이 "공감"하면서도 엄청난 자기수련을 요구하기 때문에 지속적으로 따를 수는 없는 핵심 철학을 종교가 가지고 있다면, 몇몇 열성적인 추종자들을 신격화하여 그들을 게으르고 충실하지 못한 교인들에게 모델로 제시할 수 있다.

불교도 마찬가지이다. 대부분의 불교인들은 4가지 기본 진리를 일관성 있게 따르기 위해서 험난한 시간을 보내야 한다. 불교에는 구루Guru라고 하는 불교의 엘리트를 양성하는 장기간의 훈련 프로그램이 있으며, 여기에서 수 천 명의 수도승 중에서 단 한 명만을 뽑는다. 티베트 불교에는 달라이 라마가 있다. 그는 어린 시절부터 열심히 훈련을 받았으며, 수십 명의 후보자 가운데 뽑혀 불교의 인정받는 수장이 된다. 그밖에도 불교에는 몇몇 유명한 학자들이 있는데, 그들의 책은 처음 나온 후 그 다음 수세기 동안 널리 읽히고 인용되어 왔다. 매우 위계적이다! 또한 불교 평신도들이 따를 만한 몇몇 비범한 모델들이다.

보충하면, 심리치료 분야에도 예언자 – 프로이트, 아들러, 융, 라이히, 로저스, 펄스와 같은 – 가 있다. 그러나 대부분의 후학들은 이들을 정확히 성인saints으로 보지는 않는다. 나 역시 앨버트 엘리스가 성인의 위치에 도달하지 않기를 희망한다! 그 이유는 성인이란 절대진리 – 실제로 존재하지 않는 – 를 암시하기 때문이다.

합리적–정서적–행동 치료의 기본 철학으로 되돌아가서, 그 철학은 종종 모호한 측면이 있고, **조건적** 자기존중 및 타인존중과 헷갈리며 뒤섞여 있다. 왜냐하면 자신의 죄에 대해 본인이 **책임**져야 하고 나쁜 행동을 한 사람은 그 **행동** 때문에 비난받아야 한다는 주장이 **옳은** 것 같기 때문이다. 합리적–정서적–행동 치료에 따르면, 반사회적 행동이 그 행동을 한 사람과 같은 것은 아니다. 그러나 그들은 여전히 그렇게 행동하고 종종 다른 사람들에게 큰 죄를 저지른다. 어떻게 우리는 이들을 질책하지 **않을 수** 있겠는가?

대답: 합리적–정서적–행동 치료의 용서와 불교의 자비를 적용함으로써 – 그리고 인간의 비리와 부조리를 여전히 용서하지 않으면서 – 그렇게 할 수 있다. 합리적–정서적–행동 치료와 불교는 이런 점에서 일치한다. 합리적–정서적–행동 치료와 불교 철학은 꾸준히 인간의 어리석음을 드러내고 **수용**한다.

첫째, 합리적–정서적–행동 치료는 무조건적 자기수용을 가르친다. 여러분은 – 자기가 아닌 – 자신의 잘못된 행동을 비난한다. 여러분은 죄지은 사람으로서의 자신이 아닌 자신의 죄를 비난한다. 여러분은 – 자신의 전체 혹은 여러분 자신임you-ness이 아닌 – 자신의 사고, 감정, 행동을 비난한다.

둘째, 합리적-정서적-행동 치료는 여러분에게 모든 타인을 그리고 동물들을 - 특히 그들이 사악하게 행동할 때 - 무조건 수용하라고 가르친다. 사람들은 종종 죄를 짓지만 **저주받을 만한 사람은** 아니다.

셋째, 여러분은 무조건 인생과 세상 - 종종 부패한 조건을 제공하지만 - 을 수용한다. 여러분은 그런 조건을 한탄하고 더 낫게 개선하고자 노력할 수 있다. 그러나 여러분은 자신이 지금 바꿀 수 없는 것을 - 용서하는 것이 아니라 - 우아하게 수용한다. 그렇다, 우아하게, 원망하지 않고.

매우 간단하죠? "그럴 수도 있고" "아닐 수도 있다." 왜냐하면 합리적-정서적-행동 치료의 철학이 복잡하기 때문이다. 따라서 합리적-정서적-행동 치료의 철학을 배우고 또 배워야 한다. 나는 - 편견을 가지고 - 그럴 가치가 있다고 주장한다!

**완벽주의와 불합리한 신념[1]**

1세기 전부터 스토아 철학자와 에픽테투스1899는 사람들의 불안과 우울 및 그 밖의 정서적 문제와 관련해서 완벽주의가 갖는 중요성을 적어도 모호하게나마 알고 있었다. 또한, 알프레드 아들러1926, 폴 드 브와, 피에르 자네와 같은 인지치료 개척자들도 그 중요성을 지적한 바 있다. 프로이트학파에 속하지 않는 캐런 호니1950도 이상화된 이미지라는 자신의 개념에서 같은 지적을 했다.

나는 합리적-정서적-행동 치료에 관한 초기 논문에서 완벽주의를 불합리하고 자멸적인 신념에 구체적으로 포함시킨 최초의 인지행동치료자였으며, 이 논문을 1956년 8월 31일 시카고에서 열린 미국 심리학회 연차학술대회에서 발표했다Ellis, 1958. 그래서 이 논문에 포함된 12가지 기본적인 불합리한 신념 중 하나인 **완벽주의를** 나는 다음과 같이 기술했다.

---

1) Flett and Paul L. Hewitt eds., 「perfectionism: Theory, Research, and Treatment」 (Washington, DC: American Psychological Association, 2002), pp. 217-229를 하락 하에 재 출판하였음.

전적으로 유능하고, 적합하고, 지적이고, 가능한 모든 면에서 성공해야 한다는 생각 – 잘해야 한다기보다는 잘하려고 필사적으로 노력해야 한다는 생각 그리고 일반적인 인간의 한계와 특수한 결함을 갖고 있는 불완전한 창조물로 자기를 받아들여야 한다는 생각과는 달리.

합리적–정서적–행동 치료에 대한 나의 첫 번째 대중서 『신경증을 가지고 살아가는 방법 How to Live with a Neurotic, 1957』에서, 나는 정서문제를 야기하는 불합리한 사고에 완벽주의를 포함시켰다.

전적으로 유능하고, 적합하고, 지적이고, 가능한 모든 면에서 성공해야 한다는 생각 – 잘해야 한다기보다는 잘하려고 필사적으로 노력해야 한다는 생각 그리고 일반적인 인간의 한계와 특수한 결함을 갖고 있는 불완전한 창조물로 자기를 받아들여야 한다는 생각과는 달리.(p.41)

어떤 사람은 모든 면에서 철저하게 유능하고, 적합하고, 재능이 있고, 똑똑해야 한다. 인생의 주된 목표는 성취와 성공이다. 그것이 무엇이든 어떤 것에 무능하다는 것은 그 사람이 부적절하고 무가치하다는 징표이다.(p.89)

나는 또한 **"완벽주의** …. 완벽해지려는 과도한 노력은 변함없이 환멸, 가슴앓이, 자기증오를 가져올 것이다"(p.89) 라고 지적했다.

심리치료 전문가를 위한 나의 첫 번째 책 『심리치료에서의 이성과 감정Reason and Emotion in Psychotherapy』은 7년 동안 합리적-정서적-행동 치료를 수행하고 강연하며 저작활동을 한 후 1962년에 나온 것으로, 여기에서 나는 정서적 혼란을 야기하고 유지시키는 11개의 주된 불합리한 생각 중에 완벽주의를 포함시켰다.

자신을 가치 있는 사람으로 생각하기 위해서는 모든 면에서 유능하고, 성공하고, 적합해야 한다는 생각 … 4. 어떤 일이 원하던 방식으로 되지 않았을 때 끔찍하다거나 재앙이라고 생각하는 것 … 11. 인간의 문제에 대한 바르고, 정확하고, 완벽한 해결책이 변함없이 존재하고, 이러한 완벽한 해결책을 찾지 못하면 끝장이라고 생각하는 것.(pp.69-88)

분명히, 합리적-정서적-행동 치료는 처음부터 완벽주의의 불합리성과 자기파멸성을 특히 강조해 왔다. 내 자신의 많은 출판물Ellis, 1988; Ellis & Dryden, 1997; Ellis, Gordon, Neenan, & Palmer, 1997; Ellis & Harper, 1997; Ellis & Tafrate, 1997; Ellis, & Velten, 1988과 또 다른 선도적인 합리적-정서적-행동 치료자들의 출판물Bernard, 1993; Dryden, 1988; Hauck, 1991; Walen, DiGiuseppe, & Dryden, 1992을 포함해서, 합리적-정서적-행동 치료에 관한 많은 논문과 책은 끊임없이 이 점을 지적해 왔다. 완벽주의를 주요 불합리한 신념으로 보기 시작한 합리적-정서적-행동 치료의 영향을 받아서, 최근에 많은 문헌들이 완벽주의의 진단과 치료를 집중적으로 다루고 있다. 인지행동치료도 완벽주의의 심리적 해악과 치료를 빈번하게 강조해 왔다. 벡Beck, 1976과 번즈Burns, 1980는 특히 이 점을 강조했으며, 또 다른 많은 인지행동주의자들이 완벽주의를 기술하고 그것에 대한 치료법을 내놓았다J. Beck, 1995; Flett, Hewitt, 2002; Hewitt & Flett, 1993; Lazarus, Lazarus, & Fay, 1993; Lazarus, 1997.

내가 정서적·행동적 문제 관련 완벽주의의 중요성을 강조한 주된 이론가와 치료자 중의 한 사람이지만, 완벽주의의 어떤 요소가 합리적이며 유익한지, 그러한 요소가 어떻게 불합리하고 자멸적인 요소를 동반하는지, 합리적이고 유익한 요소가 왜 "자연스럽게" 존재하는지, 그리고 그러한 요소가 왜 인간으로 하여금 자신의 강력한 완벽주의적 성향을 포기하지 못하게 하는지를 내가 기술한 적이 없음을 이제 알았다. 이 책 전체는 완벽주의에 관한 것이기 때문에, 중요한 측면만이 아니라 좀 더 구체적으로 완벽주의를 다루었으면 더 좋았을 것이다.

인간 행동의 합리성과 불합리성에 관한 핵심 아이디어는 고대의 사상에서 유래한다. 그 사상에 따르면, 인간은 생명을 유지하고 잘 기능하고자 하며, 이에 도움이 되는 몇몇 기본적인 욕망과 목표, 선호 – 종종 욕구나 필수품이라고 부정확하게 불린다 – 를 가지고 있다. 그래서 사람들은 공통적으로 다음과 같은 조건에서 더 오래 생존하고 효과적으로 기능한다.

1. 자기효능감 혹은 자기숙련감을 갖는다 에고 만족감.
2. 자신이 원하는 것을 획득하고 원하지 않는 것을 피하는데 실제로 성공한다 목표나 성취 만족.

3. 자신이 중요하게 생각하는 타인의 승인을 받고 그들의 불인정을 최소화한다 사랑과 승인 만족.

4. 안전하고 건강하며 병에 걸리거나 상처받거나 살해될 가능성이 없다 안전 만족.

이러한 욕망과 목표 중 모두 혹은 어떤 것을 충족하지 못한다 하더라도, 사람들이 생존하지 못하거나 전적으로 비참해지는 것은 아니다. 그래서 그것을 **필요**나 긴급한 **필수품**이라고 부르지 않는 것이 더 낫다. 사람들이 이 네 가지 목표 달성에 실패할 때보다는 성공할 때 더 잘 살고 더 행복하고 더 오래 산다는 것 – 후속 논의를 위해 잠정적으로 이 사실을 수용할 수 있다 – 에 대체로 동의한다.

앞에서 언급한 네 가지 기본적인 욕구 혹은 바람을 충족할 때, 사람들은 생존할 가능성이 더 높고 살아있는 것을 좋아할 것이라고 가정 – 논의를 위해서 그리고 어떤 절대적 진리를 가정하지 않기 위해 – 하면, 그들은 이러한 욕구나 목표들 중에서 첫 번째 것을 택할 것이며 – 에고 만족 – 합리적으로 다음과 같은 결론에 도달할 수 있다.

자기효능감이 없고 자신이 잘 기능하지 못하거나 틀림없이 불완전하게 기능한다고 생각하면, 실제로 나는 내가 이론적으로 기능할 수 있는 것보다 덜 기능하는 경향을 보일 것이다. 그래서

1. 인생을 살아가면서 나는 내가 원하는 것을 점점 덜 얻고 내가 원하지 않는 것을 더 많이 얻을 것이다 나는 잘 할 수 없다는 자신의 생각 때문에.

2. 나는 내게 중요한 타인들의 승인과 사랑을 덜 받게 될 것이다 나는 그것을 받을 수 없다는 자신의 생각 때문에.

3. 아마도 나는 위험한 조건으로 인해 상해를 입고 사망할 좀 더 위험한 상황에 처해 있을 것이다 나는 위험에 미리 조심하고 대처할 수 없다는 자신의 생각 때문에.

다시 말해서, 훌륭한 수행이나 완벽한 수행에서 실패하고 저조한 수행이나 불완전한 수행에서 성공함으로써, 자신이 원하는 것과 타인의 승인을 덜 얻게 되고 질병, 상해, 죽음의 위험이 증가한다면, 그리고 자기비효능이 자신의 훌륭한 수행이나 완벽한 수행을 방해한다면, 여러분이 자기효능감 - 반듀라1997와 그의 후학들이 많이 연구한 것처럼 - 을 갖는 것은 매우 합리적 가령, 자조적 이다. 자기효능감을 가짐으로써 잘 수행하고 타인에게 인정받고 상해나 죽음으로부터 안전해지고 싶은 **소망**이나 **욕망**은 불합리한 신념이 아니라 합리적 신념이다.

여러분은 또한 자기효능감에 대한 불합리하거나 자기파멸적인 신념을 가질 수도 있다. 예컨대, "나는 자기효능감을 갖고자 **소망**하기 때문에 **절대적으로** 자기효능감을 가져야**만 한다.** 그렇지 않으면 나는 무가치하고 사랑받을 수 없으며 위험에 처한 희망 없는 사람이다!" 한 걸음 더 나아가, "내가 그것을 갖고자 소망하기 때문에, 나는 항상 모든 조건에서 완벽하고 절대적으로 그것을 가져야만 한다!"와 같은 자기효능감에 대한 불합리한 신념을 가질 수 있다. 이런 신념을 가졌다면 행운을 빈다!

내가 지금까지 말한 자기효능의 목표는 효과적이고 생산적이며 효율적이고자 하는 소망을 달성하는 것이다. 여러분이 잘 수행하고 아마도 완벽하게 수행한다면, 자기효능이라는 여러분의 목표는 합리적이다. 왜냐하면, 그럼으로써 여러분은 대체로 현세 내세는 아무도 모르겠지만 에서 원하는 것을 더 많이 얻고, 더 많이 인정받으며 또한 시기와 질투도 더 많이 받고!, 더 안전하게 되고, 더 오래 살 **가능성이 높기** 때문이다. 그래서 자기효능이라는 목표를 달성하길 원한다면, 대부분의 조건 – 모든 조건은 아니겠지만 – 에서 여러분은 그것을 달성하기 위해 노력한다. 자기효능의 목표 달성을 **요구**하는 것이 아니라 단지 **소망**하는 한, 자기효능이라는 목표를 달성하지 못했을 때, 합리적-정서적-행동 치료에 따르면 여러분은 우울, 불안, 분노가 아닌 좌절감, 서운함, 실망감을 느낄 것이다.

성공과 성취에 대한 자신의 소망을 요구 특히, 완벽한 요구로 격상시키는 것은 전혀 다른 문제이다. 다음을 읽어보라!: "나는 절대적으로 나의 목표를 완벽하게 달성해야 한다!" 그렇지 않으면? 그렇지 않으면, 여러분은 자신이 원하는 것을 결코 얻지 못할 것이라고 결론내릴 것이다. 그렇지 않으면, 여러분은 중요한 타인으로부터 인정과 사랑을 받을 수 없을 정도로 **전적으로** 무가치하게 될 것이다. 그렇지 않으면, 여러분에게 해악과 전멸의 **위험이 지속적으로** 닥쳐올 것이다. 여러분이 예언한 – 그리고 자신에게 발생하도록 유도한 – 공포 시리즈가 자신에게 발생할 것이다.

이제까지 내가 한 말이 맞는다면, 여러분은 합리적이고 건전하며 자신에게 도움이 되는 성공과 성취에 – 그리고 심지어 완벽한 성취에 – 대한 소망을 손쉽고 정당하게 가질 수 있다. 예를 들면, 여러분은 시험에서 1등을 소망할 수도 있고 자신이 중요하게 생각하는 모든 사람들에게 인정받기를 바랄 수도 있다. 그렇게 되면 좋을 것이다. 그러나 반드시 그래야만 하는 것은 아니다.

여러분은 타인의 승인을 얻고 싶은 욕망 – 강력한 욕망일지라도 – 을 가질 수 있다. 남들이 바라는 대로 – 타인이 항상 모든 조건에서 완벽하게 여러분을 좋아한다면 – 여러분이 행동한다면, 아마도 그것은 좋은 일일 게다. 당연하게도, 그들은 여러분이 원하는 것을 더 많이 그리고 원하지 않는 것을 더 적게 여러분에게 줄 것이다. 좋다. 그러나 여러분이 타인의 승인을 필요로 한다면, 특히 그들의 거짓 없는 완벽한 승인을 필요로 한다면, 그것을 조심하라! 여러분의 불합리성이 자신의 바람을 필수로 격상시킨다. 바람과 필수는 상당히 다르다!

안전, 건강, 장수를 위해 노력하는 것은 어떤가? 어쨌든 노력하라 – 그러나 필사적이거나, 강박적으로는 말고. 여러분이 이와 같은 안전조치들을 분명히 바란다면, 안전의 장점과 함께 한계점에도 주의를 기울어야 한다. 자신을 더 안전하게 만들수록 여러분은 모험과 실험을 줄일 것이다. 그렇기 때문에 여러분은 선택할 수 있다. 안전하고 장수하는 인생이 반드시 즐거운 것은 아니다. 바람과 선택처럼, 조심과 걱정도 여러분에게 정말로 가치 있는 것이다. 그러나 안전을 절대적으로 필요로 하는 것은 스스로를 불안하게 만들고 공황상태에 빠지게 만든다. 그리고 안전에 대한 절대적인 욕구는 불필요한 위험을 수반할 가능성이 있다.

지금까지 나는 자기효능, 능력, 사랑스러움, 안전이 인간의 삶에 도움이 된다는 것을 보여주었다. 물론 항상 그런 것은 아니며 예외가 있다. 대부분의 사람들에게 대개의 경우 이러한 것들이 단점보다는 장점을 더 많이 가지고 있다. 그래서 이러한 목표를 향해 노력하지 않는 사람은 거의 없을 것이다. 이러한 것들이 해롭지 않고 유익하다면, 여러분이 그러한 목표를 향해 나아가는 것은 합리적이고 자신에게 도움이 된다. 그렇다면 여러분은 왜 종종 자신의 욕망을 비현실적이고 완벽주의적인 요구로 격상시킴으로써 불합리하게 스스로를 파괴하는가? 여러분은 왜 종종 자신의 욕망을 어리석고 절대적인 "해야 한다"로 바꾸어 놓는가?

　역설적인 이 질문에 대해 대부분 심리학자들은 인간의 생득적이고 생물학적인 경향성이 그들의 초기 조건화나 양육과 결합되었기 때문이라고 대답한다. 첫째, 진화와 생존을 위해 인간은 단순히 소망하기보다는 소망하고 요구하도록 태어났다. 둘째, 부모와 교사들은 사람들의 소망과 요구를 강화하고 때로는 더 악화시킨다. 셋째, 사람들은 소망하고 요구하도록 훈련받고 습관화되며 이 두 행동에 대해 편안함을 느낀다. 그래서 사람들은 사는 동안 내내 욕망하고 집착한다.

　이러한 이유 때문에, 합리적인 기호와 불합리한 요구 모두가 실질적으로 모든 사람들에게 나타나고 큰 이득과 해악을 초래하는 것이다. 나는 수많은 사람들을 대상으로 지난 60년 동안 심리치료를 해오면서, "선호하지만", "목표를 절박하게 추구하지는 않으면" 그들의 정서적 장애가 줄어들 수 있는 상황에서 왜 그들이 "요구"하고 "해야 한다"고 주장하는지 그 특수한 이유를 이해하게 되었다. 나는 다음과 같은 아이디어를 검증받아야 할 가설로 제안하고자 한다. 이러한 가설이 검증을 통해 신빙성 있는 경험적인 지지를 받는다면, 완벽주의를 이해하는데 도움이 될 것이다.

1. 사람들이 미약하거나 중간정도의 욕망을 요구와 구분하는 것은 어렵지 않지만, 집착을 강력한 소망과 구분하는 것은 매우 어렵다. 중요한 과제에 성공하고, 사회적으로 인정받고, 혹은 위협에서 벗어나 안전해지는 것을 약하거나 적절한 수준에서 욕망할 때, 사람들은 이러한 목표를 **반드시** 달성**해야 한다**고는 거의 생각하지 않거나 가끔 생각한다. 그러나 이러한 목표의 달성을 강하게 욕망할 때 종종 사람들은 성공하고 인정받고 안전해**져야 한다고** 집요하게 매달린다. 사람들이 약하거나 강한 욕망을 갖는 **이유**는 생물학적이고 환경적인 여러 요인 때문이다. 그러나 내 이론에 따르면, 어떤 이유 때문에 사람들이 강력한 소망을 가지면, — 『New Yorker』의 필자인 월콧 깁스Wolcott Gibbs는 이것을 "강철의 변덕"이라고 불렀다 — 종종 그들은 그 소망을 반드시 달성**해야 한다**고 생각하고, 특히 **느낀다.**

2. 잘 수행하고 타인으로부터 인정받는 것을 미약하거나 적절하게 좋아하는 것은 대안적 행동의 가능성을 함축하고 있다. 예를 들면, "이번 테니스 경기에서 이기기를 어느 정도 바랐는데 졌다면 이것은 큰 문제가 아니다. 나는 시합을 계속할 수 있고 다음 시합에서 이길 수도 있다.""메리가 나를 좋아해 주길 어느 정도 바라지만 그렇지 않다면, 나는 그녀의 승인 없이도 살

수 있으며 메리와 비슷한 제인의 사랑을 원할 수도 있다." 여러
분이 무엇인가를 **약하게** 원했는데 얻지 못했다면, 그 대신 그
것과 비슷한 다른 무엇인가를 얻을 수 있는 충분한 기회가 있다.
그러나 강력한 바람은 종종 비슷한 대안 행동을 선택할 수 없
게 만든다. 예를 들면, "이번 테니스 시합에서 이겨서 챔피언이
되길 간절히 원한다. 지면 챔피언을 놓치게 되고 – 나는 챔피언
이 되길 강력하게 원하는데 – 나는 결코 챔피언이 될 수 없다.
그래서 내가 정말로 원하는 것을 얻기 위해 나는 이 시합에서
이겨야만 한다." "그녀는 함께할 경우 나를 **각별히** 행복하게 만
드는 **특별한** 사람이기 때문에, 메리가 나를 좋아해 주기를 나
는 **간절히** 바란다. 그래서 메리가 나를 좋아하지 않으면, 나는
메리 대신 제인에게 접근할 수 있다. 그러나 이것은 좋은 대안
이 아니기 때문에 나를 정말로 만족시키지 못할 것이다. 그래서
나는 메리가 나를 좋아하도록 만들**어야만 한다.**" 결과적으로
강한 바람은 대안을 선택할 여지를 남겨놓지 않을 뿐더러 다른
대안도 없기 때문에, 여러분은 간절한 바람을 충족시켜**야만 한
다.** 바람의 **강도** 때문에 여러분은 선택 가능한 대안에 편견을
갖게 되고, 이 편견 때문에 어떤 선택은 여러분에게 "선호"가 아
니라 필수가 된다.

3. 강력한 욕망은 단지 그 강도 때문에 여러분으로 하여금 하나의
　 선택 혹은 특수한 선택에 때로는 강박적이고 충동적으로 집중
　 하도록 만들고 그 외의 다른 선택을 무시하게 만든다. 그래서
　 여러분이 테니스 시합에서 이기기를 조금만 바란다면, 다양한

많은 것들 - 상대방이 이겼다면 그 사람이 누릴 기쁨을 생각하거나, 여러분이 이겼다면 그 사람이 여러분을 싫어할 수도 있다는 생각 등 - 을 자유롭게 생각할 수 있다. 그래서 여러분은 시합에서 이기는 것의 대안을 세울 수도 있고 그 시합에서 고의로 져줄 수도 있다. 혹은 여러분은 테니스 대신에 골프를 치기로 결심할 수도 있다.

그러나 여러분이 테니스 시합에서의 승리를 - 승리뿐만 아니라 챔피언이 되는 것을 - **강력하게** 욕망한다면, 이겼을 때의 이득과 졌을 때의 "끔찍한" 결과에만 전적으로 집중할 것이다. 이러한 강박적-충동적? 집중으로 인해 여러분은 다른 대안적인 사고를 하지 못하고, 선택적으로 편견을 갖게 되어 다른 대안을 거들떠보지 않을 것이다. 다시 말해, 강한 욕망은 종종 특정 사고에 초점을 맞추게 하고 편파적인 과잉일반화 - 물론 항상 그런 것은 아니지만 약하거나 중간정도인 욕망보다 훨씬 더 빈번하게 - 를 야기한다. 이렇게 되면, 강한 욕망이 부추긴 편파적인 과잉일반화는 수행 목표, 승인 목표 혹은 안전 추구가 매우 좋은 것이기 때문에 반드시 필요하다는 신념을 만들어낸다. 목표달성의 바람직한 측면에 지나치게 집중하면 그 목표는 긴급한 필수품이 된다.

약한 욕망보다 강력한 욕망이 종종 요구와 "해야 한다"로 이어진다는 나의 가설이 경험적 지지를 받았다고 가정하면, 이것을 토대로 완벽주의를 어떻게 연구해야 할까? 한 걸음 더 나아가, 나의 이론은

"특정 수행을 "좋은" 것으로 정의하고 잘 수행한 사람 - 이들이 모든 문화권에서 실제로 살아남는 사람들인 것 같다 - 에게 보상을 주는 인간사회에서 잘 수행하고 종종 완벽하게 수행하고 싶다"는 신념은 합리적이고 자신에게 도움이 된다고 말한다. 사회적 제약 속에서 살아가고 실수도 하는 여러분은 종종 잘하지 못하고 완벽하게 기능할 수 없기 때문에, "나는 **절대적으로** 잘 수행**해야만 하고** 실제로 완벽하게 수행**해야 한다**"는 신념은 불합리하고 자멸적이다.

더욱이 좋은 수행 혹은 완벽한 수행을 보장해 달라고 요구하는 것은 수행불안을 유발해서 성공을 방해한다. "나는 불안해서는 안 된다! 나는 불안해서는 안 된다!"를 보장하라는 요구는 여러분을 훨씬 더 불안하게 만든다. 그래서 선호가 아니라 요구는 여러분의 목표달성을 돕는데 도움이 되지 않을 것이다. 여러분이 욕망하는 무엇인가를 손에 **넣어야 한다**고 집요하게 요구하는 것은 동기 유발 차원에서 "논리적인" 것처럼 보인다. 역설적이게도, 욕망하는 것을 가져야 한다고 주장하는 것은 비논리적이며 불안을 유발하는 경향이 있다.

욕망에 대한 나의 이론은 약한 욕망보다 강한 욕망이 (1) **절대적으로 충족되어야만 한다**고 생각하게 만들고 (2) **완벽하게** 충족되어야만 한다고 생각하게 만든다고 가정한다. 강력한 욕망의 충족이 여러분에게 합리적으로 유익하고 완벽한 충족도 또한 유익하다면 - 앞에서 언급했듯이 - "단지 나의 욕망이 강력하기 때문에 이 강력한 욕망을 절대적으로 채워**야만 한다**" 이것은 실질적으로 완벽하게 그릇된 결론이다 에서 "나의 욕망이 강력하기 때문에 이 강력한 욕망을 절대적으로 완벽하게 채워야만 한다" 다시 이것도 완벽하게 그릇된 결론이다 로 논리적으로 점프한다.

그래서 나는 다음과 같은 이론을 제시한다. 즉, 약한 욕망보다 강한 욕망이 심각한 편견 – 즉, 이것은 인지 – 정서적 편향이다 – 을 낳고, 이러한 편견은 다양한 이유로 "나는 성공, 인정, 안전을 **간절히** 바라고 이것이 나에게 유익하기 때문에 나는 이것을 **반드시** 가져**야만 한다**"라고 생각하게 만든다. 우리가 아무리 간절하게 원하고 욕망하던지 간에, 분명히 여러분과 나는 우주를 주재하지 못하기 때문에, 간절한 욕망을 절대적으로 충족해야만 한다는 신념은 과대망상이고 완벽주의적인 아이디어 그 자체이며 허구적이다.

그러나 인간은 과대망상적인 경향과 강력한 욕망이 절대적으로 충족되어야 한다고 요구하는 경향을 가지고 있다. 사람들은 – 프로이트와 그를 따르는 정신분석가들이 지적했듯이 – 종종 소망 충족적으로 생각한다. 요점을 말하면, 사람들은 종종 "내가 그것을 강렬하게 원하기 때문에 나는 그것을 가져야만 한다!"라고 소망 요구적으로 생각하고 느낀다. 자신의 강렬한 소망을 긴급한 욕구로 격상시킨 다음에, 사람들은 종종 한걸음 더 나아가 "나에게 가장 중요한 욕망은 신성하고 절대적으로 충족되어야 하기 때문에, 그 욕망은 철저하고 완벽하게 충족되어야 한다!"고 주장한다. 이렇게 되면 정말로 정서적, 행동적 문제가 발생한다!

## 완벽주의, 불합리한 신념 및 불안 민감성

또 다른 중요한 점을 고찰해 보자. 나는 『심리치료에서의 이성과 정서Ellis, 1962」에서 불안한 사람들, 특히 공황을 경험하는 사람들은 불안해질까봐 불안해함으로써 1차적 증상에 대한 2차적 증상을 만들어낸다고 말한 바 있다. 이러한 현상이 사람들에게 왜 그렇게 흔할까? 합리적-정서적-행동 치료 이론에 따르면, 그들은 "나는 불안해서는 안 돼! 불안한 것은 끔찍해! 불안해지는 것 때문에 나는 부적절한 사람이야!"라고 생각한다.

어떤 사람들은 자신의 불안한 느낌에 특히 민감하다는 것을 레이스와 그의 동료들Reiss & McNally, 1985은 몇 년 동안에 걸쳐 이론화했는데, 이것은 내가 1962년에 가정한 것과 같다. 레이스 등은 **불안 민감성**이라고 부르는 불안의 2차 증상에 대해 많은 연구를 했으며, 이 증상에 대한 나와 또 다른 임상가들의 관찰을 지지했다Cox, Parker, & Swinson, 1996; Taylor, 1995; Wachtel, 1994. 불안해질 것을 불안해 하는 사람들은 자신의 불안에 대해 너무 불편한 나머지, 불안을 "끔찍한 것으로" 만들어 공황상태를 야기한다고 보는 점에서, 불안 민감성에 대한 레이스의 이론과 강한 욕망에 관한 나의 이론은 어느 정도 중첩된다. 불안으로부터 구제받으려는 욕망이 너무 강렬해서, 그들은 불안하지 않을 것을 **요구하고** 그럼으로써 불안을 심화시킨다.

무엇 때문에 불안에 민감한 사람들은 불안에 대해 그렇게 **요구적인가**? 나의 이론은 이 질문에 다음과 같이 답한다.

1. 불안 특히 공황 상태는 불편하다. 불안은 기분 나쁘고, 능력을 방해하며, 사회적 거부를 가져오고, 실제로 신체적 증상 즉, 신체적 위험에 처하거나 심지어는 죽어간다고 생각하게 만드는 증

상 - 숨이 가빠짐, 심장이 두근거림과 같은 - 을 유발한다.

2. 불안은 너무나도 불편하기 때문에, 여러분은 불안이 존재하지 않기를 - 사라지기를 - 그리고 불안의 모든 단점이 불안과 함께 사라지기를 **간절히** 소망한다.

3. 불안이 사라지기를 **간절히** 소망하기 때문에, 여러분은 "나는 불안해서는 안 된다! 나는 공황에 빠져서는 안 된다!"라고 집착하고 요구한다.

4. 그런 다음에 논리적으로 그리고 충분히 왜곡되게 여러분은 자신의 불안을 불안해하고 자신의 공황 때문에 공황상태에 빠진다.

5. 결과적으로 여러분은 자신의 불편한 증상 - 특히 질식할 것 같고 심장이 뛰는 신체적 증상 - 을 증가시킨다.

6. 여러분은 이전보다 더 심한 공황상태에 빠진다.

7. 여러분의 악순환은 계속된다.

8. 최종적으로, 미세한 공황의 느낌이 큰 불편을 만들어내기 때문에, 종종 여러분은 "나는 **절대로** 공황상태에 빠져서는 안 돼! 나는 불안과 공황으로부터 **완벽하게** 자유로워야 한다!"라는 결론을 내릴 수 있다. 도덕: 자신의 공황이 가져오는 불편함 그리고 다른 문제점 을 민감하게 알아차림으로써, 여러분은 공황으로부터 **완벽하게** 자유로워질 것을 요구하고 그럼으로써 자신이 공황에 빠질 가능성을 증가시킬 수 있다.

불안에 대한 불안과 공황에 대한 공황에 관해 앞에 제시한 나의 설명은 강한 욕망 및 그런 욕망과 요구 및 완벽주의와의 관계에 관한 나의 이론에 아주 잘 들어맞는다. 그러나 조심하라! 내 이론의 설명력은 흥미롭지만 지지해주는 경험적 증거가 거의 없을 수도 있다. 많은 정신분석적 이론들은 서로 잘 어울리며 여러 가정들을 지지해주지만, 분명한 사실과 무관한 것처럼 보인다.

약한 욕망의 좌절은 공통적으로 실망, 후회, 좌절감이라는 건강한 부정적 감정을 낳지만, 강한 욕망의 좌절은 종종 절대적인 "해야 한다"와 요구를 낳고, 다시 이러한 것들은 불안, 우울, 격노, 자기연민과 같은 건강하지 못한 감정을 낳는다. 이것은 나에게 검증해 볼 만한 명백한 이론으로 보인다. 또한, 이것이 완벽주의의 몇몇 이유를 설명해 주는 것처럼 보인다. 지금 우리가 해야 할 모든 일은 나의 이론과 설명을 점검하고 지지해 주는 증거가 있는지 알아보는 것이다. 이론화는 재미있다. 증거를 모으는 일은 좀 더 어렵다.

## 커플들의 불합리한 신념과 완벽주의

지금까지 이 장에서 나는 성취, 승인, 안전에 대한 개인주의적 요구를 살펴보았다. 물론 이러한 요구는 커플, 가족, 사회적 측면에서도 존재한다. 내가 40년 이상 합리적-정서적-행동 치료를 따라 광범위하게 해온 커플치료를 살펴보자. 완벽주의적인 사람은 자신에게 하듯이 자신의 남편, 부인, 그 외의 파트너에게도 요구하고 완벽주의적인가? 종종 그렇다. 그리고 이런 경향성은 관계에 치명적인 결과를 가져온다.

존은 36세의 회계사로 완벽주의적으로 일을 해서 스스로를 힘들게 하고, 일이 전체적으로 정확하지 않을까 매우 불안해했다. 그는 물론 이 일이 - 이 일은 회계이고 이것은 정확성을 **의미하기** 때문에 - 완벽하게 정확해야 한다고 말함으로써 자신의 완벽주의를 변명했다. 그러나 존은 자신의 옷, 테니스 게임 및 삶의 몇몇 다른 측면에서도 완벽주의자였다. 그러나 그는 회계 업무, 용모, 테니스 게임을 제대로 유지하기 위해 대단히 노력했기 때문에 매우 성공적으로 그렇게 할 수 있었고, 일이 자신의 통제를 약간 벗어날 때 일시적으로만 불안해했다. 그는 강박적인 노력을 통해 자신의 주변을 질서정연하게 유지했다.

그러나 존은 부인 셸리와 두 명의 회계 파트너에게도 완벽주의적이었다. 그들도 일을 잘해야 했고, 옷을 잘 입어야 했으며, 심지어는 테니스도 잘 쳐야 - 그렇다, 그래야만 - 했다. 그런데 그들은 종종 그렇게 하지 않은 게으름뱅이였다! 물론 존은 자신의 완벽주의를 위해 노력하는 만큼 다른 사람들을 통제할 수가 없었다. 그래서 그는 자신의 수행을 걱정하는 것보다 "부주의한" 부인과 파트너에게 종종 더 크게 화를 냈다.

그의 부인과 파트너는 존이 치료를 받아야 한다 - 그 밖의 다른 조처를 취하거나 - 고 주장을 함으로써 그가 나에게로 왔다. 존은 두 번 이혼했다. 수행에 대한 그의 완벽주의가 얼마나 어리석은지를 납득시키는 것이 처음에는 힘들었다. 왜냐하면 그는 완벽하기 위해 분투했고 완벽하지 않으면 간간히 공황발작을 일으켰기 때문이다. 자신이 다른 사람에게 요구할 때 그들이 그 요구를 항상 들어주는 것은 아니라는 것을 보여주는 것이 더 용이했다. 그는 다른 사람을 거의 통제하지 않게 되었고, 사람들은 자신들이 선택한 완벽하지 않은 대로 – 순간적인 실수는 말할 것도 없이 – 살아갈 수 있었다. 사람들은 – 예전에는 그랬지만 – 완벽할 **필요가 없게** 되었다.

몇 번의 합리적-정서적-행동 치료를 거친 후, 존은 셀리와 파트너의 완벽한 행동을 **선호했지만 요구하지는** 않게 되었으며, 그들이 회계, 테니스 및 다른 일에서 실수를 하면 존은 매우 실망했지만 격하게 분노하지는 않았다. 그는 완벽하지 못한 부인과 파트너와 잘 지냈고 더 이상 이혼하지 않았다. 그는 자기에게 하던 완벽주의적 요구를 약간은 포기했고 대부분의 측면에서 계속 잘 했다. 그러나 그는 필요 이상으로 불안해 하기도 하였다.

존의 부인 셀리도 나와 몇 회기 동안을 만났다. 그녀는 대체로 자신에게 비요구적이었으나 존과 12살 된 딸 엘렉트라의 강박증을 참지 못했다. 존과 엘렉트라는 완벽주의적인 가족력 존의 아버지와 누나가 그랬다 을 갖고 있었고 많은 일들을 절대적으로 완벽하게 해야만 했다. 남편과 딸은 잘해야 한다고 스스로를 몰아붙였으며, 셀리 역시 실수 없이 공을 잘 쳐야 한다 그것은 불가능하다! 고 주장했다. 셀리는 이들의 완벽주의를 참지 못했다. 대체로 잘 지내는 것처럼 보였지만, 셀리는 속으로 "이들이 이렇게 까다로워서는 안 돼! 이들은 좀 더 관대해야 돼! 나는 이들의 과민성을 참을 수 없어!"라고 계속 요구했다.

나는 셀리 – 그리고 존을 치료하는 것보다 셀리를 치료하는 것이 훨씬 쉬웠다 – 에게 존과 엘렉트라의 과민성에 대한 그녀의 과민성이 문제임을 보여주었다. 그녀의 격한 분노는 자신의 기분을 크게 망치고 있었으며, 존과 엘렉트라를 바꾸지 못하고 있었고, 존과의 이혼 그렇게 나쁜 건 아니다 으로 이어질 수도 있었고, 엘렉트라 그렇게 좋은 건 아니다 와도 헤어지게 만들 수 있었으며, 그녀에게 심리 - 신체적 공포 증상 더 악화되었다! 을 야기할 수도 있었다.

셸리는 희망을 보았으며 곧 존과 엘렉트라의 과민성을 참을 수 있게 되었다. 그녀는 이들이 좀 더 합리적이기를 여전히 바랐지만 집착하지는 않았으며, 가족이 좀 덜 완벽주의적이어야 한다는 자신의 요구를 수정하기 위해 나와 함께 노력했다. 그래서 존은 셸리 그리고 자신의 파트너들 에게 하던 요구를 개선했으며, 특히 셸리는 존과 엘렉트라에게 하던 완벽주의적 요구를 개선했다. 존은 자기 일에 계속해서 완벽주의적으로 요구했지만, 가족과 일 관련자들을 심각할 정도로 방해하지는 않았다.

## 완벽주의와 과다경쟁

자신은 탁월해야 수행해야 한다고 존이 계속해서 고집하는 한 가지 이유는 그가 경쟁에 고착되어 있기 때문이다. 『심리치료에서 이성과 정서1962』의 초판에서 나는 완벽주의를 일종의 경쟁으로 기술한 바 있다. 나는 그 책에서 다음과 같이 말했다.

두드러지게 성공**해야만** 하는 사람은 단순히 자기에게 도전하고 자신의 힘을 시험할 유익할 수도 있다 뿐만 아니라, 자신을 최고의 **다른 사람들**과 비교하고 그들과 싸우고 있다. 그래서 이 사람은 자기지향적self-directed이기보다는 타인지향적other-directed이고, 근본적으로 불가능한 과제 그 분야에서 자신이 얼마나 잘하는지 관계없이 대체로 자기보다 훨씬 더 나은 타인이 있기 마련이기 때문에 를 수행한다.(pp.63-64)

불합리한 신념에 관한 많은 연구 결과를 분석하고 거의 50년 동안 합리적-정서적-행동 치료를 실시한 후에, 나는 이 가설이 검증해 볼 만한 가설임을 깨달았다. 과다경쟁은 "해야 한다"라고 생각하는 "정상인들" 특히, 완벽주의자들의 공통적인 특징이다. 그들은 대체로 건강한 **무조건적** 자기수용 대신에 건강하지 못한 **조건적** 자기수용을 가지고 있다. 그들이 생각하는 "좋은 사람"이 되기 위한 중요한 조건은 놀라운 성취이며, 다른 사람보다 "더 나은 사람"이 되기 위해 탁월한 성취가 필요하다.

실제로 최고의 다른 사람과 같이 되기 위해 필사적으로 노력하고 그럼으로써 한 사람으로서 "더 나은" 가치를 획득하는 것은 비민주적이고 파시스트적인 철학이다. 파시스트 추종자들은 히틀러나 뭇솔리니 같은 파시스트를 신체적 용맹성이나 대담성과 같은 어떤 특징에서 더 훌륭할 즉, 더 유능하고 뿐만 아니라 더 우월한 **사람**으로 본다. 그들의 핵심은 매우 훌륭하다. 이것은 자신이 성취**했든 안했든** 자기를 충분히 수용하고 존경한다는 의미의 무조건적 자기수용이라는 개념과는 정반대다Ellis, 1962, 2004a, 2004b; Ellis & Harper, 1997; Ellis & Velten, 1998; Hauck, 1991.

완벽주의자는 한 사람으로서 자신의 가치를 평가할 때 그 기준을 과다경쟁적으로 최고의 다른 사람에게 설정하거나 - 그 과정에 이들은 종종 자신이 개인적으로 원하는 것을 상실한다 — 타인을 광적으로 모독하는 경향이 있는 조건적 자기수용자이다. 나는 오래 동안 이러한 가설에 관한 많은 임상적 증거를 발견해 왔다. 이 가설은 많은 노력을 기울여 연구할 만한 가치가 있다.

## 완벽주의와 스트레스

완벽주의자는 스트레스 상황으로부터 어떤 영향을 받을까? 완벽주의자가 아닌 평범한 사람들보다 더 많은 영향을 받을 것이다. 첫째, 완벽주의자들은 최소한의 스트레스를 — 혹은 스트레스가 완벽하게 존재하지 않을 것을 — 요구한다. 둘째, 그들은 스트레스를 유발하는 실질적인 문제에 대해 완벽한 해결책 — 직무면접을 완벽하게 치르는 방법, 완벽한 직업을 얻는 방법, 사장이나 종업원을 완벽하게 대하는 방법, 등등 — 이 있어야 한다고 주장한다. 셋째, 스트레스 조건 — 사업상의 어려움과 같은 — 이 발생할 때, 그들은 이에 대한 완벽한 해결책을 갖고 있어야 한다고 요구한다. 그들은 문제에 대한 완벽한 해결책을 대단히 선호할 뿐만 아니라, 그 해결책이 쉽고 빠르게 접근할 수 있는 — 정상적으로 존재하지 않는 — 것이어야 한다고 주장한다. 그래서 똑같이 힘든 스트레스 조건에서 완벽주의자들은 비완벽주의자보다 더 많은 스트레스를 경험하고, 덜 만족스런 해결책을 "찾게 되며" 고통을 더 오래 동안 느낀다. 완벽주의자들은 존재하는 스트레스 유발인자의 수와 정도에 대해 비현실적이고 불가능한 기대를 가지고 있고, 이것이 종종 고통을 파국으로 몰고 간다.

삶 속에서 만나는 스트레스 유발자에 대해 완벽주의자들은 특이한 불합리한 신념을 가지고 있으며 열정적으로 엄격하게 그 신념에 매달린다. 그래서 그들은 스트레스 상황이 **절대로 존재해서는 안 된다**고 생각하고, 스트레스 상황은 **전적으로 끔찍하고 무시무시하며** 최악의 상황이며, 자신들은 **그런 상황을 전적으로 견딜 수 없고** 이런 상황 때문에 삶을 전혀 즐길 수 없고, 그런 상황을 개선하는데 자신들은 **무기력**하며, 그런 상황을 제거하거나 세련되게 대처하지 못하는 자기나 타인을 당연히 비난해야 한다고 믿는 경향이 있다.

합리적-정서적-행동 치료 이론에 따르면, 실제로 심리적 문제를 안고 있는 사람들은 **간혹** 이런 자멸적인 신념을 가지고 있다. 그러나 완벽주의자는 자멸적 신념을 더 많이 가지고 있으며 이런 신념을 더 자주 주장한다 - 그리고 그들은 고정된 아이디어로 이런 신념에 집착한다. 결과적으로 그들은 종종 - 블랫(Blatt, 1995)이 제안했듯이 - 장기 치료를 요하며, 합리적-정서적-행동 치료를 사용해서 그들의 신념을 수정하려면 몇 가지 인지적, 정서적, 행동적 방법을 사용해야 할 것이다. 왜냐하면? 불합리한 신념을 반박하는 단 하나의 방법만으로는 그들을 충분히 설득할 수 없기 때문이다. 그래서 치료자는 몇 가지 방법을 병행하는 것이 더 좋다.

같은 식으로, 스트레스 상황에 잘 대처하지 못하는 완벽주의자에게는 한 사람의 치료자와 작업하는 개인치료보다 인지행동 집단치료가 더 효과적임을 나는 알게 되었다. 집단치료에서 치료자 이외에도 몇몇 구성원들이 완벽주의자들의 엄격한 신념과 행동을 포기하도록 적극적으로 도와줄 때 더 효과적이다. 다시 비완벽주의자와 비교해

보면, 완벽주의자는 (a) 잘하려는 강한 욕망이나 바람을 가지고 있으며, (b) 자신들이 잘하기를 더 강력하게 더 엄격하게 요구하며, (c) 하나 혹은 그 이상의 조건에서 자신들이 완벽하게 잘해야 한다고 더 강력하게 주장하며, (d) 완벽주의적인 습관적 사고, 감정, 행동은 오래 지속되며 이것이 단기적인 변화를 가로막는다. 이런 모든 이유 때문에 종종 그들은 장기적인 집중 치료를 요하는 어려운 내담자이다.

나의 가설은 소위 말하는 "적응적인 신경증자"보다 완벽주의자의 불합리한 신념이 좀 더 엄격하고 더 오래 간다는 것이다. 완벽주의자 중 많은 사람들 – 모두는 아니다 – 은 심각한 성격장애를 가지고 있다. 심리적으로 심각한 장애를 가진 많은 사람들에 대해서 일 세기 전에 피에르 자네Pierre Janet가 말한 것처럼, 그들은 고착된 아이디어를 가지고 있다. 완벽주의를 치료하기 전에 우리는 이 사실을 솔직하게 인정해야 한다.

## 무가치한 사람이 아님을 보여주기

심리장애를 지닌 사람들의 가장 흔한 자멸적 신념은 근본적으로 자신이 자기존경과 행복을 누릴 수 없는 무가치하고 부적절한 사람이라는 확신이다. 이러한 부정적 자기평가를 여러 방법 - 그들을 무조건적 긍정적으로 존중하고Carl Rogers, 직접적으로 인정하고Sandor Ferenczi, 아니면 지지치료Lewis Wolberg 도입한다 - 으로 치료할 수 있다. 나의 책 『심리치료에서의 이성과 정서Reason and emothon in psychotherapy』, 『자기를 비참하게 만드는 무엇이라도 - 그렇다, 무엇이라도 - 완강하게 거부하는 방법How to stubbornly Reguse to make yourself miserable asout anything-yes, anything!』에서 지적했듯이, 나는 내담자의 기본 철학을 적극적이고 직접적으로 논의하고, 자신의 유능성이나 사랑받는 것에 **상관없이 단지** 존재하기 **때문에** 자신을 좋게 보도록 가르치는 것을 선호한다. 이것이 합리적-정서적-행동 치료REBT에서 가르치는 핵심이다.

상상할 수 있듯이, 자기 자신을 무가치한 사람으로 규정한다는 것을 그 사람들에게 보여줄 때 나는 종종 어려움을 겪는다. 종종 그렇듯이, 자신의 무가치를 경험적으로 증명할 수 없다는 것을 내가 그들에게 보여준다 할지라도, 그들은 여전히 "그러나 당신은 내가 가치 있음을 어떻게 입증할 수 있습니까? 내가 가치 있다는 것도 임의적인 정의 아닙니까?"라고 질문한다.

그렇다. 나는 자유롭게 다음과 같은 사실을 인정한다. 철학적으로 말해서, 인간의 가치에 대한 모든 개념은 그 자체로 당연한 것으로 주어지는 가치이며 경험적으로 증명할 수 없는 "자신이 가치 있다 – 혹은 무가치하다고 – 고 생각하고 이러한 신념이 여러분에게 도움이 된다면, 추측건대 여러분은 자신이 생각하는 사람이 될 것이다"와 같은 실용적인 기준을 적용하는 경우는 예외지만 가치이다. 자신의 **수행**만을 평가할 때 **자기**를 전혀 평가하지 않고 자신의 존재를 수용한다면, 이것은 철학적으로 매우 우아하다는 점을 나는 사람들에게 설명한다. 이렇게 하면 사람들은 자신의 가치에 대한 문제를 잘 해결할 수 있다.

많은 사람들은 자기를 평가하지 말아야 한다는 아이디어에 대해 다양한 이유 때문에 – 특히 자신의 수행으로부터 자기를 분리하는 것이 거의 불가능하다는 것을 발견하고, 자신의 **행동이** 썩었다면 자신은 **썩은 사람**이라고 주장하기 때문에 – 저항한다. 그 사람들이 내놓은 결과물이 아무리 비효율적이더라도 그들은 여전히 진행 중인 **과정**에 있기 때문에, 결과물을 측정하는 방식으로 과정 혹은 존재 로버트 하트만과 알프레드 코르지프스키가 보여주었듯이 를 측정할 수 없다는 게 내 주장이다.

최근에 나는 자기가 자신의 행동 이상이라는 점을 사람들에게 설득하기 위해 새로운 설득력 있는 주장을 내놓았다. 수행을 측정하는 기준으로 **자기**를 측정해서는 안 된다는 점을 보여주는 대신에, 나는 그들이 혹은 어느 누구든 사용하는 "좋은" 기준이 왜 자기에 대한 측정치가 될 수 없는지를 보여주었다.

나는 "거의 모든 정서적 혼란이 자기와 자기의 행동에 대한 부정확하고 모호한 정의에서 비롯되고, 자기를 정확하게 기술하려고 열심히 노력하면 정서적 혼란이 최소화된다는 것을 알고 있습니까?"라고 한 사람에게 물어보았다.

보통 그 사람은 "어떻게 그렇게 되지요?"라고 질문한다.

나는 대답하기를, "그래요. 레오나르도 다 빈치를 예로 들어봅시다. 우리는 대체로 그를 천재 혹은 보편적 천재라고 부릅니다. 그러나 이것은 말이 안돼요 – 물론 그는 그런 종류의 사람이 아닙니다."

"그가 천재가 아닌가요?"

"그렇습니다. 그를 – 혹은 미켈란젤로, 아인슈타인, 혹은 그 밖의 누구를 – 천재라고 부르는 것은 잘못된 생각에 사로잡혀 있는 것입니다. 레오나르도는 분명히 **천재적인 측면**을 갖고 있었습니다. 즉, **어떤 측면에서** 그리고 **특정한 역사적 시기 동안에** 그는 탁월했습니다."

"이것이 천재 – 특정한 방식으로 특별히 잘하는 사람 – 는 아니지 않습니까?"

"이것이 우리가 부주의하게 말하는 것입니다. 그러나 실제로 천재라는 명사는 천재라는 타이틀이 붙은 사람은 전체적으로 탁월한 수행자라는 뜻을 분명히 암시합니다. 그래서 레오나르도를 포함한 어느 누구도 천재가 아닙니다. 사실, 레오나르도는 어리석은 짓을 많이 했습니다. 그는 몇몇 후원자와 싸웠으며 종종 자신을 우울하고 분노하게 만들었습니다. 그래서 그는 종종 바보처럼 행동하기도 하고 비창의적으로 행동하기도 했습니다. 이런 것은 진정한 천재가 해야 할 일은 아닙니다. 그렇지 않습니까?"

"글쎄 – 어 – 아마도."

"더욱이 그의 최고 걸작 – 예술 – 을 살펴봅시다. 이점에서 그는 정말 철저한 천재였습니까? 그의 그림에서 모든 것, 예를 들어, 색깔, 구성, 도안, 대비, 독창성이 모두 훌륭합니까? 거의 그렇지 않습니다! 반복하건대, 이 말이 진실이라면 그리고 그의 예술을 정확하게 기술한 것이라면, 우리는 레오나르도의 예술 중에서 **어떤 측면**만이 걸작임을 인정하는 것이 더 좋을 겁니다. 그의 작품 **전체**가 걸작은 아닙니다."

"그렇다면 진정한 천재는 없다고 말하는 것입니까?"

"분명히 그렇습니다. 어떠한 영웅도 없고 어떠한 위인도 없습니다. 어리석은 우리 인간들이 지금도 앞으로도 언제나 매우 비효율적인 실수를 하는 동물이라는 사실을 감추기 위해, 우리가 택한 허구이며 신화가 영웅, 위인 이런 것들입니다. 그래서 우리가 지각 있는 사람이길 원한다면 천재적인 혹은 초월적인 사람들이 없음을 정직하게 인정해야 합니다. 단지 예외적인 행동을 하는 사람들만 있을 뿐입니다. 그리고 우리는 천재의 인간성을 **신격화** – 혹은 악마로 만들어 버리는 경우도 있을 것입니다 – 하기보다는 그들의 행동을 있는 그대로 평가해야 합니다. 사람은 신 또는 악마가 아니라 항상 인간입니다. 어렵습니다! 그렇지만 이 길이 우리가 가야할 길입니다."

따라서 과잉일반화된 정의를 사용하는 경우는 제외하고, 사람은 결코 영웅 혹은 천사 – 기생충 혹은 벌레 – 가 될 수 없음을 나는 지금도 할 수 있는 한 계속 증명하고자 한다. 자신이 스스로 생각하는 것처럼 쓸모없는 존재도 아니고 희망 없는 굼벵이도 아니라는 확신을 나의 새로운 제안이 사람들에게 항상 심어주는가? 아니다. 그러나 지금까지 이것이 합리적–정서적–행동 치료에서 유용한 도구임이 계속 입증되어 왔다.

### 빙엄 대Bingham Dai 박사의 주장

1. 이러한 접근은 자기 무가치감이 경험적으로 다져진 사람에게는 도움이 되지 않는다.
2. 이러한 접근은 자신의 잘못에 대한 책임을 회피하도록 격려하는 경향이 있다.
3. 이러한 접근은 치료자의 지적인 역량을 지나치게 강조하고 내담자의 부적절감을 증가시킨다.
4. 이러한 접근은 내담자의 건강한 측면을 자극하거나 자신의 문제를 곰곰이 생각하기 위해 자신의 능력을 사용하는데 방해가 된다.
5. 앞에서 말한 주장을 통해 사람들의 자기가치감이 정말로 높아질지 의심할 만한 이유가 있다. 이것이 효과적인 심리치료 기법을 보고한 것이라면, 독자들은 전적으로 빠져 있는 효과에 대한 증거를 보고 싶어 할 것이다.

## 대Dai 박사에게 보내는 앨버트 엘리스 박사의 답변

나의 논문에 대한 대박사의 논의는 간결하지만 매우 적절하다. 나도 이에 대해 간단하게 답할 수 있을지 보자.

1. 맞다. 나의 접근은 자기 무가치감이 경험적으로 다져진 사람들에게는 도움이 되지 않는다. 내 생각에, 이 접근은 검증이 필요하고 검증받는 것이 바람직하지만, 아직 검증받지 않은 거의 검증 불가능한 가정일 뿐이다. 자기비난의 **원래** 원인이 무엇이든지 간에, 대체적인 **현재** 원인은 자기는 "~을 해야 하고", "~을 해서는 안 되는데" 불완전하기 때문에 여전히 벌레라는 신념이다. 나는 그들이 이런 말도 안 되는 생각을 하는 경향성을 가지고 태어났으며 이런 식으로 길러졌다고 생각한다. 문제가 되질 않는다! 그들은 이런 경향성을 버릴 수 있다 ― 그렇게 하지 않으면 어떠한 심리치료도 무용지물이다. 무가치하다는 아이디어의 **완벽한 기원을** 이해함으로써 자기 무가치에 대한 자기 아이디어를 바꿀 수 있다는 신념은 사실이라기보다는 이론일 뿐이다.

2. 자신은 단지 존재하기 때문에 가치가 있다는 것을 사람들에게 가르치는 것이 그들이 범한 부도덕한 행위에 대한 책임감을 회피하게 만들지는 않는다. 이와 반대로 자신의 잘못된 행동에도 불구하고 자신이 나쁜 사람은 아니라는 것을 보여주는 것은 자신의 행동에 책임지고 자신의 잘못을 인정하며 미래에는 자신의 행동을 더 나은 방향으로 수정하도록 격려해 준다. 죄책

감 혹은 자기질책은 억압과 우울을 촉진한다. 실수했을 때조차
도 지기를 무조건 수용히는 것은 정직한 고백과 미래의 더 큰
책임감을 독려한다.

3. 치료자가 지적인 힘을 보여주기 때문에 내담자가 자기 부적절
감을 더 많이 느낀다면, 그렇게 된 정확한 이유는 누군가가 심
지어 치료자조차도 내담자를 능가할 경우 그들은 자신이 무가
치하다고 헛되이 믿기 때문이다. 기법은 치료자 혹은 그 밖의 어느
누구 가 얼마나 똑똑하던지 상관없이 내담자는 결코 나쁘지 않
다고 가르치는 것이다. 이렇게 함으로써 합리적-정서적-행동
치료는 내담자의 부적절감이 줄어들도록 도와준다.

4. 사람들에게 진솔하게 생각하는 방법을 가르치는 것이 건강을
위한 잠재력을 자극하거나 문제를 깊이 생각하는 능력을 가로
막는다는 것이 대박사의 가정이다. 교육의 전반적인 역사를 살
펴보면 그렇지 않다. 대박사가 정확하다면, 모든 내담자 모든 고
등학생과 대학생 는 유용한 여러 지식을 습득하는데 도움을 받기
보다는 자신의 힘으로 살아가다 진흙탕에서 헤매고 있어야 한다.

5. 간단하게 기술한 나의 기법이 효과가 있다는 증거를 제시하라
는 대박사의 요구는 매우 합당하다. 나는 지금까지 2,000명 정
도의 내담자에게 이 기법을 사용해 왔는데, 그 중 20% 정도는
이 기법이 거의 효과가 없었고, 80% 정도는 유의미한 효과가
있었다고 말할 수 있다. 한 젊은 여자 환자는 거의 모든 합리
적-정서적-행동 치료 기법을 동원한 한 회기 동안에 큰 도움
을 받아 깊이 자리 잡고 있던 무가치감을 떨쳐버리고, 심각한

우울증 상태에서 벗어났으며, 사랑과 일에서 훨씬 더 나은 기능을 발휘하기 시작하였다.

그러나 사례사case history가 심리치료의 효과에 대한 좋은 증거는 아니다. 그 이유는 대체로 자신의 기법에 우호적으로 편파적인 치료자가 "치료 효과"를 평가하기 때문이다. 더욱이 발표된 사례는 대개 성공한 사례이고 실패한 사례는 흔히 소실된다.

그러나 심리치료 연구에서는 한 가지 치료법의 처치를 받은 내담자 집단과 처치를 받지 않거나 다른 기법으로 치료를 받은 통제 집단을 연구한다. 아론 벡의 인지치료CT, 도널드 미켄바움의 인지행동치료CBT, 아놀드 라짜루스의 다차원적치료MT 그리고 합리적-정서적-행동 치료의 주된 원리와 훈련을 따르는 몇몇 치료와 함께, 합리적-정서적-행동 치료는 불안, 우울, 자기질책을 지닌 2,000여명의 사람들을 대상으로 검증을 받았다. 이러한 연구 대부분은 합리적-정서적-행동 치료 계통의 기법이 사람들의 자기무가치를 감소시키고 자기수용을 증가시키는 유의미한 효과가 있음을 입증하였다.

자신에게 합리적-정서적-행동 치료를 실시해 보고 확인해 보라! 이 짧은 논문은 몇 가지 방법만을 기술한 뿐이다. 뉴욕의 앨버트 엘리스 연구소에서 구할 수 있는 책이나 테이프에 다른 기법들을 소개하고 있다.

그러나 한 개인으로서 스스로 더 많은 가치를 느끼고 치료자로서, 촉진자로서, 교사로서 무조건적 수용USA에 도달하도록 다른 사람들을 가르칠 때, 여러분이 사용할 수 있는 합리적-정서적-행동 치료의 두 가지 주된 해결책을 초심자를 위해 좀 더 상세히 다시 소개하겠다.

1. 단지 존재하고 살아있고 인간이기 때문에 자신을 "좋은" 혹은 "가치 있는" 사람으로 정의하겠다고 결심하라. 어떤 다른 이유와 조건은 필요 없다! "적절하게" 혹은 "잘" 수행하든 말든 **상관없이**, 그리고 다른 사람이 여러분을 인정하든 말든 **상관없이** 무조건 자신을 수용하라 — 즉 그렇게 생각하고 행동하라. 자신이 **한** 것 혹은 당신이 하지 않은 것 이 종종 잘못되거나 어리석거나 부도덕함을 인정하라. 그러나 오류를 범하기도 하는 **자신** 즉 여러분의 **자기를** 의연하게 수용하라. 그리고 과거에 한 자신의 행동을 바로잡으려고 최선을 다하라.

2. 여러분의 **자기, 핵심, 존재**에 대해 어떤 포괄적인 일반화된 평가를 내리지 마라. 단지 자신이 생각하고 느끼고 행동한 것을 평가하고 측정하라. 자멸적이거나 반사회적이지 않으면서, 자신 및 자신이 그 속에서 살기 위해 선택한 사회적 집단의 성원들에게 도움을 주는 사고, 정서, 행동을 "좋은 것" 혹은 "건강한 것"으로 평가하라. 그리고 사회적으로 파괴적인 사고, 정서, 행동과 자멸적인 것을 "나쁜 것"으로 평가하라. 자신의 나쁜 행동을 수정하고 좋은 행동을 유지하려고 노력하라. 그러나 여러분의 **자기, 존재, 인간성**을 측정하거나 포괄적으로 평가하는 것을 완강하게 거부하라. 그렇다, 무슨 일이 있어도 거부하라!

무조건적 자기수용이 여러분 여러분의 내담자 의 모든 정서적 문제를 해결해줄 수 있을까? 대체로 그렇지 않다. 왜냐하면 합리적-정서적-행동 치료는 여러분을 포함한 사람들이 3가지 기본적인 신경증적 문제를 가지고 있다고 보기 때문이다. (1) 여러분은 자신의 자기 혹은 존재를 비난하거나 저주하고 그럼으로써 스스로 부적절감과 무가치감을 느끼게 만든다. (2) 다른 사람을 그들의 나쁜 행동 때문에 저주하고 비하하고, 그럼으로써 스스로를 분노하고, 적대적이고, 전투적이고, 살인적으로 만든다. (3) 자신이 살고 있는 조건을 저주하거나 불평하고, 그럼으로써 좌절에 대한 낮은 인내력, 우울, 자기연민을 스스로 만들어낸다.

이 논문이 제안하듯이, 무조건적 자기수용에 도달할 수 있다면, 여러분은 무조건적 타인수용에 더 쉽게 도달할 수 있다 그러나 종종 그렇게 되는 것은 아니다. 그리고 자신이 바꾸고자 최선을 다하지만 분명히 바꿀 수 없는 열악한 외적 조건을 무조건 수용할 수 있다. 왜냐하면 처음에는 자기에게 가끔 화를 내게 되고, 이것이 다른 사람과 세상에 대한 분노의 기초가 되기 때문이다. 그래서 일에서, 관계에서, 스포츠에서 다른 사람보다 **절대적으로** 더 잘**해야 한다**고 자신에게 요구한다면, 여러분은 자신이 해야 한다고 생각한 것만큼 잘하지 못했을 때 자기를 증오하는 경향이 있다. 그러나 자기를 저주하는 것은 자신을 매우 불안하고 우울하게 만들기 때문에, 그리고 "나는 불안**해서는 안 돼**! 나는 우울하기 때문에 나빠!"라고 주장함으로써 우울과 불안을 무시무시한 공포로 만들어 놓기 때문에, 여러분은 자신의 불안을 불안해 하고 자기비하를 가중시킨다.

이것을 보면서 여러분은 "다른 사람들이 나를 실패하게 만들어서는 **안 돼,** 그들이 그렇게 한다면, 그들은 나쁘다!"라고 생각하는 것을 선택할 수도 있다. 만일 타인들이 여러분을 실패하게 만든다면, 여러분은 그 사람들에게 격하게 분노할 것이다. 혹은 여러분은 "내가 살고 있는 조건이 너무 열악한데 **이래서는 안 돼.** 조건이 나쁜 것은 **끔찍해! 나는 참을 수가 없어!**"라고 생각할 수 있다. 그 다음 여러분은 좌절에 대한 낮은 인내력을 야기할 것이다.

그래서 조건적인 자기수용과 이것의 결과물인 무가치감은 (1) 실패 때문에 자기가 자기를 저주하는 것, (2) 심한 불안과 우울을 느끼는 것, (3) 이런 혼란스런 감정을 갖고 있는 자기를 비하하는 것 (4) 자신을 실패하게 "만든" 사람들을 방어적으로 저주하는 것 (5) 자신의 실패에 "영향을" 준 조건들을 방어적으로 저주하는 것을 독려할 것이다. 심각한 문제이다!

무가치감은 무가치하다. 여러분은 대체로 자신에게 무가치감을 느낄 수 있다. 그러나 자신이 "나쁜" 행동을 했을 때 자신에게 느끼는 무가치감을 건강한 슬픔이나 후회의 감정으로 대치하는 것을 선택할 - 그리고 내담자들이 선택하도록 도울 - 수 있다. 이렇게 하면 여러분은 나쁜 놈이기보다는 좋은 놈으로서 자신이 바꿀 수 있는 것을 바꿀 수 있는 더 좋은 위치에 있게 된다. 무조건적으로 자기를 수용함으로써 여러분은 거친 현실을 바꿀 수 있는 기회를 더 많이 갖게 되고, 레인홀드 니버가 말했듯이, 자신이 바꿀 수 없는 나쁜 조건들을 좋아하지는 않더라도 수용하는 노련미를 더 많이 발휘할 것이다.

# 데이비드 밀스가 제안한
# "자기존중의 극복"에 대한 논평

인간의 가치와 자기존중에 대한 나의 핵심 아이디어 중 일부를 채택해서 데이비드 밀스David Mills가 이처럼 중요한 글을 쓴 것에 대해 나는 기쁘게 생각한다. 보장할 수는 없지만, 그가 제안한 관점을 따르는 사람들은 덜 불안하고 더 성공할 가능성이 있다. 사람들이 살아가는 동안 이룬 것이 거의 없더라도, 자기나 타인들과 좀 더 평화롭고 행복하게 살 수 있다. 가능하다!

그러나 자기가치 문제에 대해 데이비드 밀스가 제안한 해결책 – 자신의 자기, 존재, 혹은 자신의 핵심이 아닌 행적, 행위, 수행만을 평가하는 것 – 을 나는 **우아한** 해결책이라고 부른다. 대부분의 사람들은 수행을 **구체적으로** 꽤 정확하게 평가하지만, 자기를 포괄적으로 평가하는 오류를 범하는 강력한 경향성을 가지고 태어난다. 사람들의 이런 경향성 때문에, 나의 내담자들이 자기를 평가하는 대신 자신의 성취와 관련된 사고, 감정, 행동만을 평가하는 것이 매우 어렵다는 것을 나는 임상장면에서 알게 되었다. 그래서 나는 내담자에게 데이비드 밀스가 훌륭하게 설명한 "우아한" 철학적 해결책을 가르쳤다. 그러나 나는 그들에게 자신의 자아개념에 대한 "우아하지 못한" 혹은 "실용적인" 해결책을 선택할 기회도 주었다. 그래서 나는 합리적-정서적-행동 치료의 처음 몇 회기 동안 내담자에게 다음과 같이 말한다.

여러분은 자기실현의 경향성과 자기파괴적 경향성을 모두 가지고 태어났으며 그렇게 길러졌다. 여러분은 후자를 극복하기 위해 전자를 사용할 수 있다. 여러분은 자기실현에 대해 생각하고, 그런 생각에 대해 생각하고, 그런 생각에 대한 생각을 생각하도록 태어났다. 결과적으로, 자신을 파괴할 때마다 여러분은 자신의 행동을 관찰하고, 달리 생각하고, 자신의 감정과 습관을 자유롭게 바꿀 수 있다. 그러나 이것은 쉽지 않고 계속 노력해야 한다!

여러분이 지닌 자기치료적인 주요 경향성은 자신이 한 것 - 즉, 여러분의 행동이 "좋은지", 도움이 되는지, 혹은 "나쁜지", 도움이 되지 않는지 - 을 건강하게 평가하도록 한다. 자신의 감정과 행동에 대한 평가가 없다면, 여러분은 "좋은 것"을 반복하고 "나쁜 것"을 수정하려 하지 않을 것이다. 그러나 애석하게도 여러분은 자신의 자기, 존재, 핵심을 "좋게" 혹은 "나쁘게" 평가하고 포괄적으로 평가함으로써 스스로를 곤경에 빠뜨리는 생물학적, 사회적 경향성을 갖고 있다. 왜냐하면 일반적 의미론자인 알프레드 코르지프스키가 1933년에 지적했듯이, 여러분이 한 것이 곧 여러분인 것은 아니기 때문이다. 여러분은 일생동안 수백 만 가지의 행위 - 어떤 것은 "좋고", 어떤 것은 "나쁘고", 어떤 것은 "무관한" - 를 한 사람이다. 한 인간으로서 자기 혹은 어떤 다른 복수의 인간 를 전체적으로 포괄적으로 혹은 일반적으로 평가하기엔 여러분은 너무 복잡하고 너무 많은 측면들을 가지고 있다. 여러분이 여러분 본성you-ness 을 포괄적으로 평가할 때, 자신은 "좋은 사람"그리고 추측건대 다른 사람보다 더 "좋은 사람이라고" – 그리고 신과 같은 과장된 모습으로 – 결론을 내릴 것이다. 좀 더 흔하게는, 의심할 것 없이 실수도 하고 불완전하기 때문에, 여러분은 자신을 무가치하고 자신의 행동을 바꾸거나 더 잘할 수 없는 "나쁜 사람"으로 바라볼 것이다. 따라서 자기평가는 신격화 혹은 악마화로 이어진다. 이것을 조심하라! – 그리고 여러분은 자신이 한 것만을 평가하고 자신이 어떤 사람인지는 평가하지 마라.

그러나 자기평가를 거부하는 것이 어렵다면, 여러분은 "존재하고, 살아있고, 인간이기 때문에 나는 좋다 혹은 괜찮다"라고 자기 마음대로 스스로를 납득시킬 수 있다. 이것은 자기가치의 문제에 대한 우아한 해결책이 아니다. 왜냐하면 "내 생각에, 여러분은 인간이고 살아있기 때문에 나쁘고 무가치하다"라고 내 혹은 그 밖의 어느 누가 가 응수할 수 있기 때문이다. 우리 중 누가 정확한가? 아무도 정확하지 않다. 그 이유는 우리 둘 다 여러분을 좋거나 나쁜 사람으로 각자 마음대로 결정했고, 이러한 결정의 옳고 그름을 실제로 입증할 수 없기 때문이다. 이런 결정은 결정일 뿐이다.

자신이 "나쁘다" 혹은 "썩었다"라고 믿는 것보다 자신을 "좋게" 정의하면 자기에게 더 좋은 결과가 발생한다. 그렇기 때문에 우아하지 못한 이러한 결론이 효과가 있으며 인간의 가치문제에 대한 좋은 실용적인 해결책이 된다. 그래서 여러분이 자신의 자기 혹은 존재를 평가하고자 한다면, 자기평가에 대한 이 해결책을 규정적으로, 동어반복적으로, 공리적으로 사용할 수 있다. 아직은 이것이 더 낫다. 『심리치료에서의 이성과 정서Reason and Emotion in Psychotherapy』, 『인본주의 심리치료Humanistic Psychotherapy』, 『합리적인 삶을 위한 새로운 길잡이A New Guide to Rational Living』를 비롯한 수 많은 저작물에서 내가 지적했고 데이비드 밀스가 이 글에서 강조하고 있는 것처럼, 여러분은 자기평가에 대한 "우아한" 합리적–정서적–행동 치료식 해결책을 사용할 수 있다. 즉, 자기존중에 대한 모든 아이디어를 버리고, 자신이 수행을 잘하든 못하든, 중요한 타인에게 사랑을 받든 받지 못하든, 공부, 일, 스포츠, 혹은 다른 장애 때문에 자신이 고통을 받든 안 받든, 여러분은 오직 무조건적 자기수용만을 고수하고 자신의 자기, 존재, 인간성을 수용하는 길을 선택하라.

이상은 내가 보통 내담자들에게 말하는 것이다. 데이비드 밀스가 적절하게 지적했듯이, 여러분은 자기 이미지를 가지고 있지 않다고 생각할 수도 있고, 그것이 자기 이미지에 대해 종종 엄습하는 불안과 억압보다 더 좋다고 생각할 수도 있다.

여러분의 목표는 – 자기존중을 극복한 나머지 인생 동안 – 자기를 **입증**하는 것보다는 자기를 즐기는 것이다.

# 지적 파시즘

  백인, 아리안족 혹은 남성과 같이 어떤 특성을 가지고 있는 사람
이 흑인, 유대인, 혹은 여성과 같이 다른 특성을 가지고 있는 사람보
다 본질적으로 우월하고, 그렇기 때문에 "우월한" 사람들이 정치사회
적 특권을 가져야 한다는 독단적인 신념으로 파시즘을 정의한다면,
실제로 미국 진보주의자들과 소위 반파시스트들 대다수는 지적 파시
스트이다. 사실상, 정치경제적으로 더 진보적인 시민이 종종 지적으
로 더 파시스트가 되는 경향이 있다.

  지적 파시즘 – 위의 정의와 일치하게 – 은 어떤 특성 똑똑하고, 교양
있고, 예술적이고, 창의적이고, 성취적인 을 가지고 있는 사람이 다른 특성 명
청하고, 교양 없고, 비예술적이고, 비창의적이고, 비성취적인 을 가지고 있는 사람
보다 본질적으로 더 우월하다는 독단적 신념이다. 정치사회적 파시즘
처럼, 지적 파시즘의 신념이 독단적인 이유는 간단하다. 즉, 지적 파
시즘을 지지해주는 객관적인 증거가 없다. 근본적으로, 지적 파시즘
은 경험적으로 그 타당성을 증명하거나 반증할 수 없는 성격상 선언
적인 편견이나 가치 판단에 기초하고 있다. 지적 파시즘은 편견을 지

닌 사람들의 집단 - 대다수가 선택한 필수적 가치가 아닌 - 이 선택한 가치이다.

지적 파시즘은 다양한 사람들 사이에 엄연한 차이가 존재하는 것을 부정하지는 않는다. 차이는 분명히 존재한다. 어떤 면에서 흑인은 백인과 다르다. 키가 작은 사람은 키가 큰 사람과 다르다. 머리가 나쁜 사람은 머리가 좋은 사람과 다르다. 좋은 의도든 나쁜 의도든 이것을 부정하는 사람은 현실을 받아들이지 않는 것이다.

더욱이 인간의 차이는 대체로 각기 다른 이점 - 그리고 단점 - 을 가지고 있다. 열대지방에서는 어두운 피부색깔의 흑인이 밝은 빛깔의 백인보다 더 잘 해나간다. 그 반면에 악성 빈혈은 백인보다 흑인에게서 더 많다. 농구를 할 때는 키 큰 사람이 키 작은 사람보다 일반적으로 더 우수하다. 그러나 경마와 보트는 키가 작은 사람들이 더 잘한다. 전자 컴퓨터를 설계하고 조작할 때는 지능이 필수적이지만, 장거리 운전에는 실제 장애가 될 수 있다.

그렇다면 특정 조건하에서 어떤 특성은 다른 특성보다 더 유리하다 - 혹은 더 좋다 - 는 사실을 인정해야 한다. 우리가 그 사실을 입증하든 못하든 그렇다. 오늘날 세상의 모든 사람들은 자유로운 존재로 창조되었지만 동등한 존재로 창조된 것은 아니다.

이 점을 인정한다면 다음과 같은 중요한 질문이 등장한다. 즉, 유리한 재능을 지니고 있다는 것이 그 사람을 더 나은 사람으로 만드는가? 혹은 좀 더 구체적으로, 훌륭한 운동선수, 예술가, 저자 혹은 성취자라는 사실이 그 사람을 더 나은 사람으로 만드는가? 정치사회적 파시스트와 지적 파시스트 둘 다 이런 질문에 의식적 및 무의식적으로 "그렇다"라고 대답할 것이다.

이런 대답은 정치사회적 혹은 저급한 파시스트들을 살펴볼 때 너무나도 자명하다. 왜냐하면 파시스트들은 백인, 아리아인, 남자 혹은 수많은 집권당에 속한 사람은 위대하고 영광스런 존재라고 공개적으로 솔직하게 스스로에게 그리고 세상 사람들에게 말할 뿐만 아니라, 불행하게도 선택받지 못한 집단에 속한 사람들을 경멸하고, 싫어하고, 세상의 쓰레기 취급하는 것을 공개적으로 솔직하게 인정하기 때문이다. 적어도 저급한 파시스트들은 자신의 확신을 주장할 수 있는 이성적인 용기를 가지고 있다.

안타깝게도, 지적이거나 고급 파시스트들은 그렇지 않다. 거의 변함없이 그들은 자신들이 관대하고 인간적이라는 점을 그리고 특정 계층에 대해 독단적 편견이 없다는 점을 자부해 왔다. 그러나 저 아래에서 볼 때, 고급 파시스트들은 자신들의 파시스트적 신념을 통찰하지 못하기 때문에 저급 파시스트보다 사회적 영향력 차원에서 더 해롭다.

우리 문화에서 어떤 문제에 대해 서로 논쟁하고 있는 고학력의 진보적이며 똑똑한 사람들을 예로 들어보자. 짜증과 역겨움을 느끼면서 한 쪽이 다른 쪽을 무엇이라고 부를 것 같은가? "더러운 흑인놈", "더러운 유대 새끼" "검은 눈의 새끼"라고 할까? 결코 그렇게 부르지는 않는다. "바보 멍청이", "바보", "무식한 돌대가리"라고 부를까? 물론, 그렇다. 욕쟁이의 목소리로 완전히 경멸하는 독한 말투는 인종적, 종교적, 정치적 호칭을 가지고 있는 철저한 파시스트의 목소리에 담겨 있는 말투와 어떤 차이가 있는가? 솔직히 지금도 그렇고 앞으로도 차이가 있을까?

많이 배우고, 자칭 진보적이고, 지적인 사람들에게 조롱당하는 사람이 실제로 멍청하거나 무식하다고 가정해 보자. 멍청하거나 무식한 것이 죄인가? 그 사람이 강요받고, 위축되고, 너무나 고통스러운 나머지 죽어야 하는가? 가해자들이 요구하는 지능과 지식을 가지고 있지 않기 때문에 그 사람은 완전히 무가치한 불량배인가? 그러나 이것이 자칭 진보적인 사람이 말하고 암시하는 바로 그것 아닌가? – 자신에게 전적으로 솔직해지자. 즉, 자칭 진보적인 사람이 싫어하는 특성을 갖고 있는 사람들은 살 가치가 없다는 것 바로 그것 아닌가? 이것이 우리가 여기에서 우리 자신의 이미지를 인식하는 것은 어렵기 때문에 일생 생활 속에서 다른 사람을 판단하고 비판하고 논쟁할 때 종종 주장하는 것 아닌가?

고급 파시즘에 관한 사실은 저급 파시즘에 관한 사실만큼이나 명료하다. 독단적인 대량학살이나 우생학적 제거의 과정을 거친다면 가능하겠지만, 우리 사회의 모든 일원이 아리아인이거나 키가 크거나 백인일 수 없듯이 모든 사람이 똑똑하거나 예술적인 재능을 갖고 있거나 특정 전문 분야에서 성공할 수는 없다. 사실상, 우리가 높은 지능과 예술적 재능을 지닌 사람들끼리 의도적으로 새끼를 낳아 키우고 나머지 인종을 강제로 죽여 없앤다 해도, 우리는 모두 성공하는 인종을 만들어 낼 수는 없다. 왜냐하면, 정의상 노력하는 대부분의 사람들 중에서 비교적 적은 수의 리더만이 성공한 꼭대기 층에 도달할 수 있고, 도달 가능성은 절대적이기보다는 상대적이기 때문이다.

그래서 지적 파시즘의 암묵적인 목표는 적어도 오늘날의 세계에서는 비실용적이고 비현실적이다. 모든 사람이 예술적 혹은 지적 천재성을 가지고 태어날 수는 없다. 소수만이 그럴 수 있을 뿐이다. 그리고 우리가 모든 사람이 그 소수 안에 들어야 한다고 주장한다면, 무엇 때문에 우리는 분명히 그럴 수 없는 사람들을 자동적으로 비난하는가? 분명히 그들은 자신의 "결함" 때문에 비난받고 무시당하고, 하류층 시민이 되고, 자기를 증오하고 최소한의 자기수용만 할 것이다.

그러나 이것마저도 파시즘에 내재하는 사악함의 깊이를 거의 가늠하지는 못한다. 저급한 혹은 정치경제적 파시즘은 파시즘의 원칙을 지지하는 사람들에게 신경증적 방어막을 제공한다. 반면에 고급 파시즘은 지지자들에게 이러한 방어막을 제공하지도 않고 실제로는 방어막을 파괴한다. 그래서 정치사회적 파시스트들은 "바람직한" 특성을 결여한 사람은 그렇기 때문에 멸시당해야 한다 – 그러나 그런 특성을 지닌 사람은 그렇기 때문에 갈채를 받아야 한다 – 고 믿는다. 심리학적 관점에서 볼 때, 자기들은 우월하고 자기와 다른 사람들은 하등한 인간이라고 주장함으로써, 파시스트들은 그들 자신이 부적절하다는 저변의 감정을 보상한다.

지적 파시스트들도 이와 비슷한 가정에서 출발하는데, 종종 이러한 가정은 그들 자신들이 만든 사제 폭탄에 의해 산산조각이 난다. 왜냐하면 처음에는 자신들이 똑똑하고 재능이 있고 성공 가능성이 높다고 가정할 수 있지만, 그들 역시 궁극적으로는 자신들이 그렇다는 것을 증명해야만 하기 때문이다. 최종적인 분석에서 그들은 재능과 지능을 구체적인 성공의 측면에서 정의하는 경향이 있는데, 실제 우리 사회에서의 뛰어난 성공은 산술적으로 소수에 불과하기 때문에, 그들은 멋대로 신격화한 가치를 자신들이 소유하고 있다고 자신 있게 확신할 수 없다.

설상가상으로, 지적 파시스트들은 종종 타인뿐만 아니라 자신에게도 완벽한 능력과 보편적인 성공을 요구한다. 그들이 탁월한 수학자나 댄서라면 최고의 성공을 스스로에게 요구한다. 그들이 탁월한 과학자나 기업가가 되었다면, 그들은 또한 최고의 화가나 작가도 되어야 한다. 그들이 훌륭한 시인이라면 최고가 되어야 하며, 훌륭한 연인도 되어야 하고, 화실에서는 재치가 넘쳐야 하고, 정치적으로도 전문가가 되어야 한다. 자연스럽게, 인간에 불과한 그들은 대부분의 영역에서 실패할 것이다. 그리고 보편적 천재가 되지 못했을 때, 그들은 타인에게 한 것처럼 자신을 비난하고 경멸할 것이다 – 오, 얼마나 시적인 정의로움인가!

그러나 그들의 올곧은 거부 – 그리고 지금까지 죄책감을 느낄 필요가 없는 독자들이 분개하며 비명을 지를 수 있지만, 나는 의연하게 계속할 것이다 – 즉, 우리 시대의 전형적인 정치사회적 "진보 주의자들"은 몇 가지 중요한 측면에서 파시스트적이다. 독단적으로 사람의 어떤 특성을 "좋은 것" 혹은 "나쁜 것"으로 정의했기 때문에, 그들은 대부분의 다른 사람들이 좋다는 기준에 도달할 가능성을 자동적으로 차단하고, 변덕스런 이런 목표에 도달할 수 없는 사람들을 조롱하고 공격하고 다양한 방식으로 박해한다. 마지막으로, 대부분의 경우에 그들도 자신들이 정한 기준에 도달하지 못하고 신경증적 자기연민에 빠져 자신의 무능을 질책한다.

내가 치료한 사례 대신에 예상할 수 있듯이, 온갖 종류의 자기증오 내담자는 넘쳐난다. 내가 아는 다른 치료자의 내담자 중에 덜 신경증적인 사례를 제시하겠다. 그 내담자는 오래 동안 노조에 관여해 왔고 자기 부모가 나치에 의해 살해되었기 때문에, 자신의 반파시즘적인 관점에 자부심을 가지고 있었다. 부분적으로 이런 이유 때문에, 나는 그 내담자를 오래전부터 알고 있었다. 그 내담자는 자신이 보기에 비지적인 사람들과 어울리는 것을 피하고자 하고 물론 다른 음악가와 주로 어울리는 것이 음악가의 특권이듯이, 그의 이런 행동은 그의 특권이다. 자신이 만나는 거의 모든 사람들을 "지독한 무식쟁이", "진짜 바보", 혹은 "절대로 있을 수 없는 바보"라는 이유로 장황하게 비난한다. 그는 자기가 생각하는 지식인의 기준에 미치지 못하는 사람들을 만날 때마다 몹시 화를 냈으며, "왜 그들을 이렇게 살도록 그냥 놔두는지 이해할 수 없어. 확실히 그런 멍청이들이 사라져야 세상이 더 좋아질 거야"라고 말한다.

나는 이와 비슷한 견해를 지닌 많은 내담자를 관찰해 온 터라 내 예상대로, 이 내담자는 오래 동안 단편소설을 쓰려는 욕망을 갖고 있었지만 그런 욕망을 전혀 달성하지 못했다. 자신이 쓴 글을 몇 단락을 읽으면 읽을 때마다, 이 내담자는 자신의 글이 "어리석고", "하찮고", 혹은 "진부한" 것을 발견하고 곧바로 거기에서 중단했다. 분명히 그는 글 쓰는 것을 즐기거나 자신을 표현하고 싶어서가 아니라, 다른 사람 특히 다른 작가에게 추앙받고, 인정받고, 지식인이라는 인상을 주기 위해서였다. 그의 지적 파시즘은 자신의 모든 인간관계를 편향되게 만들고 자신의 창의성과 행복 가능성도 파괴했다. 나는 그의 이름이 무장병이여야 한다고 주장한다.

대안은 무엇인가? 오늘날 지적 파시즘이 광범위하게 존재한다면, 그것이 자기나 타인과의 관계에서 좋은 점은 없고 해롭기만 하다면, 사람들은 지적 파시즘 대신에 어떤 삶의 철학을 구축해야 하는가? 다른 모든 사람을 충분히 수용하고 그들과 친하게 지내며 어느 누구도 어떤 일에서든 우월해지거나 완벽해지려고 하지 않는 즉, 무비판적이고 낭만적 평등주의를 내가 제안하는 것이 아니냐고 여러분이 질문할 만도 하다. 아니다, 나는 그런 것을 제안하는 것이 아니다.

이와 반대로, 내 생각에 인간의 중요한 차이 동일성뿐만 아니라 는 존재하고, 그런 차이가 삶에 대한 다양성과 열정을 크게 해주고, 어떤 타인이 나머지 타인들과 다르고 어떤 측면에서는 그들보다 우수하기 때문에, 어떤 사람은 그 특정 타인과 관계를 발전시킬 수 있다. 동시에, 나는 한 인간의 가치를 인기, 성공, 업적, 지능 혹은 기타 그러한 특성이 아니라 인간성의 측면에서 평가해야 한다고 생각한다.

나는 좀 더 적극적으로 다음과 같이 말하고자 한다. 즉, 부분적으로는 예수의 철학이나 몇몇 종교 지도자의 철학 속에서 찾을 수 있으면서 실제로 수 백 년의 역사를 지닌 혁신적인 것처럼 보이는 독트린, 즉 사람이 똑똑하고 문화적이고 예술적이며 성공했기 때문이 아니라 단지 존재하기 때문에 가치 있다는 독트린을 나는 지지한다. 어떤 사람이 농구, 천체물리학, 혹은 테로프시코라Terpsichore에서 뛰어나겠다는 특정 목표를 추구하기로 결심했다면 이 목표를 위해서만 키가 커야하고, 똑똑하고, 신체가 유연해야 할 것이다. 내 생각일 수 있지만, 인간의 주된 목표가 만족스럽게 사는 것이라면, 자신이 하지 않은 것이나 특별한 어떤 것이 아니라 자신이 한 것과 자신인 것만을 즐기며 사는 것이 바람직하다.

이 문제는 혼돈하기 쉬우니 좀 더 직접적으로 살펴보자. 사람들이 목표달성을 위해 노력하고 끝까지 어떤 과제를 연습하고 더 좋은 수행을 유지하려고 노력하는 것과는 상반된 방식을 내가 제안하고 있는 것은 아니다. 실제로, 나는 남자든 여자든 대부분의 사람들이 목표를 향해 나아가고 문제 해결 혹은 장기 프로젝트 완성에 적극적인 관심을 기울이지 않는다면 행복하게 살 수 없다고 믿는다.

그러나 나는 아직도 사람들이 뭔가를 성취하고, 생산하고, 해결하고, 완성한 것을 내재적 가치의 측정치로 사용하면 안 된다고 주장한다. 사람들이 성공적으로 그림을 그리고, 글을 쓰고, 유용한 제품을 만들 때 더 행복하고, 더 건강하고, 더 풍요롭고, 더 자신만만해 할 수도 있다. 그러나 사람들은 그렇게 되지 않을 수도 있고, 그렇게 되었을 때 자신을 더 나은 사람으로 보는 것은 바람직한 것도 아니다.

합리적–정서적–행동 치료에서 우리는 여러분의 **자기, 전체, 핵심, 존재를** 평가하지 말라고 – 그 대신에 여러분의 행동과 수행만 평가하라고 – 권장한다.

왜 여러분이 자신의 **자기나 핵심**을 평가하지 말아야 할까? 몇 가지 이유는 다음과 같다.

1. 여러분의 자기 혹은 당신의 본질에 대한 평가는 과잉일반화이며 실제로 정확하게 평가하는 것은 불가능하다. 일생 동안 여러분은 문자 그대로 수 백 만 가지의 행동이며 특성으로 구성되어 있다이다. 여러분이 이 모든 수행과 특성을 충분히 인식하고결

코 할 수 없을 것이다. 각각을 평가할 수 있다 하더라도 각각을 어떻게 평가할 것인가? 어떤 목적을 위해? 어떤 조건에서? 여러분이 수 백 만 가지 자신의 모든 행동을 정확하게 평가한다 하더라도, 이 모든 행동을 한 자신에게 평균치 혹은 포괄적 평점을 어떻게 부여할 수 있겠는가? 쉽지 않다!

2. 자신의 행동과 특성이 끊임없이 변화하듯이 오늘은 테니스를 잘 치고, 혹은 체스를 잘 두고, 혹은 주식투자를 잘 할 수 있지만 내일은 잘못할 수도 있다, 여러분의 자기도 끊임없이 변화한다. 여러분이 매순간 자신의 전체에 합당한 평점을 매길 수 있을 지라도, 여러분이 새로운 것을 하고 더 많이 경험함에 따라 그 평점은 계속 변해야 한다. 단지 여러분이 죽은 후에나 자기에게 최종적이고 안정적인 평정을 매길 수 있다.

3. 여러분의 자기를 평가하거나 에고를 과대포장하거나 자기를 존중하는 목적은 무엇인가? 분명히, 다른 사람보다 자기의 기분을 더 좋게 만드는 것, 과장되게 자기를 신격화하는 것, 다른 사람보다 더 신성해지는 것, 금마차를 타고 천국에 가는 것이 목적일 수 있다. 좋다 – 여러분이 그렇게 할 수만 있다면! 그러나 자기존중감은 앨버트 반듀라가 말한 자기효능감과 밀접한 관계가 있기 때문에 (a) 여러분이 잘 할 때, (b) 여러분이 계속 잘 할 것을 알고 있을 때, (c) 현재와 미래에 중요한 수행에서 자신이 가장 잘하는 사람이거나 자신이 언제나 잘 한다는 보장이 있을 때만 여러분은 안정된 강한 에고를 가질 수 있다. 글쎄, 여러분이 진실로 완벽하지 않다면 **이러한** 갈망에 행운을

빈다!

4. 자신의 수행을 평가하고 그 수행을 다른 사람의 수행과 비교하는 것 - 이것이 여러분의 자기효능감과 추측건대 행복감을 증진하기 때문에 - 이 실제로 가치 있다 할지라도, 여러분의 **자기**를 평가하고 자신이 적절한 좋은 **사람**이어야 한다고 주장함으로써, 여러분이 완벽하지 않다면! 자신이 중요한 것을 잘 못할 때는 불안을, 자신이 보잘 것 없는 행동을 할 때는 우울을, 타인이 여러분을 능가할 때는 적대감을, 잘 돼**야 한다**고 생각했는데 자신을 둘러싼 조건이 여러분이 하는 일을 방해할 때는 자기연민을 경험하게 된다. 이러한 신경증적이고 병약한 감정 이외에도 여러분은 미적거리기, 퇴각, 수줍음, 공포증, 강박증, 냉담 비효율성과 같은 심각한 행동적 문제를 겪을 것이다.

이러한 이유 때문에 여러분의 자기 혹은 에고에 대한 평가 혹은 측정이 여러분을 불안하고 비참하고 비효율적으로 만드는 경향이 있다고 다른 치료자뿐만 아니라 나도 다른 글에서 지적한 바 있다. 어쨌든 자신의 행동을 평가하고, 잘하려고 필사적으로는 아니다 노력하라! 여러분이 잘하면 더 행복하거나 더 건강하거나 더 부유하거나 성취에 대한 자신감 당신이 성취할 수 있는 것에 대한 자신감 을 더 많이 느낄 수 있기 때문이다. 그러나 여러분은 그렇게 되지 않을 수도 있다. 따라서 자신을 더 좋은 사람으로 정의하지 않는 것이 더 낫다.

여러분이 어쨌든 자신의 자기 혹은 인간성을 평가 - 이것은 합리적-정서적-행동 치료에서 하지 말라고 충고하는 것이다 - 해야 한다고 주장한다면, 자신이 단지 인간이기 때문에, 살아있기 때문에, 존재하기 때문에 가치 있다고 생각하는 것이 더 낫다. 더 좋은 것은 자신의 **자기와 존재를 전혀** 평가 — 자기를 평가하면 여러분은 철학적 과학적 어려움에 부딪칠 것이다 — 하지 않는 것이다. 그러나 여러분이 "나는 좋은 사람이다", "나는 가치 있다", "나는 나 자신을 좋아한다"와 같은 부정확하고 과잉일반화된 자기평가를 사용한다면, "나는 특별한 것을 하기 때문이 아니라 존재하기 때문에 좋은 사람이다"라고 말하라. 그러면 여러분은 자신의 자기를 엄격하고 고정된 권위주의 — 즉, 파시스트 — 방식으로 평가하지 않을 것이다.

인간의 특성들은 목적을 위해서 좋다. 특성 자체는 본질적으로 좋을 수도 있고, 나쁠 수도 있고, 선할 수도, 악할 수도 있다. 지능은 문제해결에 좋고, 미학적 감수성은 즐거움에 좋고, 끈기는 성취에 좋고, 정직은 다른 사람을 편안하게 해주는데 좋고, 용기는 평정심을 가지고 위험에 대처하는 데 좋다. 그러나 임의대로 정의할 경우는 예외이지만, 지능, 미학적 감수성, 지속력, 정직, 용기 그 밖의 다른 목적에 적합한 특성들이 목적 그 자체는 아니며 절대적 선도 아니다. 이러한 특성을 본질적으로 좋은 것으로 정의하자마자, 이런 특성을 소유하지 않은 모든 사람들에게 '악' 혹은 '무가치'라는 이름표가 붙을 것이다. 이러한 임의적인 이름표도 파시즘이다.

그렇다면 인간의 가치를 측정하는 타당한 측정치는 무엇인가? 여러분이 똑똑하거나, 예술적이거나, 정직하거나, 당신이 타인을 좋게 혹은 가치 있게 평가하지 않는다면, 여러분의 가치를 무엇으로 측정하는가?

실제로 인간의 가치를 측정할 수 있는 것은 아무것도 없다. 모든 인간의 가치는 단순한 **선택**이요 **결정**이다. 우리는 자신을 평가하거나 평가하지 않는 것을 선택한다. 거의 항상 왜냐하면 자기를 평가하는 것이 우리의 본성이거나 생득적인 성향이기 때문에 우리는 자신에게 포괄적 평점을 매기기로 **결심**한다. 그리고 우리는 평가에 사용할 기준을 **선택**한다. 그래서 우리는 (1) 자신이 잘 수행하기 때문에, (2) 좋은 도덕적인 특성을 갖고 있기 때문에, (3) 다른 사람으로부터 인정을 받기 때문에, (4) 선호하는 집단, 공동체, 혹은 국가의 일원이기 때문에, (5) 우리를 창조하고 사랑한다고 확신하는 신예, 여호와, 예수, 알라을 믿기 때문에, 우리는 자신을 "좋은 사람"으로 평가하는 것을 **선택**한다.

"가치" 혹은 "선"을 판단하는 모든 기준은 실제로 임의적이며 우리가 기준의 타당성을 믿기로 마음먹었기 때문에 타당한 것이다. 우리의 신념에 의한 경우를 제외하고, 기준 중에서 어느 것도 옳고 그름을 경험적으로 증명할 수 없다. 어떤 기준은 유익하고 어떤 기준은 나쁘다 – 즉, 어떤 것은 우리를 어느 정도 행복하게 만들고 어느 정도 혼란스럽게 만든다. 그래서 우리가 지혜롭다면 자신에게 가장 좋은 결과를 가져다주는 가치 기준을 선택할 것이다.

힙리적–정시적–행동 치료에 따르면, 인간의 가치에 대한 가장 좋고 가장 효과적인 기준은 자기를 평가하지 않는 – 그렇다, 우리의 **자기** 혹은 **에고**는 측정할 수 없다 – 것이다. 왜냐하면 우리가 자신의 행동과 특성만을 평가하고 그럼으로써 – 신격화나 악마화를 위해 노력하지 않고 – 지속적인 **살아있음**과 **향유**를 위해 분투노력할 수 있기 때문이다. 그리고 자기평가는 타당화가 불가능한 과잉일반화이기 때문에 우리는 철학적으로 더 확고해져야 한다.

그러나 여러분이 자신의 **자기** 혹은 **전체**를 평가하는 것을 선택한다면, **살아있음**과 **향유**의 차원에서 자기를 평가해야 한다. 예컨대, 다음의 철학을 가져보라!: "나는 살아있는 것을 선택하고 나의 존재를 즐기려고 노력하는 것을 선택한다. 나는 나의 **살아있음**과 나의 **존재를** 좋게 평가할 것이다. 왜냐하면 그렇게 하는 것은 나의 선택이기 때문이다; 그리고 나의 **살아있음**이 정말로 너무 고통스럽거나 즐겁지 못하다면, 나는 그것을 종식시키도록 합리적으로 선택할 것이다. 반면, 단지 내가 살아있고 살아있는 동안 지각하고 느끼고 생각하고 행동할 수 있기 때문에, 나는 나의 존재 나의 있음: my be-ing 에 가치를 부여한다. 내가 선택한 나의 진정한 가치는 나의 인간성, 나의 살아있음, 나의 현존재이다.

자신의 살아있음과 존재에 가치를 두는 것을 선택함으로써, 여러분은 다양한 하위 가치도 선택할 수 있다. 예컨대, 여러분은 행복하게, 생기 있게, 적절하게, 자유롭게 사는 것을 결심할 수 있다. 살아있는 것과 행복한 것이 자신에게 좋다면, 그리고 타인이 그의 존재를 즐기도록 그리고 그들과 함께 있는 당신의 존재를 즐기도록 여러분이 도와준다면, 여러분이 그렇게 하는 것이 좋은지 판단할 수 있다. 여러분은 건강하게, 평화롭게, 생산적으로 사는 것을 계획할 수 있다. 자신의 삶을 "가치 있다"고 생각할 때, 여러분은 사회적 집단 속에서 살아가는 것을, 다른 사람들과 친해지는 것을, 생산적으로 일하는 것을, 몇 가지 여가생활에 참여하는 것도 선택할 것이다. 이러한 선택과 이런 선택을 실행하는 자신의 행위는 살아있음 그리고 그것과 병행하는 향유에 가치를 부여하기로 한 자신의 결정에 따른 것이다. 그러나 이러한 모든 가치와 거기에서 파생된 가치들은 여러분에게 주어진 것(유전과 환경에 의해)일 뿐만 아니라, 여러분이 **수용하고 선택한** 것이다. 이런 가치는 여러분이 의식적 무의식적으로 좋은 것이라고 **결정했기** 때문에 "좋은" 것이다. 그리고 외부 압력이 이것들이 가치 있다고 생각하도록 여러분을 속였다고 생각할 때나, 신이 여러분을 사랑하는 것을 그리고 신이 여러분을 "좋게" 혹은 "가치 있게" 만든 것을 자신이 전적으로 믿을 때조차도, 분명히 여러분은 그렇게 하는 것을 선택하고 그렇게 함으로써 자신의 인간적 가치에 대한 기준을 선택한다. 따라서 여러분이 지혜롭다면, 이 선택을 스스로 했음을 인정하고 앞으로도 계속 의식적으로 정직하게 선택할 것이다.

우리의 중심 주제로 돌아가자. 여러분이 자신의 행동과 특성에 대한 평가 대신에 자신의 자기에 대한 평가를 주장한다면, 존재하기 때문에 스스로를 가치 있게 생각하는 대안을 선택하라. 그리고 인간이기 때문에, 살아있기 때문에, 즐거움을 느낄 잠재력을 갖고 있기 때문에 다른 모든 사람을 좋게 보려고 노력하라. 여러분이 자신을 위하여 똑똑하고, 문화적이고, 혹은 키가 크고 혹은 특정 부류의 사람을 선호한다면, 여러분의 선호는 자신의 ‒ 자신이 가지고 살아가는 ‒ 특권이다. 그러나 똑똑하고, 문화적이고, 키가 크고 혹은 특정 부류의 사람들만이 좋은 인간이거나 가치 있는 인간이라고 주장한다면, 여러분은 자신의 선호를 지지해 주는 객관적이고 과학적인 증거를 제시할 수 없다. 그래서 자신의 개인적이고 임의적인 정의를 사용할 경우는 예외이지만, 여러분은 오류를 범하고 있는 것이다. 대다수가 여러분에게 동의하도록 설득할 수 있다 할지라도, - 추측건대, 무솔리니, 히틀러, 및 기타 독재자들이 그랬듯이 - 다만 이것은 여러분의 관점이 정확하다기보다는 대중에게 인기 있다는 증거이다.

그런데 사람들은 본질적으로 자신을 - 사람이고 존재하기 때문에 - 좋게 볼 수 있다. 이런 저런 특성을 갖고 있기 때문에, 사람들은 어떤 특수한 목적을 위해 좋을 수 있다. 그러나 목적이 그들 자신은 아니다. 사람은 이런 저런 특성도 아니다. 여러분이 자신의 목적을 - 예를 들면, 이들과 교양 있는 대화를 나누기 - 위해 사람들을 이용하고자 한다면, 여러분은 그들이 똑똑하고, 심미적이고, 잘 교육 받았고, 혹은 미래에 자신이 무엇을 할지를 구체화하는 것은 문제가 아니다. 그러나 여러분은 그들이 특정한 특성을 갖기를 바라고 그런 특성을 갖고 있지 않기 때문에 그들이 무가치하다고 주장하지 마라. 그들이 본래 가치 있음과 그들이 여러분에게 가치 있음을 혼돈하지 마라.

이것이 지적 파시즘의 핵심이다. 이것은 사람의 본질적 가치가 단순한 존재에서 나오는 것이 아니라 똑똑하고, 재주 있고, 유능하고, 성공함으로써 획득된다고 믿는 사람뿐만 아니라 그 희생자도 설득하는 인간에 대한 신념이다. 이것은 특성이라는 변형된 명칭을 사용한 - 특권층임을 알리는 또 다른 묘비가 붙은 동일한 무덤 - 정치사회적 파시즘이다.

# 참고문헌

    이 책에서 언급한 논문과 책을 포함해 많은 참고문헌이 오래된 것이기 때문에, 그 중에서 중요한 것을 선별하여 아래 목록에 제시한다. 여기에는 자기존중과 자기수용에 대한 고전적인 참고문헌과 최신의 것들이 많이 포함되어 있지만 이것이 전부는 아니다. 아래 목록에서도 이 점을 확인할 수 있다. 합리적-정서적-행동 치료와 무조건적 자기수용, 무조건적 타인수용에 관한 대부분의 자료는 앨버트 엘리스 연구소에서 정기적으로 발행하여 무료로 배포하는 도서목록에서 소개한 것들이다. 연구소에 전화 혹은 서신으로 신청하면 이 도서목록을 여러분의 주소지에서 받아볼 수 있다. 앨버트 엘리스 연구소의 주소: 45 East 65th Street, New York, NY 10021; (212) 535-0822; FAX (212) 249-3582.

# 비로소 나를 사랑하는 방법

| | |
|---|---|
| **초판 인쇄** | 2016년 11월 25일 |
| **초판 발행** | 2016년 11월 28일 |
| **지 은 이** | 앨버트 엘리스 |
| **옮 긴 이** | 정태연 이민희 |
| **펴 낸 이** | 김재광 |
| **펴 낸 곳** | 솔과학 |
| **등 록** | 제10-140호 1997년 2월 22일 |
| **주 소** | 서울특별시 마포구 독막로 295번지 302호(염리동 삼부골든타워) |
| **전 화** | 02-714-8655 |
| **팩 스** | 02-711-4656 |
| **E-mail** | solkwahak@hanmail.net |

**I S B N**    979-11-87124-12-2 (13180)

값 16,000원